我们一起解决问题

GUIDE TO THE AUDITING OF ECONOMIC RESPONSIBILITY OF

普华审计实务
工具书系列

国有企业
经济责任审计
［实务指南］

STATE-OWNED ENTERPRISES

于维严 赵志新◎主编

人民邮电出版社
北 京

图书在版编目（CIP）数据

国有企业经济责任审计实务指南 / 于维严，赵志新
主编. -- 北京：人民邮电出版社，2022.5
（普华审计实务工具书系列）
ISBN 978-7-115-59112-8

Ⅰ. ①国… Ⅱ. ①于… ②赵… Ⅲ. ①国有企业—经
济责任审计—中国—指南 Ⅳ. ①F239.44-62

中国版本图书馆CIP数据核字(2022)第058194号

内 容 提 要

随着我国经济的不断发展，国有企业领导发挥的作用越来越大，对企业领导的经济责任审计随即成为审计中越来越重要的环节。经济责任审计在加强干部管理监督、促进党风廉政建设、推动完善国家治理和保障经济社会健康发展等方面，发挥着积极作用。然而对于如何进行经济责任审计，很多审计人员陷入了迷茫，没有思路，本书则可以作为审计人员开展经济责任审计的行动指南。

本书作者拥有十余年国有企业经济责任审计工作经验。书中根据相关政策的规定，按照国有企业常见业务，详细阐述了国有企业经济责任审计各业务模块的审计目标、审计依据、审计内容、审计程序及审计思路。与此同时，作者以深入浅出的方式介绍了国有企业经济责任审计的具体流程与方法，并辅以案例解析，帮助读者充分透视国有企业经济责任审计，全面掌握国有企业经济责任审计实战技巧。

本书适合国有企业内部审计人员、部分事业单位内部审计人员、会计师事务所审计人员、国有企业财务人员、国有企业风控管理人员、国有企业舞弊调查相关人员阅读和使用。

◆ 主　　编　于维严　赵志新
　　责任编辑　贾淑艳
　　责任印制　彭志环
◆ 人民邮电出版社出版发行　　北京市丰台区成寿寺路 11 号
　　邮编 100164　电子邮件 315@ptpress.com.cn
　　网址 https://www.ptpress.com.cn
　　北京建宏印刷有限公司印刷
◆ 开本：787×1092　1/16
　　印张：22　　　　　　　　　　2022 年 5 月第 1 版
　　字数：453 千字　　　　　　　2025 年 9 月北京第 15 次印刷

定　价：98.00 元

读者服务热线：（010）81055656　印装质量热线：（010）81055316
反盗版热线：（010）81055315

中天恒国有企业经济责任审计实务指南编写委员会

顾　　问：高雅青　李三喜

主　　编：于维严　赵志新

副 主 编：李　章　赵　巍　王　帆

核心成员：张　鹏　武战伟　王　健　施莹华　李红岩

　　　　　陈　玮　费才华　杨　雯　王善波　陈　欢

　　　　　李向飞　李运亮　高继艳　孙　静

前　言

　　经济责任审计制度的建立和发展，是我国经济体制和政治体制改革的必然产物，也是社会主义市场经济发展过程中对领导干部经济责任加以监督的客观需要。

　　中共中央办公厅、国务院办公厅1999年印发的《县级以下党政领导干部任期经济责任审计暂行规定》和《国有企业及国有控股企业领导人员任期经济责任审计暂行规定》，2010年印发的《党政主要领导干部和国有企业领导人员经济责任审计规定》，在推动经济责任审计工作深化发展方面发挥了重要作用。

　　中共中央办公厅、国务院办公厅2019年印发的《党政主要领导干部和国有企事业单位主要领导人员经济责任审计规定》聚焦领导干部经济责任，既强调对权力运行的制约和监督，又要求贯彻"三个区分开来"，对于加强领导干部管理监督，促进领导干部履职尽责、担当作为，确保党中央令行禁止具有重要意义。

　　2021年1月21日，中国内部审计协会印发了《第2205号内部审计具体准则——经济责任审计》；2022年3月25日，中国内部审计协会印发了《第3204号内部审计实务指南——经济责任审计》，按照《党政主要领导干部和国有企事业单位主要领导人员经济责任审计规定》，从内部审计的角度，对经济责任审计工作进行了规范和指导。

　　经济责任审计是伴随着我国经济体制和政治体制改革的进程逐步发展起来的，是广大国家审计人员、内部审计人员和社会审计人员共同面临的一项长期光荣而艰巨的任务。

　　中天恒会计师事务所自成立以来，始终将经济责任审计作为业务发展重点，长期致力于经济责任审计实践和理论研究，形成了自身的经济责任审计服务特色和优势。

　　随着经济责任审计日益重要，审计机构及其审计人员如何适应新形势、新规定、新要求，做好经济责任审计工作，是一个值得深入研究和探索的实践课题。为适应基于"两办"新规的经济责任审计需要，进一步规范经济责任审计工作，中天恒国有企业经济责任审计实务指南编写委员会，在总结我国经济责任审计实践和理论研究成果，反复学习研究经济责任审计新规，结合国有企业经济责任审计的特点的基础上，编写完成了这本《国有企业经济责任审计实务指南》。

本书在介绍了"两办"新规重要内容及一般事项审计操作程序后，详细阐述了一些常见经济事项的审计程序，如贯彻执行党和国家经济方针政策、决策部署审计，企业发展战略规划具体审计，重大投资项目的决策、执行和效果情况审计，中央企业境外投资审计，中央企业境外国有资产监督管理审计，中央企业混合所有制改革审计，生态环境保护情况审计，重大经济事项的决策机制审计，企业法人治理结构审计，全面风险管理及合规管理审计，内部控制体系建设与监督审计，落实党风廉政建设责任和遵守廉洁从业规定情况审计等内容。

本书涉及的经济事项，并不是被审计单位的全部经济事项，仅仅是常见的经济事项。对于不同的被审计单位，审计人员应该根据被审计单位的职能、职责、经营范围、实际的经济活动等，具体确定审计标的和审计范围，以保证审计内容的完整性。

本书严格按照中共中央办公厅、国务院办公厅 2019 年印发的《党政主要领导干部和国有企事业单位主要领导人员经济责任审计规定》及相关规定编写，汇聚了我国30 多年来经济责任审计领域的丰富实践经验，突出了国有企业经济责任审计的特色，具有以下特点。

一是新颖性。 本书依据《党政主要领导干部和国有企业领导人员经济责任审计规定》和中天恒会计师事务所新研究成果编制，在总结经验的基础上，重点探索了对一些经济事项的审计，如贯彻执行党和国家经济方针政策、决策部署审计，企业发展战略规划具体审计，重大投资项目的决策、执行和效果情况审计，重大经济事项的决策机制审计，企业法人治理结构审计，全面风险管理及合规管理审计，内部控制体系建设与监督审计，落实党风廉政经建设责任和遵守廉洁从业规定情况审计等经济责任审计新实务，力求体现新颖性。这些济责任审计新实务本身就具有开拓性，如何操作更是审计工作的难点，对其操作进行系统的分析具有创新性。

二是操作性。 本书对所介绍的经济责任审计按照基本概念、审计目标、审计依据、审计内容、审计程序、审计建议、审计评价与责任界定来安排，并用丰富的案例进行系统操作分析，力求体现操作性，便于审计人员在实践中即学即用。

本书虽然力求体现新颖性和操作性，但限于编者的认识水平和实践经验，不足之处在所难免，希望广大读者不吝指正，以便编者在今后工作中以及本书再版时进一步完善和修订。

中天恒国有企业经济责任审计实务指南编写委员会

2022 年 3 月 12 日

目　录

第 1 章

两办新规重要内容概述

2019 年 7 月，中共中央办公厅、国务院办公厅印发了《党政主要领导干部和国有企事业单位主要领导人员经济责任审计规定》（以下简称"两办新规"）。两办新规与《中共中央办公厅 国务院办公厅关于印发〈党政主要领导干部和国有企业领导人员经济责任审计规定〉的通知》（中办发〔2010〕32 号）（以下简称"32 号文"）相比，有了很大变化，这给一些审计人员带来了困惑。与 32 号文相比，两办新规的范围更广，使一些审计人员感觉难以把握边际、难以操作。为使经济责任审计工作符合两办新规的要求，实现审计目标，取得良好成效，审计人员首先应该对两办新规有深刻的理解，只有在理解的基础上，针对各种各样的被审计单位和被审计人，才能有正确的审计思路。

一、两办新规的修订背景

党的十九大和十九届三中全会决定改革审计管理体制，组建中央审计委员会，加强党对审计工作的领导，构建集中统一、全面覆盖、权威高效的审计监督体系。

2018 年 5 月，习近平总书记主持召开中央审计委员会第一次会议并发表重要讲话，深刻阐述了审计工作的一系列根本性、方向性、全局性问题，指明了新时代审计事业的前进方向。这些新部署、新要求，需要制度化地落实到经济责任审计工作中。同时，经济责任审计实践中积累的经验做法也需要以制度的形式固定下来。

对 32 号文进行修订，是全面贯彻落实党的十九大和十九届二中、三中全会精神以及中央审计委员会第一次会议精神的重要举措，是适应审计管理体制改革，完善审计监督体系的必然要求，对促进领导干部履职尽责、担当作为，确保党中央令行禁止具有重要意义。

其中，"促进领导干部履职尽责、担当作为，确保党中央令行禁止"是两办新规出台的最关键的目的。理解这个目的，有助于理解两办新规，理解其一系列变化。

【案例分享1-1】　　《大江大河2》中不同干部的典型形象

电视连续剧《大江大河2》的背景是改革开放初期，讲述了我国国有经济、集体经济、个体经济在改革中艰难的蜕变、发展，以及有关人物的奋斗史。剧中和本书主题相关的是主角宋运辉以及他所在的东海化工厂。当时，这个化工厂归化工部管，东海化工厂急需进行新设备、新技术方面的投资，需要购进产量、质量、技术方面都具有国际竞争力的设备，需要 2 500 万美元的资金，但是，当时的化工部只有 1 500 万美元的预算。

当时有两种选择：购进日本的设备和购进美国的设备。日本的设备价格低廉，预算能满足，但是，按宋运辉的调研结论，投产后，将面临技术和产品质量落后，失去竞争力，造成投资损失，导致东海化工厂失去发展能力；购进美国的设备，能够保证所生产的产品具有国际竞争力，保证东海化工厂的持续发展，但是买不起。

如何解决这个矛盾呢？当时化工部、东海化工厂的几乎所有领导都选择了保守、对于个人来讲没有风险的选项，即在预算范围内，进口日本的价格低廉但是技术水平相对低下的设备。

而宋运辉，顶着各方面的压力，提出了另一种解决方法，即吸引外资入股——美国的设备商以设备入股。这就触及了一个敏感的政治问题，一旦选择错误，在当时的背景下可能会造成严重的政治后果。

宋运辉，代表的是一个开拓进取的干部形象，他看清了当时我国改革开放的大趋势，有担当、有作为，一切选择以东海化工厂的发展和未来作为评判标准，他最终克服一切阻力，促成了东海化工厂引进外资。在这个过程中，他的工作也存在错误，导致付出了很大的代价。选择日本设备的领导代表的则是保守的干部形象。

《大江大河2》是对怎样做一个合格的新时代领导干部的反思，对于审计人员理解经济责任审计新规来讲，也是很好的案例。

二、两办新规的主要内容

审计人员只有理解了两办新规主要条款的内涵和目的，才能在确定审计内容和审计范围、形成审计结论、界定经济责任方面有思路、有方法、有依据，才能实现经济责任审计的目标，让经济责任审计起到"促进领导干部履职尽责、担当作为，确保党中央令行禁止"的作用。

对新规与 32 号文相关规定进行对比，罗列两者的差异，可以帮助读者更好地理解两办新规。

（一）制定目的

两办新规和 32 号文制定目的对比如表 1-1 所示。

表 1-1　规定制定目的对比

	两办新规	32 号文
条款对比	第一条　为了坚持和加强党对审计工作的集中统一领导，强化对党政主要领导干部和国有企事业单位主要领导人员（以下统称领导干部）的管理监督，促进领导干部履职尽责、担当作为，确保党中央令行禁止，根据《中华人民共和国审计法》和有关党内法规，制定本规定	第一条　为健全和完善经济责任审计制度，加强对党政主要领导干部和国有企业领导人员（以下简称领导干部）的管理监督，推进党风廉政建设，根据《中华人民共和国审计法》和其他有关法律法规，以及干部管理监督的有关规定，制定本规定
关键内容	党政主要领导干部和国有企事业单位主要领导人员 对审计工作的集中统一领导，管理监督，促进领导干部履职尽责、担当作为，确保党中央令行禁止	党政主要领导干部和国有企业领导人员 管理监督、推进党风廉政建设

两办新规第一条阐释了其出台的目的，其中，"促进领导干部履职尽责、担当作为，确保党中央令行禁止"是本条的关键词句之一，说明了经济责任审计的最终目的。对这些关键内容的关注和理解，有助于审计人员理解两办新规后面的内容，如审计内容的规定以及"三个区分开来"的规定等，这些条款的目标和导向都是相同的，都是为了促进领导干部"履职尽责、担当作为，确保党中央令行禁止"，从而贯彻落实党中央的一系列方针政策、决策部署。

反观 32 号文，强调"推进党风廉政建设"，比较而言，32 号文的目标是让领导干部不犯错误、"廉政"。

而两办新规第二条，则更明确了履职尽责、担当作为的方向和内容，即"经济责任审计工作以马克思列宁主义、毛泽东思想、邓小平理论、'三个代表'重要思想、科学发展观、习近平新时代中国特色社会主义思想为指导，增强'四个意识'、坚定'四个自信'、做到'两个维护'，认真落实党中央、国务院决策部署，紧紧围绕统筹推进'五位一体'总体布局和协调推进'四个全面'战略布局，贯彻新发展理念，聚焦经济责任，客观评价，揭示问题，促进经济高质量发展，促进全面深化改革，促进权力规范运行，促进反腐倡廉，推进国家治理体系和治理能力现代化。"

（二）经济责任的定义

两办新规和 32 号文关于经济责任定义的对比如表 1-2 所示。

表 1-2　经济责任定义的对比

	两办新规	32 号文
条款对比	第三条　本规定所称经济责任，是指领导干部在任职期间，对其管辖范围内贯彻执行党和国家经济方针政策、决策部署，推动经济和社会事业发展，管理公共资金、国有资产、国有资源，防控重大经济风险等有关经济活动应当履行的职责	第四条　本规定所称经济责任，是指领导干部在任职期间因其所任职务，依法对本地区、本部门（系统）、本单位的财政收支、财务收支以及有关经济活动应当履行的职责、义务
关键内容	贯彻执行党和国家经济方针政策、决策部署，推动经济和社会事业发展，管理公共资金、国有资产、国有资源，防控重大经济风险	财政收支、财务收支以及有关经济活动

（1）两办新规关于经济责任的范围大于 32 号文。领导干部承担的经济责任，是领导干部的职责，也是经济责任审计的标的。通过以上两办新规与 32 号文对经济责任定义的对比，可以看出两办新规定义的经济责任的范围，远远超过 32 号文，32 号文的经济责任限于对"财政收支、财务收支以及有关经济活动"应当履行的职责、义务，而两办新规关于经济责任的内容包括"对其管辖范围内①贯彻执行党和国家经济方针政策、决策部署，②推动经济和社会事业发展，③管理公共资金、国有资产、国有资源，④防控重大经济风险等有关经济活动应当履行的职责"。32 号文的"财政收支、财务收支以及有关经济活动"包含在两办新规的"管理公共资金、国有资产、国有资源，防控重大经济风险"之中。

（2）两办新规关于经济责任的定义强调担当作为，强调做事；而 32 号文的规定局限于财政、财务及有关经济活动。

（3）32 号文相对保守，两办新规强调开拓、担当和进取。

（4）两办新规关于经济责任定义的内涵解析具体如下。

一是领导干部贯彻执行党和国家经济方针政策、决策部署是履行经济责任的首要职责，以确保党中央令行禁止。

二是发展是党执政兴国的第一要务，是解决我国一切问题的基础和关键，推动经济和社会事业发展是领导干部履职行权的重要任务。作为领导干部，在其职责范围内，推动本单位事业发展，是其基本要务。

三是公共资金、国有资产、国有资源是领导干部行使权力的物质基础，管理、分配和使用公共资金、国有资产、国有资源是领导干部履职行权的主要载体。

四是防控重大经济风险是保证经济持续健康发展和社会大局稳定的前提，是领导干部经济责任的重要内容。

【案例分享 1-2】　不同的经济责任定义导致的不同审计结论

如果被审计人是《大江大河 2》中的宋运辉，按照两办新规和 32 号文对经济责任的不同定义，很可能得出不同的结论。按照两办新规，在宋运辉的观点下，如果东海化工厂吸引外资入股，即美国的设备商以设备入股，则解决了东海化工厂新设备、新技术需求问题，避免了投产后面临的技术和产品质量落后、失去竞争力、造成投资损失的问题，促进了东海化工厂的发展，防控了未来经济风险。

反观当时与他持相反观点的同事，他们的做法则属于在当时背景下，不求有功，但求无过。追求无过，最终却可能不会"无过"，一旦引进了日本的设备，将会带来投产后产品过时、技术落后的问题，造成重大损失，当然，这个重大损失是一段时间之后才会出现的，即投产后随着国际市场竞争加剧而显现。

如果按照 32 号文对经济责任的定义来评价，可能很难简单认定观点迥异的两方谁对谁错。宋运辉一方，引进外资在当时的背景下，是不易被接受的。而与他持相反观点的一方，按当时的情况和政策，确实"无过"，因为只要财政收支、财务收支符合法规，就是无过。

按照两种规定评价同一个经济事项，会得出不同的结论，主要原因是两办新规强调"推动经济和社会事业发展"，同时"防控重大经济风险"，而 32 号文没有强调这方面。

（三）如何确定审计内容

两办新规和 32 号文关于如何确定审计内容的对比如表 1-3 所示。

表 1-3　如何确定审计内容的对比

	两办新规	32 号文
条款对比	第十六条　经济责任审计应当以领导干部任职期间公共资金、国有资产、国有资源的管理、分配和使用为基础，以领导干部权力运行和责任落实情况为重点，充分考虑领导干部管理监督需要、履职特点和审计资源等因素，依规依法确定审计内容	第十四条　经济责任审计应当以促进领导干部推动本地区、本部门（系统）、本单位科学发展为目标，以领导干部守法、守纪、守规、尽责情况为重点，以领导干部任职期间本地区、本部门（系统）、本单位财政收支、财务收支以及有关经济活动的真实、合法和效益为基础，严格依法界定审计内容
关键内容	1. 以领导干部权力运行和责任落实情况为重点 2. 以领导干部任职期间公共资金、国有资产、国有资源的管理、分配和使用为基础	1. 以领导干部守法、守纪、守规、尽责情况为重点 2. 以领导干部任职期间本地区、本部门（系统）、本单位财政收支、财务收支以及有关经济活动的真实、合法和效益为基础

两办新规重点强调领导干部权力运行和责任落实情况，而32号文的重点是领导干部守法、守纪、守规、尽责情况。从这里也可看出两办新规与32号文的较大区别是两办新规强调尽职尽责、担当作为，在履职过程中，强调权力规范运行，而32号文强调守法、守纪、尽责，两者导向存在差异，32号文容易使领导干部滋生不求有功、但求无过、无所作为的心态。

两办新规以领导干部任职期间公共资金、国有资产、国有资源的管理、分配和使用为基础，32号文以财政收支、财务收支以及有关经济活动的真实、合法和效益为基础。两办新规强调对经济资源的管理、分配和使用，而32号文则强调财政收支、财务收支以及有关经济活动的真实、合法和效益，而财政收支、财务收支以及有关经济活动的"真实"只是单位的一个会计核算问题，是单位财务部门的一个职责，属于内部控制体系的一个方面，与两办新规对比，显然与领导人的职责有些偏离。

（四）经济责任审计内容

经济责任审计内容的变化，是两办新规与32号文（以下简称"新旧规定"）最大的区别，同时，从经济责任审计内容的变化中也可看出党和国家对领导干部的要求，对领导干部管理工作的要求的变化。经济责任审计，便是为领导干部管理工作服务的。两办新规与32号文关于经济责任审计内容的对比如表1-4所示。

表1-4　两办审计内容的对比

	两办新规	32号文
条款对比	第十七条　地方各级党委和政府主要领导干部经济责任审计的内容包括： （一）贯彻执行党和国家经济方针政策、决策部署情况； （二）本地区经济社会发展规划和政策措施的制定、执行和效果情况； （三）重大经济事项的决策、执行和效果情况； （四）财政财务管理和经济风险防范情况，民生保障和改善情况，生态文明建设项目、资金等管理使用和效益情况，以及在预算管理中执行机构编制管理规定情况； （五）在经济活动中落实有关党风廉政建设责任和遵守廉洁从政规定情况； （六）以往审计发现问题的整改情况； （七）其他需要审计的内容。 第十八条　党政工作部门、纪检监察机关、法院、检察院、事业单位和人民团体等单位主要领导干部经济责任审计的内容包括：	第十五条　地方各级党委和政府主要领导干部经济责任审计的主要内容是：本地区财政收支的真实、合法和效益情况；国有资产的管理和使用情况；政府债务的举借、管理和使用情况；政府投资和以政府投资为主的重要项目的建设和管理情况；对直接分管部门预算执行和其他财政收支、财务收支以及有关经济活动的管理和监督情况。 第十六条　党政工作部门、审判机关、检察机关、事业单位和人民团体等单位主要领导干部经济责任审计的主要内容是：本部门（系统）、本单位预算执行和其他财政收支、财务收支的真实、合法和效益情况；重要投资项目的建设和管理情况；重要经济事项管理制度的建立和执行情况；对下属单位财政收支、财务收支以及有关经济活动的管理和监督情况。

	两办新规	32 号文
条款 对比	（一）贯彻执行党和国家经济方针政策、决策部 署情况； （二）本部门本单位重要发展规划和政策措施的 制定、执行和效果情况； （三）重大经济事项的决策、执行和效果情况； （四）财政财务管理和经济风险防范情况，生态 文明建设项目、资金等管理使用和效益情况， 以及在预算管理中执行机构编制管理规定情况； （五）在经济活动中落实有关党风廉政建设责任 和遵守廉洁从政规定情况； （六）以往审计发现问题的整改情况； （七）其他需要审计的内容。 第十九条　国有企业主要领导人员经济责任审 计的内容包括： （一）贯彻执行党和国家经济方针政策、决策部 署情况； （二）企业发展战略规划的制定、执行和效果 情况； （三）重大经济事项的决策、执行和效果情况； （四）企业法人治理结构的建立、健全和运行情 况，内部控制制度的制定和执行情况； （五）企业财务的真实合法效益情况，风险管控 情况，境外资产管理情况，生态环境保护情况； （六）在经济活动中落实有关党风廉政建设责任 和遵守廉洁从业规定情况； （七）以往审计发现问题的整改情况； （八）其他需要审计的内容	第十七条　国有企业领导人员经济责任审计的主 要内容是：本企业财务收支的真实、合法和效益 情况；有关内部控制制度的建立和执行情况；履 行国有资产出资人经济管理和监督职责情况。 第十八条　在审计以上主要内容时，应当关注领 导干部在履行经济责任过程中的下列情况：贯彻 落实科学发展观，推动经济社会科学发展情况； 遵守有关经济法律法规、贯彻执行党和国家有关 经济工作的方针政策和决策部署情况；制定和执 行重大经济决策情况；与领导干部履行经济责任 有关的管理、决策等活动的经济效益、社会效益 和环境效益情况；遵守有关廉洁从政（从业）规 定情况等

1.经济责任审计内容的变化。

经济责任审计的内容，也是被审计领导干部的职责内容，通过以上对比可以看出，三类被审计领导干部经济责任审计内容变化类似。此处以地方各级党委和政府主要领导干部经济责任审计的内容为例，来看新旧规定的主要区别。

（1）贯彻执行党和国家经济方针政策、决策部署情况。在两办新规中，这项内容排在最前面，说明是最重要的经济责任审计内容，也是一个单位领导干部最重要的履职内容。而在 32 号文中，这项内容是置于一系列财政、财务和经济管理事项后面的。

不同的被审计单位，层级不同、所辖地区的自然资源和经济条件不同，或者不同单位职能不同，涉及的"党和国家经济方针政策、决策部署"不同，而党和国家经济方针政策、决策部署涉及的内容很多，审计人员难以界定边际，属于审计工作的难点。

（2）本地区经济社会发展规划和政策措施的制定、执行和效果情况。这是第二重要的经济责任审计内容，两办新规新增的审计内容，也是被审计领导干部重要的履职内容，两办新规要求领导干部制定本地区经济社会发展规划，并通过政策措施切实落实，即要在职责范围内，实现发展；与32号文的"贯彻落实科学发展观，推动经济社会科学发展情况"相比，新规更强调具体执行，要求制定规划，通过政策措施将规划落地，从而切实实现发展。

对于审计人员来说，发展规划的制定、落实相对具体，相对于"科学发展"，更容易把握。

（3）重大经济事项的决策、执行和效果情况。该内容与32号文"制定和执行重大经济决策情况；与领导干部履行经济责任有关的管理、决策等活动的经济效益、社会效益和环境效益情况"相比，增加了对"执行"的强调。审计人员对重大经济事项的审计，除了决策和效果外，还应该关注执行过程是否合法合规、是否符合单位内部控制制度。

（4）财政财务管理和经济风险防范情况，民生保障和改善情况，生态文明建设项目、资金等管理使用和效益情况，以及在预算管理中执行机构编制管理规定情况。"财政财务管理"与32号文规定的经济责任审计内容内涵相仿，对于审计人员来说，是容易把握的，也是熟悉的审计领域。

"经济风险防范"是新增内容，这与国家防范化解重大风险的政策要求是一致的。不同被审计单位面临不同的风险防控要求，审计人员需要根据被审计单位的实际情况，关注风险管控范围。

"民生保障和改善情况"为新增内容，这与党和国家全面建设小康社会、生态文明建设等国策是分不开的。

"生态文明建设项目、资金等管理使用和效益情况"为新增内容。这与党和国家加快推进生态文明建设的国策相关，属于党和国家重要的经济政策之一。如果被审计领导干部的职责范围涉及生态文明建设项目，则建设项目的管理、资金使用和效果就是重要的审计内容。

（5）在经济活动中落实有关党风廉政建设责任和遵守廉洁从政规定情况。两办新规第十七条前四款都强调了开拓进取、担当作为，但是，并不是说权力的运行可以不受约束，领导干部履职过程中，需要恪守的原则为落实有关党风廉政建设责任和遵守廉洁从政规定。

与32号文"遵守有关廉洁从政（从业）规定情况"对比，两办新规除了强调领导干部本人"遵守廉洁从政规定"外，还强调领导干部要"在经济活动中落实有关党风廉政建设责任"，即领导干部不但要遵守廉洁从业规定，还要在单位的经济活动中落实有关党风廉政建设责任，如果所负责的单位中存在违反廉洁从业规定的情况，即使被审计领导干部本人没有违反廉洁从业规定的行为，也要承担责任。

（6）两办新规增加了境外资产管理情况审计。这主要是指企业按照国家有关要求，规范境外投资和资产管理，保障境外国有资产安全完整和保值增值情况。审计重点关注是否存在盲目开展境外业务造成损失或者风险；是否违规决策或者未经充分论证评估、项目管控不力或者执行不严，造成投资损失或者风险等。

综上所述，两办新规强调审做事，强调职责履行情况，32 号文强调审财务。对各类被审计领导干部，都强调"贯彻执行党和国家经济方针政策、决策部署情况"，促进领导干部履职尽责、担当作为，确保党中央令行禁止。

2. 审计实践中如何把握审计内容。

（1）明确经济责任审计的内容。审计组应当按照权责一致、权责对等原则，以领导干部任职期间公共资金、国有资产、国有资源的管理、分配和使用为基础，依规依法确定审计内容。围绕领导干部履行经济责任的主要载体，即公共资金、国有资产、国有资源的管理、分配和使用情况，针对财政资金分配、国有资产处置、公共资源配置审批和交易等问题易发、高发的重点领域和关键环节开展审计。

（2）明确经济责任审计的重点。应当以领导干部权力运行和责任落实情况为重点。习近平总书记在十九届中央纪委二次全会上总结党的十八大以来全面从严治党的重要经验时指出，"要坚持行使权力和担当责任相统一，真正把落实管党治党政治责任作为最根本的政治担当，紧紧咬住'责任'二字，抓住'问责'这个要害"。十八届三中全会要求加强和改进对主要领导干部行使权力的制约和监督，加强行政监察和审计监督。党的十九大强调加强对权力运行的制约和监督，让人民监督权力，让权力在阳光下运行，把权力关进制度的笼子。

实践中，应围绕"被审计领导干部履行经济责任应该干什么，干了什么，怎么干的，干得怎么样"等内容，突出审计重点。

（3）确定审计内容和审计重点的具体考虑因素。确定审计内容时，应当从工作实际出发。首先要根据干部管理监督部门需要和审计资源等实际情况，因地制宜地选定重点审计事项。其次要考虑不同类别、不同级次、不同地区（部门、单位）领导干部履职特点、自然资源禀赋等实际情况，科学合理确定审计重点。实践中，不要求审计内容面面俱到，但应当体现地区（部门、单位）特色，体现被审计领导干部履职特点等。对于两办新规第十七条至第十九条列述的各项审计内容，审计组应在把握总体情况的基础上，确定审计重点。可结合审计目标和审计资源等情况，进行有针对性、代表性的抽查，但要防止以偏概全。

3. "党和国家经济方针政策、决策部署"的具体内容。

（1）审计重点。贯彻执行党和国家经济方针政策、决策部署情况，主要是指党和国家经济体制改革、宏观经济调控、产业结构调整、创新驱动发展战略等经济方针政策及决策部署，习近平总书记对行业、企业作出的重要批示指示等贯彻落实情况。

重点关注是否存在相关重大政策措施和决策部署贯彻落实不坚决、不全面、不到位等问题。

（2）具体内容示例。在审计实践中，审计人员不好把握的具体内容便是"党和国家经济方针政策、决策部署"，不同的被审计单位和被审计领导干部，职责不同，要贯彻执行的方针政策、决策部署不同，审计人员需要根据被审计单位和被审计领导干部的实际职责范围确定审计内容。方针政策、决策部署可能涉及的具体内容示例如下。

- 海南自由贸易港建设。
- 深化供给侧结构性（调整经济结构，使要素实现最优配置，提升经济增长的质量和增加数量）改革。
- 推进落实"三去一降一补"（即去产能、去库存、去杠杆、降成本、补短板）五大任务。
- 聚焦打好"三大攻坚战"（防范化解重大风险、精准脱贫、污染防治）。
- 持续深化国有企业改革，积极推进各项改革试点工作，推进"一带一路"建设。
- 防范化解重大风险。
- 推动国有资本做强做优做大，发挥在国民经济中的重要支柱作用，推动稳增长、促改革、调结构、惠民生、防风险。

4."企业发展战略规划的制定、执行和效果情况"的具体内容。

这主要是指被审计领导干部任职期间，企业根据国家发展规划和产业政策制定的自身发展战略规划及其执行和效果情况。

应重点关注的具体内容示例如下。

- 企业制定的发展战略规划是否符合国家发展战略规划和产业政策，是否符合国有经济布局和战略性调整方向，是否突出主业，提升企业核心竞争力，是否坚持效益优先和可持续发展原则。
- 是否采取有效措施推进企业发展战略规划。
- 是否按期完成，是否达到预期效果等。

5."重大经济事项的决策、执行和效果情况"的具体内容。

主要是指被审计领导干部任职期间，"三重一大"决策事项中重大事项决策、重要项目安排、大额度资金运作事项的决策制度及其执行和效果情况。

应重点关注的具体内容示例如下。

- 重大经济决策制度的建立健全情况，包括是否制定相关内部控制制度，是否对决策程序、范围、权限作出明确规定，是否符合国家法律法规。

- 重大经济决策制度执行情况，包括决策内容、程序和权限是否合规等；执行过程管理是否合规等，如资金使用过程管理是否合规，专项资金使用管理是否符合该资金的管理制度。
- 重大经济决策执行效果情况，包括决策事项是否完成，是否实现预期目标，是否因决策不当或者失误造成损失浪费、环境破坏、风险隐患等。

此外，实践中可以通过梳理形成领导干部任职期间重大经济决策事项清单等方式，确保重点突出、指向清晰、任务落实。

6. "企业法人治理结构的建立、健全和运行情况，内部控制制度的制定和执行情况"的具体内容。

这主要是指党委会、企业股东大会、董事会、监事会和高级管理层等之间的职责划分、制衡和约束机制等情况。

应重点关注的具体内容示例如下。

- 企业法人治理结构是否建立健全，是否有效发挥董事会的决策作用、监事会的监督作用、经理层的经营管理作用、党组织的政治核心作用，是否有效落实权责对等、运转协调、有效制衡的决策执行监督机制。
- 是否存在因疏于监管、内部控制不严造成管理混乱或者导致重大违规违纪违法、经营亏损、风险隐患等问题。
- 是否存在因管理层级过多、管理链条过长导致对所属单位管理失控等问题。

7. "企业财务的真实合法效益情况"的具体内容。

这主要是指财务核算真实合法、财务收支合规有效、经营合规稳健等。应重点关注的具体内容示例如下。

- 财务报表编制的真实性、完整性和合规性，是否存在人为调节收入、利润等情况，合并范围是否完整，关联交易等信息披露事项是否及时准确，薪酬管理是否合规等。
- 企业经营的稳健性和可持续发展能力，主要业绩考核和风险监管指标的完成情况，综合盈利能力和国有权益保值增值情况，以及企业主营业务在国际、国内同行业市场的地位、影响力等。
- 在业务经营合规方面，应重点关注工程项目管理、物资和服务采购招标投标、资本运作、资产资源收购处置等重点环节是否存在违规操作问题。
- 涉及金融业务的，关注信贷、投资、证券、保险、信托、租赁等业务经营合规性。

8. "风险管控情况"的具体内容。

这主要是指企业在稳健运营、可持续发展方面对风险的管控情况。应重点关注的具体内容示例如下。

- 投资、运营、财务、创新、网络信息安全等风险管控情况，是否坚持做优做强做大主营业务，是否按照国家科技创新要求培育核心竞争力，企业杠杆率是否控制在合理水平，是否存在"明股实债"等隐性债务，是否存在系统性债务风险。
- 涉及金融业务的，关注信用风险、流动性风险、市场风险、影子银行风险、交叉性金融风险等管控情况，关注在不良资产处置、资本计量、补充资本金以及在互联网金融等创新业务方面存在的问题，关注在对外担保、股权质押融资、金融衍生业务等方面存在的问题。

9. "境外资产管理情况"的具体内容。

这主要是指企业按照国家有关要求，规范境外投资和资产管理，保障境外国有资产安全完整和保值增值情况。

应重点关注的具体内容示例如下。

- 是否存在盲目开展境外业务造成损失或者风险。
- 是否存在违规决策或者未经充分论证评估、项目管控不力或者执行不严，造成投资损失或者风险等。

10. "生态环境保护情况"的具体内容。

这主要是指企业按照国家生态环境和自然资源资产保护要求开展生产经营、项目投资、科技研发等情况。应重点关注企业在落实淘汰落后产能、推进污染防治、发展绿色金融等方面存在的问题。

11. "在经济活动中落实有关党风廉政建设责任和遵守廉洁从业规定情况"的具体内容。

这主要是指企业主要领导人员作为党风廉政建设的第一责任人，在加强党风廉政建设方面的职责履行情况。

考虑到党风廉政建设涉及面广，为聚焦经济责任，本项做了"在经济活动中"的限定。本项内容贯穿审计内容的始终。

应重点关注企业主要领导人员、班子成员是否存在违反中央八项规定及其实施细则精神等问题，是否存在违规经商办企业、违规持股、违规兼职取酬、违规从事有偿中介活动、亲属或者特定关系人依托企业违规开展业务、超标准乘坐交通工具等问题。

12. "以往审计发现问题的整改情况"的具体内容。

这主要是指被审计领导干部任职期间是否按照《中华人民共和国审计法》《关于完善审计制度若干重大问题的框架意见》及相关配套文件等要求，对审计机关查出的问题认真整改；是否存在对查出问题整改不重视、不部署，以及未采取有效措施造成整改不到位等问题。

（五）审计方法与协调配合

两办新规将一些具体操作层面的内容即审计方法和部门之间互相支持方面的内容进行了固化。两办新规与 32 号文关于经济责任审计操作方法与协调配合的对比如表 1-5 所示。

表 1-5　审计操作方法与协调配合的对比

	两办新规	32 号文
条款对比	第二十八条　经济责任审计应当加强与领导干部自然资源资产离任审计等其他审计的统筹协调，科学配置审计资源，创新审计组织管理，推动大数据等新技术应用，建立健全审计工作信息和结果共享机制，提高审计监督整体效能。 第二十九条　经济责任审计过程中，可以依规依法提请有关部门、单位予以协助。有关部门、单位应当予以支持，并及时提供有关资料和信息	第二十六条　审计机关履行经济责任审计职责时，可以依法提请有关部门和单位予以协助，有关部门和单位应当予以配合
关键内容	创新审计组织管理、推动大数据等新技术应用、信息和结果共享机制	

与 32 号文相比，第二十八条为两办新规中新增加的内容，其强调了以下两点。

为提高审计效率，经济责任审计应当加强与领导干部自然资源资产离任审计等其他审计的统筹协调、信息和结果共享。

推动大数据等新技术应用，建立健全审计工作信息和结果共享机制。目前，在科技、信息化技术发达的背景下，新规强调了审计方法和手段的与时俱进，要提升审计效能。审计方法不应局限于检查、监盘、观察、询问、函证、计算、重新执行和分析等传统审计方法，审计人员应该利用科技手段，履行审计程序，提高审计效率和效果。

【案例分享 1-3】　　　**信息化技术解决的审计难题**

自 2014 年起，獐子岛公司的扇贝就过得很惨，不是"跑路"就是"死亡"了，而这些看起来有些离谱的事情，也成为獐子岛公司解释财务数据的理由。

证监会调查发现，獐子岛公司在 2014 年、2015 年已连续两年亏损的情况下，客观上利用海底库存及采捕情况难发现、难调查、难核实的特点，不以实际采捕海域为依据进行成本结转，导致财务报告严重失真。獐子岛公司 2016 年通过少记录成本、营业外支出的方法将利润由亏损披露为盈利，2017 年将以前年度已采捕海域列入核销海域或减值海域，夸大亏损幅度。

那么证监会是如何进行调查的呢？

据披露，证监会借助卫星定位数据，对公司 27 条采捕船只、数百万条海上航行定位数据进行分析，委托两家第三方专业机构运用计算机技术还原了采捕船只的真实航行轨迹，复原了公司最近两年真实的采捕海域，进而确定实际采捕面积，并据此认定獐子岛公司成本、营业外支出、利润等存在虚假。

（六）审计报告要点

关于审计报告要点的规定属于操作层面的内容。两办新规与 32 号文关于经济责任审计报告要点的对比如表 1-6 所示。

表 1-6　审计报告要点的对比

	两办新规	32 号文
条款对比	第三十条　审计组实施审计后，应当向派出审计组的审计委员会办公室、审计机关提交审计报告。 审计报告一般包括被审计领导干部任职期间履行经济责任情况的总体评价、主要业绩、审计发现的主要问题和责任认定、审计建议等内容	无
关键内容	总体评价、主要业绩、审计发现的主要问题和责任认定、审计建议	无

两办新规规定了审计报告的主要内容，主要如下。

一是总体评价。作为经济责任审计报告，要对被审计领导干部进行总体评价，这是应有之义。

二是主要业绩。经济责任审计，是对领导干部经济责任的履行情况进行监督、评价和鉴证，应该全面反映职责履行情况，不只反映问题，也应该公允地反映业绩。

三是审计发现的主要问题和责任认定。这部分是经济责任审计报告的重点，如果不能发现问题、界定责任，就不能促进被审计单位以及被审计领导干部各方面工作的提质增效，就不能改进管理，不能阻塞漏洞，不能完善制度，不能防范风险等。

四是审计建设。发现问题的最终目的是解决问题，完善管理，所以，审计建议不可或缺。没有审计建议，审计就不能很好地实现两办新规第二条规定的"促进经济高质量发展，促进全面深化改革，促进权力规范运行，促进反腐倡廉，推进国家治理体系和治理能力现代化"的目标。

（七）经济责任分类

两办新规和 32 号文关于经济责任分类的对比如表 1-7 所示。

表 1-7　经济责任分类的对比

	两办新规	32 号文
条款对比	第三十九条　对领导干部履行经济责任过程中存在的问题，审计委员会办公室、审计机关应当按照权责一致原则，根据领导干部职责分工，综合考虑相关问题的历史背景、决策过程、性质、后果和领导干部实际所起的作用等情况，界定其应当承担的直接责任或者领导责任	第三十四条　审计机关对被审计领导干部履行经济责任过程中存在问题所应当承担的直接责任、主管责任、领导责任，应当区别不同情况作出界定
关键内容	权责一致原则 直接责任、领导责任	直接责任、主管责任、领导责任

两办新规强调权责一致的原则，综合考虑相关问题的历史背景、决策过程、性质、后果和领导干部实际所起的作用等情况，与 32 号文相比，对责任的界定要求考虑的要素更多，定责更谨慎，强调了责任界定尊重事实、依据事实的理念。

两办新规只规定了两种责任，取消了主管责任。

（八）承担不同责任的行为分类

两办新规和 32 号文都对承担不同责任的行为进行了分类列示，条款对比如表1-8 所示。

表 1-8　承担不同责任的行为分类对比

	两办新规	32 号文
条款对比	第四十条　领导干部对履行经济责任过程中的下列行为应当承担直接责任： （一）直接违反有关党内法规、法律法规、政策规定的； （二）授意、指使、强令、纵容、包庇下属人员违反有关党内法规、法律法规、政策规定的； （三）贯彻党和国家经济方针政策、决策部署不坚决不全面不到位，造成公共资金、国有资产、国有资源损失浪费，生态环境破坏，公共利益损害等后果的； （四）未完成有关法律法规规章、政策措施、目标责任书等规定的领导干部作为第一责任人（负总责）事项，造成公共资金、国有资产、国有资源损失浪费，生态环境破坏，公共利益损害等后果的；	第三十五条　本规定所称直接责任，是指领导干部对履行经济责任过程中的下列行为应当承担的责任： （一）直接违反法律法规、国家有关规定和单位内部管理规定的行为； （二）授意、指使、强令、纵容、包庇下属人员违反法律法规、国家有关规定和单位内部管理规定的行为； （三）未经民主决策、相关会议讨论而直接决定、批准、组织实施重大经济事项，并造成重大经济损失浪费、国有资产（资金、资源）流失等严重后果的行为； （四）主持相关会议讨论或者以其他方式研究，但是在多数人不同意的情况下直接决定、批准、组织实施重大经济事项，由于决策不当或者决策失误造成重大经济损失浪费、国有资产（资金、资源）流失等严重后果的行为；

	两办新规	32 号文
条款对比	（五）未经民主决策程序或者民主决策时在多数人不同意的情况下，直接决定、批准、组织实施重大经济事项，造成公共资金、国有资产、国有资源损失浪费，生态环境破坏，公共利益损害等后果的； （六）不履行或者不正确履行职责，对造成的后果起决定性作用的其他行为。 第四十一条　领导干部对履行经济责任过程中的下列行为应当承担领导责任： （一）民主决策时，在多数人同意的情况下，决定、批准、组织实施重大经济事项，由于决策不当或者决策失误造成公共资金、国有资产、国有资源损失浪费，生态环境破坏，公共利益损害等后果的； （二）违反部门、单位内部管理规定造成公共资金、国有资产、国有资源损失浪费，生态环境破坏，公共利益损害等后果的； （三）参与相关决策和工作时，没有发表明确的反对意见，相关决策和工作违反有关党内法规、法律法规、政策规定，或者造成公共资金、国有资产、国有资源损失浪费，生态环境破坏，公共利益损害等后果的； （四）疏于监管，未及时发现和处理所管辖范围内本级或者下一级地区（部门、单位）违反有关党内法规、法律法规、政策规定的问题，造成公共资金、国有资产、国有资源损失浪费，生态环境破坏，公共利益损害等后果的； （五）除直接责任外，不履行或者不正确履行职责，对造成的后果应当承担责任的其他行为	（五）其他应当承担直接责任的行为。 第三十六条　本规定所称主管责任，是指领导干部对履行经济责任过程中的下列行为应当承担的责任： （一）除直接责任外，领导干部对其直接分管的工作不履行或者不正确履行经济责任的行为； （二）主持相关会议讨论或者以其他方式研究，并且在多数人同意的情况下决定、批准、组织实施重大经济事项，由于决策不当或者决策失误造成重大经济损失浪费、国有资产（资金、资源）流失等严重后果的行为。 第三十七条　本规定所称领导责任，是指除直接责任和主管责任外，领导干部对其不履行或者不正确履行经济责任的其他行为应当承担的责任

1. 新旧规定关于直接责任的主要区别。

两办新规与 32 号文关于直接责任的第一个差异为两办新规增加了第（三）款、第（四）款。第（三）款"贯彻党和国家经济方针政策、决策部署不坚决不全面不到位，造成公共资金、国有资产、国有资源损失浪费，生态环境破坏，公共利益损害等后果的"与前述审计内容即"贯彻执行党和国家经济方针政策、决策部署情况"是领导干部最重要的职责相呼应，即最重要的职责没有履行到位，造成后果，界定为直接责任。第（四）款对有关法律法规规章、政策措施、目标责任书等规定的领导干部作为第一责任人（负总责）的事项，没有完成，且造成后果的，界定为直接责任。

第二个差异是，32 号文规定的直接责任包括违反单位内部管理规定，而两办新规不包括违反单位内部管理规定。

2.关于两办新规规定的承担责任的各类情形分析。

两办新规明确了直接责任和领导责任的各种表现即"症状",具体情形如下。

(1)领导干部对履行经济责任过程中的下列行为应当承担直接责任。

①直接违反有关党内法规、法律法规、政策规定的。"直接"是指被审计领导干部在履行经济责任过程中,个人直接决定,或者通过主持会议、传签文件、会签文件等方式进行集体研究,在决策过程中起决定性作用。概括而言就是"直接干"。

②授意、指使、强令、纵容、包庇下属人员违反有关党内法规、法律法规、政策规定的。本款是指被审计领导干部没有本条第一款所述的直接违反的行为,但下属人员直接违反了有关党内法规、法律法规、政策规定,且被审计领导干部存在授意、指使、强令、纵容、包庇情形的,被审计领导干部承担直接责任。概括而言就是"令别人干"。

③贯彻党和国家经济方针政策、决策部署不坚决不全面不到位,造成公共资金、国有资产、国有资源损失浪费,生态环境破坏,公共利益损害等后果的。"不坚决不全面不到位"是指被审计领导干部不重视、不部署或者未采取有效措施推进工作,导致贯彻落实党和国家决策部署不坚决不到位等问题。此情形需结合造成的公共资金、国有资产、国有资源损失浪费,生态环境破坏,公共利益损害等后果,才能认定为直接责任。概括而言就是"主要职责履行不到位"。

④未完成有关法律法规规章、政策措施、目标责任书等规定的领导干部作为第一责任人(负总责)事项,造成公共资金、国有资产、国有资源损失浪费,生态环境破坏,公共利益损害等后果的。既然明确了领导干部作为第一责任人的事项,如果因没有完成而造成不良后果,有关领导干部只能负直接责任。概括而言就是"主要职责履行不到位"。

⑤未经民主决策程序或者民主决策时在多数人不同意的情况下,直接决定、批准、组织实施重大经济事项,造成公共资金、国有资产、国有资源损失浪费,生态环境被破坏,公共利益受损害等后果的。本款规定主要针对被审计领导干部违反规定程序进行决策的情形,包括应当经过民主决策而未经过民主决策,或者民主决策时在多数人反对的情况下直接决策,此情形需结合造成的公共资金、国有资产、国有资源损失浪费,生态环境破坏,公共利益损害等后果,才能认定为直接责任。

在未经民主决策,或者经过民主决策多数人不同意情况下,直接决定、批准、组织实施重大经济事项,相当于"直接违规"。

⑥不履行或者不正确履行职责,对造成的后果起决定性作用的其他行为。本款为兜底条款,概述了直接责任的共同特征,是不履行或者不正确履行职责,对造成的后果起决定性作用。

(2)领导干部对履行经济责任过程中的下列行为应当承担领导责任。

①民主决策时，在多数人同意的情况下，决定、批准、组织实施重大经济事项，决策不当或者决策失误造成公共资金、国有资产、国有资源损失浪费，生态环境被破坏，公共利益受损害等后果的。

两办新规规定在重大经济事项决策形式合规的情况下，因决策不当或者失误造成相关后果的，应认定为被审计领导干部承担领导责任。

与第四十条第五款相比，需要对决策程序是否合规等进行区分。

概括而言就是"领导人没能掌控大方向，没能起到领导应有的作用"。

②违反部门、单位内部管理规定造成公共资金、国有资产、国有资源损失浪费，生态环境破坏，公共利益损害等后果的。

考虑到部门、单位内部管理规定的约束力明显低于有关党内法规、法律法规、政策规定，而且有时存在被审计领导干部所在单位自我加压，制定的内部管理规定严于国家标准，或者制定的管理规定不够科学严谨、操作性不强甚至不具操作性等情形，因此本款规定明确审计发现违反内部管理规定的行为时，要结合造成的公共资金、国有资产、国有资源损失浪费，生态环境破坏，公共利益损害等后果来认定责任。

将"违反部门、单位内部管理规定"造成损失，与"直接违反有关党内法规、法律法规、政策规定的"对比，前者为领导责任，后者为直接责任。

③参与相关决策和工作时，没有发表明确的反对意见，相关决策和工作违反有关党内法规、法律法规、政策规定，或者造成公共资金、国有资产、国有资源损失浪费，生态环境被破坏，公共利益受损害等后果的。本款主要适用于经济责任同步审计中的责任认定。明确领导干部参与相关决策和工作时未发表明确的反对意见，相关决策和工作违规违纪违法或者造成相关后果，即可认定为领导责任。

例如，开展董事长和总经理经济责任同步审计时，对于董事长主持会议决策的事项，总经理如果同时参加了会议，未发表明确的反对意见，决策事项出现违反有关党内法规、法律法规、政策规定的情形，董事长应当承担直接责任，总经理应当承担领导责任。

总之，虽然参与决策，但是"没有发表明确的反对意见"，也是没有履行管理职责的体现，界定为领导责任是合理的。

④疏于监管，未及时发现和处理所管辖范围内本级或者下一级地区（部门、单位）违反有关党内法规、法律法规、政策规定的问题，造成公共资金、国有资产、国有资源损失浪费，生态环境破坏，公共利益损害等后果的。

本款主要规定被审计领导干部应履行而未履行监管职责，或者履行监管职责不到位，未及时发现和处理本级或者下一级地区（部门、单位）违反有关党内法规、法律法规、政策规定且造成相关后果的，被审计领导干部应承担领导责任。

实践中，经济责任审计应聚焦本级和下一级重点地区（部门、单位）的问题，但对于审计发现的三级及以下地区（部门、单位）出现的普遍性、典型性、倾向性问题或者与被审计领导干部履行经济责任关联较大的事项，可以参照此项规定认定被审计领导干部应承担的责任。

对管辖范围内的违法行为不能及时发现，意味着没有或者没能履行管理职责，当然应界定为领导责任。

⑤除直接责任外，不履行或者不正确履行职责，对造成的后果应当承担责任的其他行为。本款属于兜底条款。

（九）审计评价的基本原则

不同审计人员的审计评价难免受个人主观因素影响，造成对于同一经济事项的审计评价可能不同。两办新规规定了进行审计评价应遵循的基本原则，其与 32 号文的对比如表 1-9 所示。

表 1-9　审计评价的基本原则对比

	两办新规	32 号文
条款对比	第四十三条　审计评价时，应当把领导干部在推进改革中因缺乏经验、先行先试出现的失误和错误，同明知故犯的违纪违法行为区分开来；把上级尚无明确限制的探索性试验中的失误和错误，同上级明令禁止后依然我行我素的违纪违法行为区分开来；把为推动发展的无意过失，同为谋取私利的违纪违法行为区分开来。对领导干部在改革创新中的失误和错误，正确把握事业为上、实事求是、依纪依法、容纠并举等原则，经综合分析研判，可以免责或者从轻定责，鼓励探索创新，支持担当作为，保护领导干部干事创业的积极性、主动性、创造性	无

审计评价的基本原则中，"三个区分开来"是两办新规中全新的内容，也是与 32 号文相比重要的变化之一，体现了鼓励担当作为、鼓励探索创新，保护领导干部干事创业的积极性、主动性、创造性的干部管理理念。

（1）明确了要求贯彻落实习近平总书记关于"三个区分开来"的重要要求。经济责任审计中，要全面、客观、辩证地看待问题，审慎作出审计评价，鼓励探索创新，引导各级领导干部争当改革的促进派、实干家。

（2）推动了建立激励和容错免责工作机制。经济责任审计中，要坚持严格依法审计，坚持问题导向，做到应审尽审、凡审必严，严肃揭示违规违纪违法问题线索。同时，对领导干部在改革创新中的失误和错误，应当从目的正当、程序合规、行为合法、结果合理等维度进行分析研判，区分无意过失与明知故犯、工作失误与失职渎职、探索实践与以权谋私，经综合分析研判，确定是否可以免责或者从轻定责，鼓励领导干部积极干事创业、勇于担当作为。

【案例分享 1-4】 对宋运辉的处理结果及其对两办新规的诠释

《大江大河2》有关组织部门和领导对宋运辉所犯"错误"的处理结果，反映了"三个区分开来"的理念。

剧中的宋运辉一心想将东海化工厂建设成为技术一流、有持续发展潜力的一流化工厂，他顶着各种压力，一路披荆斩棘、攻克各种难关，争取外商投资。但是，在运作过程中，没注意与周围同事搞好关系，没有注意对重大经济事项的集体决策，被人陷害，犯了所谓的"错误"，即在与外商谈判过程中，将与其他外商谈判的资料透露给对方（在笔者看来，那也可以说是议价的技巧），以及所谓的作风问题，最后被停职调查。宋运辉无疑是一个开拓进取、担当作为的干部。

但是，开拓进取、担当作为的干部，不见得绝对不会犯错误，本案例关注的是宋运辉的"错误"的性质和上级的处理方式。

当时正值改革开放刚刚开始，领导干部"摸着石头过河"，没有现成的模式可照搬，更没有配套的法规制度可参考。宋运辉的错误，属于在推进改革中因缺乏经验、先行先试出现的失误和错误，不是明知故犯的违纪违法行为；是上级尚无明确限制的探索性试验中的失误和错误，不是上级明令禁止后依然我行我素的违纪违法行为；是为推动发展的无意过失，不是为谋取私利的违纪违法行为。

而上级的处理方式，也很符合两办新规的精神。剧中的上级领导老徐指出并批评了宋运辉存在的错误，即只考虑结果，不考虑过程，不注意过程中团结同事，但强调了他身上的可贵之处，即创业的锐气和闯劲。因此只是将宋运辉调离东海化工厂，调入化工系统内的其他工厂，目的是"保护和锻炼"他，这符合"促进领导干部履职尽责、担当作为"的原则，符合"保护领导干部干事创业的积极性、主动性、创造性"的原则。

第 2 章

一般事项审计操作程序

一、具体审计范围的确定

在审计实践中，如何根据两办新规规定的审计内容，在具体审计项目中确定具体审计内容，是审计人员必须解决的难题，审计人员只有对此有清晰的思路，才能保证审计内容的完整，保证重要审计内容被纳入审计范围。

（一）以职责范围确定审计范围

两办新规第十六条给出了审计范围的确认原则："经济责任审计应当以领导干部任职期间公共资金、国有资产、国有资源的管理、分配和使用为基础，以领导干部权力运行和责任落实情况为重点，充分考虑领导干部管理监督需要、履职特点和审计资源等因素，依规依法确定审计内容。"根据该规定，"领导干部任职期间公共资金、国有资产、国有资源的管理、分配和使用"只是基础，不是审计内容的全部，审计内容的重点是"权力运行和责任落实情况"。

而很多审计人员往往将"领导干部任职期间公共资金、国有资产、国有资源的管理、分配和使用"当作审计内容的全部，这实质上将经济责任审计与其他财务审计的审计内容混淆。一般财务审计的审计范围很容易确定，即财务报表及对应的经济业务就是审计范围，对于单户报表来说，总账、明细账及相关会计凭证，以及这些财务凭证涉及的经济业务就是审计范围。但是，经济责任审计，不应以财务报表或财务账簿来划定审计范围，经济责任的审计范围应该是"权力运行和责任落实情况"涉及的范围，当然，这个范围包括了财务报表和财务账簿、凭证涉及的范围。"权力运行和责任落实情况"中的有些事项记录在财务报表和财务账簿中，有些事项没有记录，即可能不涉及财务事项，无法记录在账簿中。

如果不以财务报表、财务账簿和凭证来划定审计范围，那么应该怎样确定审计范围呢？

应该以被审计单位和被审计人的责任范围或者职责范围划定审计范围，具体范围如下：

（1）被审计单位和被审计人应该履行哪些职责或者做哪些事；

（2）实际对哪些事项履行了职责或者做了哪些事，有无应履行而未履行的职责；

（3）履职情况或经济事项的运作过程是否符合相关法律法规；

（4）履职情况或者重大经济事项是否实现预期的效益；

（5）有无损失或者其他不良后果。

【案例分享2-1】　　审计内容与经济事项的关系

某审计组对某企业进行经济责任审计，发现一投资失败事项，有关财务信息如下：

账面记载投资总额10亿元；考虑未入账的合同、结算资料等，调整账面投资总额达到15亿元；

与投资项目相关的收入存在造假情况，账面收入16亿元，实际项目未按期投产，只实现2 000万元的收入，未达到设计产量，未实现预期收益。

结论：财务信息量化说明投资失败，形成重大损失；会计信息不真实。

审计组收集的与项目相关的非财务信息如下：

①投资于国家明令禁止领域；

②未经国资委审批，甚至，经国资委阻止仍不停止项目；

③未经集体决策，或集体决策存在问题；

④审计中发现施工方为领导人关联公司或者亲属所开公司，或未经招标，或招标过程存在舞弊迹象；

⑤该项目造成严重的环境污染；

⑥项目决策过程中，董事会、审计部门、监察部门，都没有提出相应反对意见，集体决策失灵。

综合以上信息，可以得到以下审计结论。

①没有"贯彻执行党和国家经济方针政策、决策部署"。

该企业投资于国家明令禁止领域，投资项目未经国资委审批，甚至过程中国资委发文阻止仍不停止该项目，该企业的投资项目违反了国家产业政策。

②重大经济事项的决策不合规。

从决策过程来看，很多事项未经集体决策，有些事项有集体决策，但是，在集体决策过程中，没有不同意见。在项目进行过程中，董事会、审计部门、监察

部门，都没有提出不同意见，集体决策失灵。

审计人员访谈有关与会人员了解到，该企业总经理陆某一向一言堂，所谓的开会，实质上是通知各有关部门准备开工，并不是征求意见，长久以来，有关与会人员都认识到了这一点，认识不到的，则早晚会被解雇。

③存在违反廉洁从业规定的情况。

审计中发现主要施工单位为总经理陆某亲属所开公司。有些工程项目未经招标，有些工程项目招标过程存在串标迹象。

④造成环境污染。

该项目已经造成环境污染，导致附近河流、大气、土壤等都存在不同程度的污染，损害了附近居民健康。

⑤财务信息虚假。

该企业为了伪造项目如期投产的假象，虚构收入、支出，财务信息严重失实。

⑥形成重大经济风险。

所投资项目投产即被政府有关部门叫停，15 亿元投资款难以收回，造成严重损失。

以上案例说明，审计过程中应以被审计单位的经济事项为审计标的，这些经济事项往往涉及"公共资金、国有资产、国有资源的管理、分配和使用"，通过对这些具体经济事项的审计，形成审计结论，结合两办新规规定的审计内容，评价被审计单位和被审计人各项经济责任的履行情况。也就是说，应以领导干部任职期间公共资金、国有资产、国有资源的管理、分配和使用为基础，以领导干部权力运行和责任落实情况为重点。图 2-1 显示了审计内容与审计标的的关系。

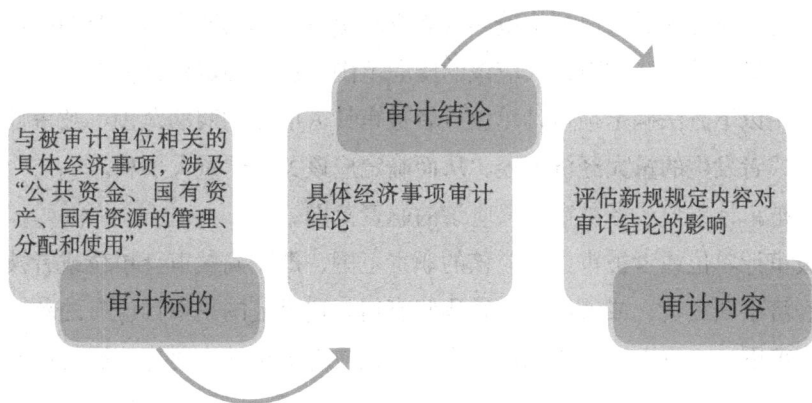

图 2-1　审计内容与审计标的的关系

（二）确定被审计单位应有的职责范围

既然审计范围应以被审计单位和被审计人的职责范围确定，那么，确定被审计单位和被审计人的职责范围就是关键。

32 号文关于审计内容的规定，强调应以本企业财务收支的真实、合法和效益情况，有关内部控制制度的建立和执行情况，履行国有资产出资人经济管理和监督职责情况作为主要审计内容。可以主要以财务账套作为边界，以其他与财务收支事项相关的非财务内容作为辅助（很多审计人员的习惯做法），通过有关内部控制制度与财务的相关性界定审计范围，这样操作相对容易。

两办新规规定的审计内容主要如下：①贯彻执行党和国家经济方针政策、决策部署情况；②企业发展战略规划的制定、执行和效果情况；③重大经济事项的决策、执行和效果情况；④企业法人治理结构的建立、健全和运行情况，内部控制制度的制定和执行情况；⑤企业财务的真实合法效益情况，风险管控情况，境外资产管理情况，生态环境保护情况；⑥在经济活动中落实有关党风廉政建设责任和遵守廉洁从业规定情况；⑦以往审计发现问题的整改情况；⑧其他需要审计的内容。

两办新规规定的审计内容，如方针政策、决策部署、重大事项等，并没有一个清晰的边际指标，界定审计范围相对困难。

但是，两办新规也明确了确定审计范围的标尺，即"管辖范围"。两办新规第三条为："本规定所称经济责任，是指领导干部在任职期间，对其管辖范围内贯彻执行党和国家经济方针政策、决策部署，推动经济和社会事业发展，管理公共资金、国有资产、国有资源，防控重大经济风险等有关经济活动应当履行的职责。"第十六条为："经济责任审计应当以领导干部任职期间公共资金、国有资产、国有资源的管理、分配和使用为基础，以领导干部权力运行和责任落实情况为重点，充分考虑领导干部管理监督需要、履职特点和审计资源等因素，依规依法确定审计内容。"

综上所述，审计人员应以职责范围或者管辖范围，作为圈定审计范围的标准，在此基础上确定被审计单位或被审计人应该的履职范围，进而确定审计范围。

可以采用以下方法确定被审计单位或者被审计人应该的履职范围、被审计单位已经履行的职责或者发生的重大经济事项，从而确定应该关注的重大事项。

1. 确定被审计单位或者被审计人应该的职责范围。

了解被审计单位或者被审计人应该的职责范围，即明确被审计单位或者被审计人应该对哪些经济事项负责，或者说应该做哪些事情。这个范围是审计应有的范围，只有界定清楚这个范围，才可以进一步确定被审计单位或者被审计人对应该履行的职责是否都已履行。

（1）通过审计期间各年度任务书或者其他上级单位下达的考核指标等了解有关任务下达情况。

（2）审前调查、了解国家政策、行业情况、与行业相关的法律法规等。

（3）通过主管部门、集团公司相关网站，了解国家相关经济政策、方针政策决策部署下达情况，如主辅分离、"三供一业"移交、"处僵治困"等。

（4）阅读述职报告、年度工作计划、工作总结、所属部门年度工作计划和总结。

（5）访谈主要部门、主要管理人员。

（6）访谈委托方。

（7）检查收文记录，梳理上级下达的任务。

（8）根据被审计单位实际情况采取的其他方法。

2. 实际履职情况。

了解实际履职情况，即了解被审计单位或被审计人实际做了哪些事。被审计单位或被审计人实际履职情况自然属于经济责任审计范围。

（1）审前调查。

（2）阅读述职报告、年度工作计划、工作总结、所属部门年度工作计划和总结、专项报告。

（3）访谈主要部门、主要管理人员。

（4）检查发文记录，梳理主要经济事项情况。

（5）翻阅各类会议纪要。

（6）审计财务账面资料。

（7）根据被审计单位实际情况采取的其他方法。

通过对职责范围和实际履职情况进行对比，审计人员应该初步评价是否明显存在被审计单位或被审计人应履行而未履行的职责。例如，按被审计单位上级下达的任务书，评价应履行的职责是否得到履行、有关经济事项是否完成。当然，对于被审计单位有记录的已履行的职责是否切实得到履行，是否达到预期目标，还应该进一步就相关事项履行审计程序。

（三）全面完整地收集资料

从以上内容可以看出，全面界定审计范围的关键是收集到全面的、与被审计单位责任范围和经济事项相关的资料。

经济责任审计的质量，与收集资料的完整性紧密相关，如果能及时、完整地收集到与被审计单位职责范围、重要经济事项相关的资料，审计的效果和效率就会大幅提高。审计实践中，很多审计质量不高的原因都是不能及时取得相关的、完整的、高质量的审计资料。有时，审计的过程，就是与被审计单位博弈、取得资料的过程。

审计人员应该积极访谈有关部门，与有关人员沟通，了解被审计单位的业务、业务流程、管理环节，在了解基本情况的基础上，有效率、有质量地收集、索取相关文件。

要在了解被审计单位基本情况的基础上，掌握被审计单位所属行业或者地域主管部门、上级单位的收文管理流程等。通过对这些内容的了解，可以了解被审计单位的政策下达线索和渠道，通过掌握这些线索和渠道，可以掌握与被审计单位有关的国家经济方针政策、决策部署。

【案例分享 2-2】　　拘泥于财务资料导致的审计范围受限

对于某乡镇书记和镇长经济责任审计项目，审计小组进驻后，对于审计范围的认定，习惯于围绕着财务账簿进行，即思路仍旧是本地区财政收支的真实、合法和效益情况，国有资产的管理和使用情况，政府债务的举借、管理和使用情况，政府投资和以政府投资为主的重要项目的建设和管理情况，对直接分管部门预算执行和其他财政收支、财务收支以及有关经济活动的管理和监督情况。这导致没有关注上级单位下达的其他任务的履行情况，如减税降费，耕地保护，林地保护，大气、水、土壤污染防治等目标责任书明确领导干部作为第一责任人（负总责）的事项的完成情况。

二、一般经济事项的审计流程

一般经济事项的审计，应该按以下流程进行。

1.查找相关事项的制度依据。

审计的判断标准，就是有关事项的制度依据，这些制度依据可能是法律法规、与经济事项相关的专门管理办法、有关内部控制制度等。没有制度依据，审计就无法进行，无法评价有关经济事项是否合法或者违法；有了相关事项的制度依据，针对有关事项也就有了审计内容以及审计重点，有了评价是否合法合规的判断标准。

审计人员应该通过访谈委托方、访谈被审计单位有关部门、查询相关网站等方式，找到与相关事项有关的制度依据。

一般的经济活动，国家有关部门一般会有相应的政策依据，如针对相关事项的党中央、国务院、财政部以及相关专业部委的政策、相关的管理制度等（"三供一业"移交、混合所有制改革）。

被审计单位上级党委、政府和主管部门、企业集团公司一般会针对相关事项，在国家相关政策制度的指导下，根据本部门、系统的实际情况，制定具体的管理制度、操作细则等。

被审计单位一般会根据以上相关规定，制定本行政区域或者本单位的管理制度。

2.取得与相关事项有关的考核目标（如去产能、去库存、压减、"处僵治困"等）、上级任务书或类似资料。

上级任务指标、考核目标等是否完成，是重要审计内容之一。

3. 从制度、考核目标、上级任务依据出发，确定审计内容、审计重点。

（1）是否按党和国家、上级党委政府、上级单位要求履行相应职责，执行重大经济事项相关要求（应做的是否做了）。

（2）相关经济事项内部控制制度是否健全完善，是否符合国家有关法律法规规定；相关内部控制制度是否得到有效执行（制度齐备）。

（3）相关经济事项运作是否合规（怎么做的）。

是否合规的判断标准就是相关的管理制度。管理制度包括与经济事项直接相关的管理制度，如政府债务对应的管理制度包括《中华人民共和国预算法》《国务院关于加强地方政府性债务管理的意见》（国发〔2014〕43号），还包括其他管理制度，如重大经济事项决策相关制度、民主集中制决策制度等。

（4）相关经济活动是否实现预期的目标。这些目标在立项阶段确定，一般包括经济目标、社会效益目标、民生目标、环境目标以及其他目标等（效果如何）。

（5）财务收支是否合规，包括是否纳入预算管理、是否专款专用，过程中有无管理不规范甚至舞弊贪污行为等（怎么做的）。

4. 了解基本情况，风险评估。

（1）了解相关经济事项的负责部门、人员，了解相关经济事项的进行情况。

（2）了解各项业务流程、内部控制制度、内部控制环节。

（3）索取与经济事项相关的会议纪要，了解决策情况。

（4）阅读年度工作计划、年度工作总结、部门工作总结等，了解这些文件披露的相关事项进行情况。

（5）初步评估审计风险，根据风险评估结果，初步制定审计策略、审计方法。

5. 完善审计计划、审计策略。

6. 审计查证。

（1）了解有关事项的进度或者完成情况。

①分析有关事项决策、计划、执行、完成情况的相关资料，了解有关事项决策过程是否规范、是否经过必要审批以及完成情况。

②取得有关职能部门、监管部门验收报告、审计报告、绩效评价报告、后续评价报告等，了解有关部门对相关经济事项的鉴定意见。

③走访有关部门、人员，通过开座谈会等，了解基层干部群众意见，了解相关项目运行的真实情况。

④实地察看相关项目的建设情况或者运行情况，了解相关项目建设或者运行的真实情况。

现场检查、盘点有关资产是否真实存在，现场观察项目运营情况，例如，养老院等设施的运营情况、排污设施的运转情况、荒山绿化实际情况、美丽乡村的实际情况。通过现场观察，关注项目运营有无异常。

⑤访谈有关事项受益人，了解相关项目是否实现了预期目标、有无问题，分析存在问题的原因，以提出管理建议，有益于后续改进。

⑥通过其他职能部门或者机构了解相关情况，或者取得统计记录信息等。例如，到环保部门查阅被审计单位有无环保方面的违法记录。

⑦其他必要审计程序，包括咨询专家意见等。

（2）财务收支审计。

针对有关经济事项进行财务收支审计，了解相关资产管理是否规范，相关资金管理是否规范，资金是否专款专用，资金发放是否符合规定的条件和标准，有无虚假列支，以项目名义腐败贪渎的。

针对受经济事项影响的财务收支进行审计，确认相关收支的真实性、完整性、准确性，评估有关经济事项是否实现了预期的经济效益。

（3）审计结论及审计评价。

审计中发现的某个问题，可能影响到对被审计单位和被审计人多方面的评价，根据审计结果，从相关的不同方面进行审计评价。

①贯彻执行党和国家经济方针政策、决策部署情况。

②企业发展战略规划的制定、执行和效果情况。

③重大经济事项的决策、执行和效果情况。

④企业法人治理结构的建立、健全和运行情况，内部控制制度的制定和执行情况。

⑤企业财务的真实合法效益情况、风险管控情况、境外资产管理情况、生态环境保护情况。

⑥在经济活动中落实有关党风廉政建设责任和遵守廉洁从业规定情况。

⑦以往审计发现问题的整改情况。

7. 撰写审计报告。

8. 沟通交流、关注后续整改、制度完善等。

三、审计评价

关于审计评价，两办新规有如下规定。第三十八条："审计委员会办公室、审计机关应当根据不同领导职务的职责要求，在审计查证或者认定事实的基础上，综合运用多种方法，坚持定性评价与定量评价相结合，依照有关党内法规、法律法规、政策规定、责任制考核目标等，在审计范围内，对被审计领导干部履行经济责任情况，包括公共资金、国有资产、国有资源的管理、分配和使用中个人遵守廉洁从政（从业）规定等情况，作出客观公正、实事求是的评价。审计评价应当有充分的审计证据支持，对审计中未涉及的事项不作评价。"第三十九条："对领导干部履行经济责任过程中存在的问题，审计委员会办公室、审计机关应当按照权责一致原则，根据领导干部职责分工，综合考虑相关问题的历史背景、决策过程、性质、后果和领导干部实际所起的作用等情况，界定其应当承担的直接责任或者领导责任。"

（一）审计评价的总体要求

审计组应当根据不同领导职务的职责要求，在查证或者认定事实的基础上，获取充分的审计证据支持，作出客观公正、实事求是的评价，对审计中未涉及的事项不作评价。

需要说明的是，经济责任审计不是对被审计领导干部的全面评价，不能全包全揽，不能超越法定职责权限进行审计评价，而要聚焦领导干部经济责任履行情况作出评价，为干部管理监督部门等提供专业、客观、准确的参考。

（二）审计评价的主要内容

审计组要在审计范围内，对被审计领导干部履行经济责任情况，作出明确评价。

审计评价必须坚持权责一致原则，全面、客观地反映被审计领导干部任职期间经济责任履行情况，既要看问题，也要看成绩。坚持审什么评价什么，审计评价内容不能超出审计范围，对审计中未涉及、审计证据不充分或者不适当的事项不作评价。

（三）审计评价的主要依据

审计组判断是非、评估绩效、得出评价结论的标准，首先是有关法律法规、政策规定和党中央精神。

其次是责任制考核目标，行业标准，有关职能部门、主管部门发布或者认可的统计数据、考核结果和评价意见，专业机构的意见，公认的良好的业务管理内容，以及被审计单位制定的重要发展战略规划、内部规章制度等。

审计组应当针对审计评价的具体事项，综合考虑被审计领导干部履职特点、岗位性质等因素，选择科学、适用的评价依据。

（四）审计评价的方法

审计组可以综合运用多种方法，将定性评价与定量评价相结合。

如采取目标责任法、历史参照法、业绩比较法等，纵向比较被审计领导干部审计时或者离任时与上任时的有关数据，横向比较自然资源禀赋相近、岗位性质相似、行业性质相同的地方（部门、单位）的有关数据，将被审计领导干部履行经济责任的行为或者事项放到发生时的历史背景等客观环境下进行统筹考虑、辩证分析，审慎作出审计评价。

【案例分享 2-3】 **缺乏评价依据引起的审计评价不当**

　　某审计组对某央企二级子公司的总经理进行经济责任审计。其中一个审计结论为被审计人工资过高，年薪达到 140 万元，远超过领导班子平均工资水平，更远超员工工资水平，不符合廉洁从业相关规定。

　　以上审计结论遭到了被审计单位和被审计人激烈的抵触，被审计单位提交了上级单位的任务书以及考核结果，无论是总经理个人还是领导班子的薪酬，都是经上级单位考核机构根据考核结果计算确定的，而不是由被审计人自行确定的。

　　以上事项虽然没有写入审计报告，但是反映了审计评价缺乏依据的问题。

四、审计报告

　　审计报告一般包括被审计领导干部任职期间履行经济责任情况的总体评价、主要业绩、审计发现的主要问题和责任认定、审计建议等内容。

（一）总体评价

　　总体评价是指综合被审计领导干部主要业绩、主要问题以及所应承担的责任类型等情况，对其任职期间履行经济责任情况作出的概要评价。

　　总体评价可以写实评价，也可以在建立完善的审计评价指标体系的基础上，探索进行"好""较好""一般""较差"等量化分等评价。

　　其中，对于被审计领导干部个人遵守廉洁从政（从业）规定情况，如果本次审计未发现被审计领导干部本人存在以权谋私、中饱私囊、利益输送等违纪违法问题线索，应作出"在本次审计范围内，未发现某同志本人在公共资金、国有资产、国有资源管理、分配和使用中存在违反廉洁从政（从业）规定的问题"的评价意见。

（二）主要业绩

　　主要业绩是指被审计领导干部任职期间主导提出的经济社会和事业发展、企业发展的工作思路、发展规划、重大举措并取得公认良好效果的重要发展成果。

　　主要业绩应当简明扼要、具体明确、表述平实，在区分工作基础、环境变化、个人努力程度等主客观因素的基础上客观进行评价，防止把一个区域、一个系统或者一个单位的成绩简单归为被审计领导干部的个人业绩。

　　此部分表述应有充分的审计证据支持，引用的相关数据要经过审计查证，如无法经过审计核实又需引用，要注明引用来源。

　　同时，应注意避免此部分内容与审计发现的主要问题和责任认定的内容相互矛盾。

（三）审计发现的主要问题和责任认定

审计发现的主要问题和责任认定是指审计发现的主要问题，以及被审计领导干部应承担的责任类型，是审计报告的核心内容。

审计发现的主要问题一般应根据审计工作方案、审计实施方案确定的重点审计内容归类列示，并清晰表述被审计领导干部与审计发现问题的关联性，如职责分工、决策过程、发挥的作用等。

责任认定应写明定责依据。

对审计发现的涉及重大问题线索等特殊事项，履行审批程序后，可不在审计报告中反映，也可不征求被审计领导干部及其所在单位的意见，依规依法上报或者移送相关部门。

（四）审计建议

审计建议是针对审计发现的主要问题和风险隐患，深入分析背后的体制性障碍、机制性缺陷和制度性漏洞而提出的对策建议，以促进被审计单位和有关方面完善制度、深化改革、加强管理、堵塞漏洞，防患于未然，推动经济高质量发展。

实践中，经济责任审计报告主要构成要素不等同于报告框架结构。

审计报告还应包括审计实施的基本情况、告知被审计领导干部的救济途径和审计整改要求等内容。审计人员可以根据工作实际，研究确定经济责任审计报告的框架，增强审计报告的可读性、实用性。

实践中，限于审计报告篇幅，审计发现问题的定性依据等内容可另行制作表格并作为审计报告附件。

（五）审计报告示例

（被审计单位全称＋被审计领导干部职务＋姓名）

经济责任审计报告

文号

委托方名称：

我们接受委托，根据委托方全称（在此说明简称）及审计通知书名称及文号，对被审计单位＋职务＋被审计领导干部姓名同志在××××年××月至××××年××月任职期间的经济责任履行情况进行审计。提供真实、完整的财务及相关资料是被审计单位简称的责任，我们的责任是根据被审计单位简称提供的相关资料，履行必要的审计程序，对被审计领导干部姓名同志任职期间的经济责任履行情况发表审计意见。

　　我们按照中共中央办公厅、国务院办公厅印发的《党政主要领导干部和国有企事业单位主要领导人员经济责任审计规定》及其他有关规定执行审计工作。审计工作包括调查有关经济事项的运行情况，审核有关会计账簿、会计报表、会计凭证，调阅有关重要记录与文件，抽查盘点有关实物资产，现场察看项目运营情况及听取有关方面意见等我们认为必要的审计程序。被审计单位简称和被审计领导干部姓名同志对审计工作给予了积极的配合。现将审计情况报告如下。

一、审计依据

　　1.中共中央办公厅、国务院办公厅印发的《党政主要领导干部和国有企事业单位主要领导人员经济责任审计规定》。

　　2.中国注册会计师审计准则。

　　…………（根据项目情况增加适当依据文件）

二、基本情况

　　（一）被审计单位的基本情况

　　被审计单位基本情况主要包括以下内容。

　　1.被审计单位简介。

　　内容包括被审计单位的历史沿革、经营范围、主要业务、员工人数等情况介绍。

　　2.组织机构和人员情况。

　　截至离任日，被审计单位主要内设机构、员工人数，如事业编制人数、不同职称人数等。对于主要内设机构的表述可以采用组织机构图的形式。

【注意事项】

　　建议言简意赅，尽量控制在400字以内。

　　3.其他必要事项。

　　（二）被审计领导干部基本情况

　　内容主要包括被审计领导干部的工作简历、任职及分工情况等。

　　1.被审计领导干部的简历。

　　被审计领导干部的年龄、学历、主要工作经历（建议言简意赅，尽量控制在200字以内）。

　　2.被审计领导干部在被审计单位的职务和主要职责。

简要叙述被审计领导干部在任职期间，在被审计单位的职务以及与职务相关的主要职责。

被审计领导干部在任职期间，可能会有职务、职责调整，应逐一叙述。

考虑到要对审计发现问题进行责任界定，所以说明被审计领导干部在任职期间不同阶段的主要职责很重要。

（三）审计范围

1. 审计时间范围。

说明审计期间起止日期，审计报告财务对比期间。

2. 单位范围。

如果被审计单位存在下属企业，说明纳入审计范围的单位。可以采取文字表述或者以表格方式表述。

三、任期内财务状况和收支情况

审计截止日的资产总额、负债总额、净资产总额，任期内各年度末财务状况和各年度收入、费用、盈余对比分析。

（一）任期内财务状况及收支变化情况

审计期间各年度末的资产总额、负债总额、净资产总额，各年度收入、费用、盈余等对比分析。

（二）任期末资产质量情况

概括任期末主要资产情况，说明审计是否发现存在不良资产。

（三）预算执行情况

被审计单位在被审计领导干部任期内的预算执行情况，可以文字表述或者以表格方式表述。

（四）其他委托方要求披露的事项

可以以数字、图表等对比的方式反映被审计单位审计期间资产、负债、所有者权益、收入、成本费用、利润等指标各年度变化情况，并简述变化原因。

【注意事项】

忌将财务报告原封不动粘贴到报告正文，再一个项目一个项目地说明变化金额、变化比例等，且没有结合经济业务变化，说明财务状况、经营成果变化原因，导致重复累赘，重点不突出。

四、主要业绩

（一）主要业绩概述

主要业绩是指被审计领导干部任职期间主导提出的事业发展的工作思路、发展规划、重大举措并取得公认良好效果的重要发展成果。

（二）任期内各项考核指标完成情况

以表格或者文字叙述的形式，表述各年完成上级或者主管部门下达的各项指标情况。

【注意事项】

1. 主要业绩应当简明扼要、具体明确、表述平实，在区分工作基础、环境变化、个人努力程度等主客观因素的基础上客观进行评价，防止把一个区域、一个系统或者一个单位的成绩简单归为被审计领导干部的个人业绩。此部分表述应有充分的审计证据支持，引用的相关数据要经过审计查证，如果无法经过审计查证又需引用，则要注明引用来源。同时，应注意避免此部分内容与审计发现的主要问题和责任认定的内容相互矛盾。

2. 有充分的证据。

3. 注意不要对被审计领导干部的述职报告中的业绩简单复制，否则会导致业绩评价不客观，或者依据不充分等问题。

五、审计发现的主要问题和责任认定

分类叙述审计过程中发现的问题，以及问题的责任界定。

【注意事项】

1. 审计问题披露要求。

审计发现的主要问题和责任认定是指审计发现的主要问题，以及被审计领导干部应承担的责任类型，这些是审计报告的核心内容。审计发现的主要问题一般应根据审计工作方案、审计实施方案确定的重点审计内容，归类列示，并清晰表述被审计领导干部与审计发现问题的关联性，如职责分工、决策过程、发挥作用等。责任认定应写明定责依据。对审计发现的涉及重大问题线索等特殊事项，履行审批程序后，可不在审计报告中反映，也可不征求被审计领导干部及其所在单位的意见，依规依法上报或者移送相关部门。

对于审计发现的问题，应叙述问题的基本情况和定性依据。

2.问题定性要紧扣审计内容。

对问题的定性，除了描述问题本身的违法违规情况外，还要分析对《党政主要领导干部和国有企事业单位主要领导人员经济责任审计规定》规定的审计内容的影响。例如，国有企业主要领导人员经济责任审计的内容：①贯彻执行党和国家经济方针政策、决策部署情况；②企业发展战略规划的制定、执行和效果情况；③重大经济事项的决策、执行和效果情况；④企业法人治理结构的建立、健全和运行情况，内部控制制度的制定和执行情况；⑤企业财务的真实合法效益情况，风险管控情况，境外资产管理情况，生态环境保护情况；⑥在经济活动中落实有关党风廉政建设责任和遵守廉洁从业规定情况；⑦以往审计发现问题的整改情况；⑧其他需要审计的内容。通过分析发现的问题对审计内容的影响，实现审计内容、审计工作底稿、审计报告的联结和统一。

3.灵活进行审计报告布局。

实践中，限于审计报告篇幅，审计发现问题的定性依据等内容可另行制作表格并作为审计报告附件。

对于审计过程中发现的多个性质相似或者雷同的问题，可以汇总定性，汇总分析对落实国家方针政策和决策部署、企业发展战略、重大经济事项、内部控制制度、风险管理、公司治理以及其他方面评价的影响，或者汇总进行责任界定。

六、以往审计发现问题的整改情况

将以前年度审计发现问题的整改情况作为审计项目的重要内容。

七、总体评价

总体评价的内容包括两个方面：一是对被审计领导干部的业绩情况进行概括评价，二是对被审计领导干部任职期间履职存在的问题进行评价。

1.评价业绩。

可以根据审计结果，给予"××同志任职期间，对其管辖范围内贯彻执行党和国家经济方针政策、决策部署，推动 ×× 事业发展，管理公共资金、国有资产、国有资源，防控重大经济风险等方面很好地履行了职责（较好地履行了职责/履职情况一般/履职情况较差）"的评价（可结合审计情况对以上措辞进行适当修改，使之适合被审计单位和被审计领导干部履职情况）。

评价标准如下。

如果被审计单位所在企业集团或系统有量化的指标体系，如打分体系，可以根据指标体系进行评价。

如果被审计单位所在企业集团没有量化的指标体系，则需要审计人员根据审计结果运用职业判断，确定对被审计领导干部的评价标准。

（1）很好地履行了职责的标准。

审计结果表明被审计领导干部在任期内，对被审计单位下列工作起到了积极的主导作用：

被审计单位贯彻执行党和国家经济方针政策、决策部署情况良好；

被审计单位发展战略规划的制定、执行和效果情况很好或者达到预期；

重大经济事项的决策合规、执行和效果情况达到预期；

被审计单位法人治理结构健全，运行高效，内部控制制度健全，风险管控体系健全；

被审计单位财务真实合法有效；

境外资产（如果有）管理情况规范；

审计没有发现违反生态环境保护法规的情况；

审计没有发现在经济活动中违反有关党风廉政建设责任和遵守廉洁从业规定情况；

以往审计发现的问题都得到整改。

（2）较好地履行了职责的标准。

审计结果表明（1）中所述的一个或几个方面存在问题，但是问题与被审计领导干部业绩相比，影响不大，被审计领导干部履职情况总体很好。

（3）履职情况一般的标准。

审计结果表明（1）中所述的一个或几个方面存在严重问题，给被审计单位造成了较大损失或者负面影响较大，影响了被审计领导干部履职总体情况。

（4）履职情况较差的标准。

审计结果表明（1）中所述的一个或几个方面存在严重问题，给被审计单位造成严重损失或者严重的负面影响，被审计领导干部的业绩与问题相比，业绩远不能弥补问题导致的负面影响或者损失。

2.概括问题。

对于此部分内容，应该依据审计发现的问题，按审计内容来概括贯彻执行党和国家经济方针政策、决策部署情况等8个方面的情况。

【案例分享2-4】　　　　审计总体评价

某经济责任审计组在审计过程中发现被审计领导干部基本履行了应履行的职责，但是，审计发现了对外投资前期决策不规范，造成投资损失的问题，给被审计单位造成一定的损失（不重大），除此之外，审计未发现其他问题。审计总体评价如下。

"××同志任职期间，对其管辖范围内贯彻执行党和国家经济方针政策、决策部署，推动××事业发展，管理公共资金、国有资产、国有资源，防控重大经济风险等方面较好地履行了职责。但是，××公司对外投资失败，给公司造成了一定的经济损失，说明××公司重大经济事项决策机制有待健全，内部控制制度、风险管理和合规管理方面有待健全和完善。对此事项，××同志应承担直接责任。"

也可以根据实际履职的情况，适当进行更详细的评价。

八、审计建议

审计建议是针对审计发现的主要问题和风险隐患，深入分析背后的体制性障碍、机制性缺陷和制度性漏洞而提出的对策建议，以促进被审计单位和有关方面完善制度、深化改革、加强管理、堵塞漏洞，防患于未然，推动经济高质量发展。

九、其他必要的内容

审计过程中可能会发现审计组认为重要的、不属于前述内容的特殊事项，或者委托方要求关注的事项，这些内容可以在这部分披露。

第 3 章

贯彻执行党和国家经济方针政策、决策部署审计

一、基本概念

国家经济方针政策、决策部署对于不同行业、不同职能的被审计单位，有不同的内容，其中主要是指党和国家经济体制改革、宏观经济调控、产业结构调整、创新驱动发展战略等经济方针政策及决策部署，习近平总书记对行业、企业作出的重要批示和指示等贯彻落实情况。例如，深化供给侧结构性改革相关政策措施中"三去一降一补"、实施"走出去"战略、"一带一路"倡议、金融服务实体经济、混合所有制改革等推进国有企业重大改革任务落实情况等。

二、审计目标

（一）相关工作机制或者制度是否健全完善

被审计单位在贯彻落实党和国家、上级党委政府部门经济方针政策和重大决策部署方面，是否建立健全相关工作机制；是否制定相应制度，采取相关措施，规范相关方针政策、决策部署的办理、分工、督促、报告等流程，保证相关事项及时、高效、合法、合规完成。

（二）党和国家经济方针政策、决策部署是否贯彻执行

针对各项与被审计单位相关的党和国家经济方针政策、决策部署，重点要看被审计领导干部是否因地制宜地采取实质性举措推进工作。

对于党和国家的各项经济方针政策、决策部署，是否结合本单位实际情况及时制定相关方案、管理制度和措施，落实负责部门、负责人员。

地方、部门、单位或企业在贯彻落实中央重大政策措施时，是否明确了贯彻执行的时间表、路线图和阶段性目标，保证相关方针政策、决策部署及时、全面完成，合法合规。

相关实施方案是否符合国家战略规划。

相关职能部门采取的措施是否到位。

落实相关方针政策、决策部署的主要行为和业务活动是否符合法规和政策规定。

相应的资金投入、监督检查和保障工作等是否到位。

（三）目标任务是否完成或者落实效果是否达到预期目标

是否达到预期目标，是否取得应有的成效。

任期内，对国资委以及其他主管部门、母公司下达的各项任务指标是否完成。

三、审计依据

（1）《中共中央办公厅 国务院办公厅印发〈党政主要领导干部和国有企事业单位主要领导人员经济责任审计规定〉》。

（2）国民经济和社会发展规划纲要，中央经济工作会议、政府工作报告等其他与被审计单位相关的国家经济方针政策、决策部署等有关文件。

（3）被审计单位上级单位、主管部门的工作方案、任务指标等。

四、审计内容

与经济方针政策、决策部署有关的审计内容，是被审计单位的经济活动，包括应该进行的和已经进行的两个方面。

不同单位不同职能部门不同期间与之相关的国家经济方针政策、决策部署不同，应结合被审计单位的职能确定审计内容。

以企业为例，主要经济事项示例如下。

- "三去一降一补"：去产能、去库存、去杠杆、降成本、补短板。
- 三大攻坚战：防范化解重大风险（密切关注资金风险、妥善防控债务风险、注意管控金融业务风险、始终谨防投资风险、严格控制法律合规风险）、精准脱贫、污染防治。
- 压减管理层级、"处僵治困"、剥离企业办社会职能。
- 公司制改制、治理结构优化、混合所有制改革、加强党的建设。
- 结构调整、布局优化、做强做精主业和实业。
- 农民工工资和民营企业欠款、降费政策落地、"六稳""六保"、"两金"压控、

　　创新驱动发展等。

　　应该通过分析经营业绩责任书、访谈企业部门、检索收文记录、浏览年度工作计划和工作总结、浏览主管部门被审计单位网站等方式，梳理相关的党和国家经济方针政策、决策部署清单。

五、审计程序

（一）了解基本情况并取得有关资料

1.了解有关工作机制。

　　通过访谈有关部门、人员，了解企业贯彻执行党和国家经济方针政策、决策部署工作机制，包括相关工作制度、负责部门，以及管理流程、过程中形成的管理记录等。

　　了解任期内与企业相关的主要的经济方针政策、决策部署事项。

2.收集有关资料。

　　通过访谈有关部门和人员，检索收文记录、发文记录，浏览相关网站等方式，收集下列资料。

（1）政策类。

　　党中央、国务院、财政部、国资委、所在地政府、其他政府主管部门（以下简称"相关部门"）等下达的国家经济方针政策、决策部署、发展规划等有关文件。

　　任务指标、考核指标、经营业绩责任书。

　　有关部门领导有关重要批示文件和交办事项文件或记录。

（2）执行类。

　　主要指被审计单位贯彻落实过程涉及的相关资料，包括以下方面：

- 企业发展战略规划、年度工作计划；
- 对特定事项的工作方案、计划；
- 党组会议纪要、董事会会议纪要、股东会会议纪要、总经理办公会会议纪要或会议记录；
- 对下级单位下达的目标任务书。

（3）结果类。

　　工作总结、年度业务统计资料、年检报告、各业务和职能部门的年度工作总结报告。

　　有关业务年度统计资料、各业务和职能部门的年度工作总结报告。

　　被审计领导干部个人述职述廉报告。

　　向政府、主管部门报送的有关贯彻执行国家经济方针政策和决策部署的报告等文件资料。

政府职能部门对相关项目的考核验收资料。

有关部门或其他经济监督部门对本单位常规检查和业务检查后提出的检查报告和处理意见。

（二）分析整理党和国家经济方针政策、决策部署的主要内容

分析整理党中央、国务院、财政部、上级主管部门及其他部门发布的关于国家重大经济方针政策和决策部署的文件，了解相关工作要求，并对全部事项列明细；逐项分析整理被审计单位完成情况的相关资料，确定有关经济方针政策、决策部署是否完成。

这一步是关键步骤。要评价企业对党和国家方针政策、决策部署的贯彻落实情况，就要先掌握与企业相关的经济方针政策、决策部署都有哪些，否则，就失去了审计的标的。

【经验分享】 **怎样保证所有与被审计单位相关的经济方针政策、决策部署事项纳入审计范围**

在传统财务审计中，审计人员通过总账、明细账账套核算系统、业务与财务之间的内部控制流程等管理系统，将全部财务事项纳入审计关注范围。

与传统财务审计不同，与企业有关的国家经济方针政策、决策部署事项都有哪些，怎样保证全部事项都纳入审计范围，对于审计人员来说是难点。如果审计人员对于重要的事项不能掌握相关信息，则无法履行相应的审计程序、取得相关证据，无法对企业贯彻执行党和国家经济方针政策、决策部署情况进行评价。

要解决这个问题，审计人员需要提前做好功课，通过以下渠道了解与企业相关的国家政策。

1. 平时对国家经济方针政策、决策部署多加关注。对国民经济和社会发展规划纲要、中央经济工作会议、政府工作报告以及其他文件多加收集和学习，理解和掌握文件精神；对网络、电视等媒体报道的有关国家经济方针政策、决策部署的新闻多加关注。

2. 了解审计期间与被审计单位相关的国家政策，例如《国民经济和社会发展第十三个五年规划纲要》中关于生态环境保护方面的国家政策影响到很多企业。

3. 了解被审计单位文件管理流程，通过清理收文记录、发文记录的方式，掌握国家有关部委、上级单位下达的与国家经济方针政策、决策部署有关的文件。

4. 浏览被审计单位所在行业协会网站、主管部门网站，搜集、掌握与企业有关的政策。

5. 了解被审计单位贯彻执行党和国家经济方针政策、决策部署方面的工作机制，通过有关负责部门、人员、工作记录等收集相关资料。

6.通过任务书等文件、各项考核指标，掌握与被审计单位有关的国家经济方针政策、决策部署。

（三）访谈

走访相关部门、负责人员、受益人员等，逐项了解贯彻执行经济方针政策和决策部署的实际情况。

（四）检查相关资料

检查相关项目的后评价资料、监管部门或者上级主管部门验收资料、有关审计资料，评价完成情况。

（五）咨询有关部门和专家

咨询有关部门、专家，调查了解相关经济方针政策的贯彻执行效果，取得有关业务考核、评估类的资料，作为评价被审计单位执行效果的依据之一。就有关执行情况，向被审计单位内外相关部门和人员进行调查，了解对执行情况的评价。

（六）财务审计

结合相关项目的财务审计，确认与贯彻执行党和国家经济方针政策、决策部署相关的经济效益实现是否真实，相关支出是否真实合法，有关基建项目管理是否合规。

审计与项目有关的专项资金收支是否真实合法，管理是否合规，是否专款专用。

【经验分享】　　　非财务信息、财务信息相结合

要掌握企业对党和国家经济方针政策、决策部署的执行情况全貌，应该通过收集分析财务信息和非财务信息两类证据来进行。通过财务信息与非财务信息互相印证，判断企业贯彻执行党和国家经济方针政策、决策部署的真实性、及时性，了解是否存在违反法规政策的情形。

非财务信息列举如下。

国家相关政策、经济和社会发展规划、所在地区经济和社会发展规划；针对有关国家政策，企业母公司、主管部门等下达的相应的任务指标。

与贯彻落实有关政策所采取的一系列措施有关的会议纪要、企业文件。

相关措施进行过程中的管理资料，如外部验收结论文件、外部主管部门检查结论文件等。

涉及基建项目的，则包括一系列的立项、可行性研究、审批、初步设计审批、过程管理、验收等文件。

与贯彻执行政策相关的子公司、合营企业、联营企业的注册、关停等相关资料等。

与科技投入有关的专利证书、高新技术企业认定证书等。

这些非财务信息是分析评价企业对党和国家经济方针政策、决策部署的执行情况的重要信息和证据。通过对非财务信息的分析评价，审计人员可了解企业贯彻执行国家经济方针政策、决策部署的基本情况，并可预期这些经济事项对财务信息的影响。

财务信息，包括与贯彻执行党和国家经济方针政策、决策部署相关的经济活动的有关财务收支项目，如与科技投入有关的研发支出，与环保相关的资金筹集和使用，与环保设施建设有关的基本建设项目资金筹集与使用，与去产能、去库存、去杠杆等政策相关的资产负债变化等。通过对这些财务信息的审计，审计人员可分析企业对党和国家经济方针政策、决策部署的贯彻执行情况，评价贯彻执行的真实性、及时性、全面性、合法合规性。

非财务信息为财务信息的审计提供了方向和线索，财务信息的审计结果反过来印证了非财务信息的真实与否，印证了企业对国家经济方针政策、决策部署的贯彻落实情况。审计人员应将非财务信息和财务信息的审计结果结合起来，形成对企业贯彻执行党和国家经济方针政策、决策部署的审计结论。

（七）现场检查

现场检查、盘点有关资产是否真实存在；现场观察项目运营情况，如排污设施的运转情况，关注项目运营有无异常；关注有关房屋、设备及其他资产有无闲置。

（八）根据具体情况采取其他审计程序

根据项目具体情况以及审计风险评估，采取其他审计程序。

（九）结合其他审计项目评价

结合其他审计项目评价企业贯彻执行党和国家经济方针政策、决策部署方面是否存在问题。

企业的各项经济活动是一个普遍联系的有机整体，其他审计项目存在问题，如因投资导致环境污染的项目引起重大投资失败，很可能说明企业贯彻执行党和国家方针政策、决策部署等存在问题，应该结合其他审计项目发现的问题评价企业在贯彻执行党和国家方针政策决策、部署方面是否存在问题。

所以，对被审计单位和被审计人贯彻执行党和国家经济方针政策、决策部署的情况的审计结论，要在全部审计完成后，才能最终作出。

【案例分享 3-1】　贯彻执行党和国家方针政策、决策部署方面可能存在的问题

总结审计署若干报告分析，企业在贯彻执行党和国家方针政策、决策部署方面可能存在以下问题。

一、未完成任务

若干企业未按要求完成低效无效资产清理处置，还有部分低效无效资产未纳入清理计划。

房地产去库存缓慢。

未按要求完成年度应收账款和存货压控工作。

企业未经评估对外出租办公楼等，涉及租金 1.2 亿元。

企业长期未制订闲置土地处置计划。

二、程序存在问题

某集团总部在下属单位未完成资产评估程序的情况下，决策投资 1.39 亿元收购一家公司 22% 的股权，此项投资因被收购方资不抵债、申请破产面临损失。

某评估报告审核中未能发现漏评 3.2 亿元的资本性支出事项，批准所属林产品公司依据评估金额出资 10.66 亿元对外收购股权。

某集团没有严格履行评估报告审核程序，未能发现该报告存在 4 990.59 万元资产重复计算，批准所属公司据此作价 3.6 亿元对外收购股权。

某企业在未收到正式评估报告的情况下，将抵偿应收账款的房产按协议价格 12.62 亿元入账。

某集团在未按规定进行评估的情况下，将一处房产以 1.1 亿元的价格出售。

某企业未完成资产评估程序即决策收购一家公司 25% 股权，至审计时被收购公司未正常经营，1 050 万元投资面临损失风险。

【案例分享 3-2】　经济方针政策、决策部署审计
示例 1——去杠杆审计

企业经济责任审计，如被审计单位存在去杠杆事项的审计，应确定审计目标、审计依据、审计内容和审计程序，具体如下。

一、审计目标

（一）审计确定企业是否采取措施去杠杆。

（二）有关措施是否合法合规，是否符合国家当前经济政策。

（三）是否有效降低杠杆率，是否完成有关部门及上级单位与去杠杆相关的任务指标。

（四）是否坚持法治化原则：是否依法依规开展去杠杆工作，是否政府与各市场主体都严格依法行事，尤其是是否注重保护债权人、投资者和企业职工合法权益。

（五）是否存在逃废债行为，将应由市场主体承担的责任不合理地转嫁给政府或其他相关主体；是否存在政府承担损失的兜底责任的情形。

（六）是否坚持有序开展原则。去杠杆时是否把握好稳增长、调结构、防风险的关系，是否注意防范和化解去杠杆过程中可能出现的各类风险。

（七）是否建立健全现代企业制度、完善公司治理结构；是否对企业负债行为建立权责明确、制衡有效的决策执行监督机制；是否加强企业自身财务杠杆约束，合理安排债务融资规模，有效控制企业杠杆率，形成合理资产负债结构。

（八）是否强化国有企业去杠杆的考核机制。集团母公司是否切实履行职责，积极推动国有企业去杠杆工作，将去杠杆纳入母公司对各级子公司的业绩考核体系。

（九）是否规范履行相关程序。在去杠杆过程中，涉及政府管理事项的，是否严格履行相关核准或备案程序，严禁违法违规操作。

（十）是否稳妥做好重组企业的职工分流安置工作。企业是否充分发挥企业主体作用，多措并举做好职工安置工作。

（十一）是否严密监测和有效防范风险。是否加强政策协调，强化信息沟通与研判预警，提高防范风险的预见性、有效性，严密监控去杠杆可能导致的股市、汇市、债市等金融市场风险，防止风险跨市场传染；是否填补监管空白与漏洞，实现监管全覆盖，完善风险处置预案，严守不发生系统性风险的底线。

（十二）是否遵守其他相关规定。

二、审计依据

（一）《国务院关于积极稳妥降低企业杠杆率的意见》（国发〔2016〕54号）。

（二）《关于市场化银行债权转股权的指导意见》。

（三）《国务院办公厅关于同意建立积极稳妥降低企业杠杆率工作部际联席会议制度的函》（国办函〔2016〕84号）。

（四）《市场化银行债权转股权专项债券发行指引》（发改办财金〔2016〕2735号）。

（五）《中共中央办公厅 国务院办公厅印发〈关于加强国有企业资产负债约束的指导意见〉》。

（六）《关于印发〈2018 年降低企业杠杆率工作要点〉的通知》（发改财经〔2018〕1135 号）。

（七）《关于印发〈2019 年降低企业杠杆率工作要点〉的通知》（发改财经〔2019〕1276 号）。

（八）其他与经济措施相关的政策制度。

三、审计内容

（一）具体审计内容的确定。

去杠杆是个系统工程，可能涉及多种经济事项，按《国务院关于积极稳妥降低企业杠杆率的意见》（国发〔2016〕54 号），可能涉及的经济活动包括兼并重组、混合所有制改革、"处僵治困"、化解过剩产能、完善现代企业制度强化自我约束、公司治理、盘活存量资产、优化债务结构、有序开展市场化银行债权转股权、依法破产、发展股权融资等。

审计人员应该通过以下步骤确认具体审计内容。

1. 审计人员应该采取访谈、阅读有关工作方案、翻阅年度工作报告等方式，了解企业所采取的方案，以及涉及的经济事项，并将有关经济事项整理成清单。

2. 对于这些经济事项，应该通过浏览被审计单位网站、有关主管部门网站（国务院、发改委、国资委、财政部、国家税务总局及其他部门）、访谈被审计单位负责部门和人员、向委托方索取等方式，收集这些经济事项所应遵守的法律、规章、制度等，这些法律、规章、制度的有关规定，都是审计人员应该关注的重点。

对于具体经济事项，事务所有些已经形成了审计指南，审计人员可以参考借鉴；有些未形成审计指南，审计人员可按以上思路，确定审计内容，根据经济事项具体情况，核查经济事项的合法合规性。

（二）杠杆率有关经济指标完成情况。

《国务院关于积极稳妥降低企业杠杆率的意见》（国发〔2016〕54 号）要求"强化国有企业降杠杆的考核机制。各级国有资产管理部门应切实履行职责，积极推动国有企业降杠杆工作，将降杠杆纳入国有资产管理部门对国有企业的业绩考核体系。统筹运用政绩考核、人事任免、创新型试点政策倾斜等机制，调动地方各级人民政府和国有企业降杠杆的积极性。"

审计人员应该检查被审计单位对上级降杠杆任务指标完成情况。

（三）杠杆率降低的真实性。

通过财务审计等，确认有无实际未完成却假报完成、低估负债的情况。

四、审计程序

（一）了解基本情况，并取得有关资料。

1. 了解有关工作机制。

通过访谈有关部门、人员，了解企业去杠杆工作机制，包括相关工作制度、负责部门，以及管理流程、过程中形成的管理记录等。

了解任期内企业采取了哪些措施去杠杆，并将这些措施列明细清单。

2. 收集有关资料。

根据对相关工作机制的了解，收集相关部门下达的与经济措施有关的文件，包括方案、操作指引及其他相关文件，以及被审计单位贯彻落实情况相关资料，包括与有关经济事项相关的内部决策文件、研究论证文件、政府及有关部门批复文件、过程中的审计报告、评估报告、产权市场交易文件等。

（二）访谈。

走访相关部门、负责人员，了解去杠杆工作的情况，包括采取了哪些措施，取得了哪些成效，是否达到预期目标，有无其他风险和不良影响等。

（三）分析整理党和国家经济方针政策、决策部署的主要内容。

分析与去杠杆工作有关的文件，结合党中央国务院、国家有关部门、上级单位相关政策、制度和文件，评价以下方面。

1. 企业去杠杆有关措施是否符合国家相关政策。

2. 各项措施操作过程是否符合相关政策、制度和文件，例如，前期决策是否符合企业内部控制制度、"三重一大"决策要求；是否按规定经有关部门审批；是否按规定进行审计、资产评估；信息公开是否合规，具体内容是否按有关制度进行梳理等。

3. 结果是否达到预期，是否降低了杠杆率。

（四）财务审计。

结合相关项目的财务审计，确认企业资产负债率是否控制在资产负债率预警线以下，是否实现了考核指标。

检查企业融资协议、增资扩股有关协议条款，关注有无名股实债的情况，有无其他变相增加企业隐形债务情况。

（五）根据具体情况采取的其他审计程序。

根据项目具体情况以及审计风险评估，采取其他审计程序。

（六）结合其他审计项目进行评价。

结合其他审计项目评价企业去杠杆工作是否存在问题。

例如，审计过程中发现与企业有关的劳动仲裁，可能说明企业在去杠杆工作过程中没有妥善安置员工，导致了新的风险。

【案例分析 3-3】　　　经济方针政策、决策部署审计
示例 2——降本增效落实情况审计

在企业经济责任审计中，如果被审计单位存在降本增效落实事项，则应确定审计目标、审计依据、审计内容和审计程序，具体过程如下。

一、审计目标

是否采取措施提高管理水平、加强先进技术运用、挖潜增效、降低企业成本。

主管部门或者上级单位下达的降本增效任务指标是否完成。

二、审计依据

（一）《国务院关于印发降低实体经济企业成本工作方案的通知》（国发〔2016〕48 号）。

（二）《国务院办公厅关于进一步推进物流降本增效促进实体经济发展的意见》（国办发〔2017〕73 号）。

（三）《关于做好 2017 年降成本重点工作的通知》（发改运行〔2011〕1139 号）。

（四）《关于做好 2018 年降成本重点工作的通知》（发改运行〔2018〕634 号）。

（五）《关于做好 2019 年降成本重点工作的通知》（发改运行〔2019〕819 号）。

（六）《关于做好 2020 年降成本重点工作的通知》（发改运行〔2020〕1183 号）。

（七）《关于做好 2021 年降成本重点工作的通知》（发改运行〔2021〕602 号）。

（八）被审计单位所在地、所在系统、所属上级单位其他相关制度文件、任务指标等。

三、审计内容

被审计单位是否采取包括以下措施的多种措施挖掘潜力、降本增效，是否实现降本增效的任务指标。

1. 是否用好政策谋发展，抓住国家支持企业发展的各项政策的窗口期，加紧研究梳理和细化落实，确保尽快落地见效。

2. 是否围绕智能化、绿色化等方向进行技术升级改造，瞄准国际标杆，全面提高产品技术、工艺装备、能效环保、质量效益和安全水平。

3. 是否通过技术研发创新和升级改造、供应链管理、精细化物流管理等各种措施，降低能源原材料采购成本。

4. 是否与同行业同类企业对标挖潜、降本增效。

5. 是否加强成本管控和提高管理水平，强化资源能源集约管理，推进资源能源高效循环利用，做好成本控制；是否深入推进管理、产品、组织、业态及模式创新，拓宽效益提升空间。

四、审计程序

（一）了解基本情况，并取得有关资料。

通过访谈有关部门和人员等，了解降本增效有关工作的进行情况，取得以下相关资料。

1. 与降本增效工作相关的主管部门、上级单位的有关文件、任务指标或者任务书等。

2. 年度工作计划、年度工作总结，职能部门的工作计划、工作总结。

3. 与降本增效有关的文件、会议纪要。

4. 专利证书等有关科技成果证明文件。

5. 被审计单位采取的各种内部挖潜降低成本的政策措施，以及成果说明文件。

6. 会计账簿凭证报表以及其他相关资料。

（二）分析检查相关资料，访谈有关部门、人员。

分析检查相关资料，访谈有关部门、人员，了解被审计单位相关工作进行情况、完成情况，包括采取的措施、形成的成果。例如，对于降本增效工作，了解在哪些方面节约了成本费用，在哪些方面提高了效率，对产品服务的质量作出了哪些提升等。

（三）财务审计。

结合财务审计，确认与贯彻执行方针政策、决策部署相关的收支的真实性。

对于降本增效工作，确认被审计单位成本降低的真实性，关注有无未完成却假报完成、有关成本费用挂账或者挤占其他支出的情况，如列入工程成本、挂账应收款项等。

通过财务审计，确认"增效"的真实性，检查所提高的效率是否在收入、销售量等方面得以体现。

【案例分享3-4】　经济方针政策、决策部署审计
示例3——"处僵治困"审计

在企业经济责任审计中，如果被审计单位存在"处僵治困"事项，则应确定审计依据、审计目标和审计思路，具体过程如下。

一、审计依据

（一）《关于进一步做好"僵尸企业"及去产能企业债务处置工作的通知》（发改财金〔2018〕1756 号）。

（二）《中央企业处置"僵尸企业"工作方案》（国发〔2016〕80 号）。

（三）《中央企业处置"僵尸企业"补助资金管理办法》（财资〔2016〕99 号）。

（四）《关于中央企业开展亏损企业专项治理工作的通知》。

（五）《中央企业开展特困企业专项治理工作方案》。

（六）被审计单位主管部门和所在地政府其他相关文件。

二、审计目标

（一）是否完成"处僵治困"的任务指标。

（二）完成情况是否真实，有无未完成报完成的情况。

（三）措施、程序是否合法合规，有无造成恶意逃废债务、国有资产流失或其他风险的情况。

三、审计思路

若审计人员了解到被审计单位有处置"僵尸企业"工作事项，则应该向被审计单位索取目标责任书、国资委、所在省、企业等的工作方案、有关资金管理办法等相关文件，检查被审计单位处置"僵尸企业"全过程是否符合规定的程序、条件，职工安置是否到位，有无形成新的风险，是否存在逃废债等道德风险、国有资产流失风险，是否维护好社会稳定，是否严密监测及时处理化解与债务处置相关的金融风险。

六、审计建议

对贯彻执行党和国家经济方针政策、决策部署情况进行审计，概括存在的不足和问题，分析存在问题的原因，提出切实可行的审计建议。

七、审计评价与责任界定

（一）审计评价

根据审计结果，对不同方面做出具体的审计评价：

1. 贯彻执行党和国家经济方针政策、决策部署情况；

2. 企业发展战略规划的制定、执行和效果情况；

3. 重大经济事项的决策、执行和效果情况；

4. 企业法人治理结构的建立、健全和运行情况，内部控制制度的制定和执行情况；

5. 企业财务的真实合法效益情况，风险管控情况，境外资产管理情况，生态环境保护情况；

6. 在经济活动中落实有关党风廉政建设责任和遵守廉洁从业规定情况；

7. 以往审计发现问题的整改情况。

（二）责任界定

对于贯彻执行党和国家经济方针政策、决策部署审计过程中发现的问题，应该通过访谈有关人员、检查有关文件签批记录、检查会议纪要签字记录等方式，落实被审计人在有关问题事项中的具体作为或者不作为，依据经济责任审计规定，界定被审计人的责任。

对领导人员履行经济责任过程中存在的问题，审计组应当按照权责一致原则，根据领导人员职责分工，综合考虑相关问题的历史背景、决策过程、性质、后果和领导人员实际所起的作用等情况，界定其应当承担的直接责任或者领导责任。

第 4 章

企业发展战略规划审计

一、基本概念

《企业内部控制应用指引第 2 号——发展战略》对发展战略的定义为："发展战略，是指企业在对现实状况和未来趋势进行综合分析和科学预测的基础上，制定并实施的长远发展目标与战略规划。"

二、审计目标

1. 确认企业发展战略的制定、调整等是否科学规范。

2. 确认企业发展战略是否得到有效执行，规划的目标是否实现，企业发展战略是否对企业的运营起到了有效的规划指导作用，使企业高效率、高质量地发展，同时实现了国家有关经济政策。

三、审计依据

1.《中央企业发展战略和规划管理办法（试行）》（国务院国有资产监督管理委员会令第 10 号）。

2.《关于印发〈中央企业发展战略与规划编制大纲（修订稿）〉的通知》（国资厅发规划〔2006〕26 号）。

3.《企业内部控制应用指引第 2 号——发展战略》。

4. 被审计单位所在区域有关发展战略规划的制度文件。

5. 被审计单位所在地区的经济社会发展规划和政策措施、被审计单位所在行业的专项战略规划、区域性战略规划。

6. 其他。

以上第 3 项、第 4 项、第 5 项，是与被审计单位直接相关的规章制度，审计项目组要根据被审计单位所在区域、行业或者其他情况进行收集。

【法规链接】

《中央企业发展战略和规划管理办法（试行）》（国务院国有资产监督管理委员会令第 10 号）的以下规定，说明了发展战略规划的性质和主要内容。

第三条　本办法所称企业发展战略和规划，是指企业根据国家发展规划和产业政策，在分析外部环境和内部条件现状及其变化趋势的基础上，为企业的长期生存与发展所作出的未来一定时期内的方向性、整体性、全局性的定位、发展目标和相应的实施方案。

第四条　企业发展战略和规划的管理，是指国资委根据出资人职责依法对企业发展战略和规划的制订程序、内容进行审核，并对其实施情况进行监督。

第十三条　国资委对企业报送的企业发展战略和规划内容的审核主要包括：（一）是否符合国家发展规划和产业政策；（二）是否符合国有经济布局和结构的战略性调整方向；（三）是否突出主业，提升企业核心竞争力；（四）是否坚持效益优先和可持续发展原则。

第十八条　国资委将企业发展战略和规划的目标和实施，纳入对中央企业负责人经营业绩考核的内容。

四、审计内容

以下审计内容根据截至 2019 年年末的相关法规制度经综合分析提炼而成，考虑到国家相关部门不断推出新的法规制度，建议在审计时，关注有关部门是否有新制度出台，并根据新制度的要求适当调整相关审计内容，且注意新旧制度的生效时间和废止时间，对于企业不同期间的经济事项，适用不同的制度规定。

1. 企业是否明确负责发展战略规划编制的工作机构，或者设立发展战略规划决策委员会，建立相应的工作制度并报国资委备案。

2. 企业是否制定战略规划。

3. 国有控股、国有参股企业中国资委派出的股东代表、董事，是否在企业股东会或董事会上充分表述国资委对企业发展战略规划的审核意见。

4. 企业是否将发展战略规划的制定纳入全面风险管理系统。

（1）在战略风险方面，企业应广泛收集国内外企业战略风险失控导致企业蒙受损失的案例，并至少收集与本企业相关的以下重要信息：

- 国内外宏观经济政策以及经济运行情况、本行业状况、国家产业政策；
- 科技进步、技术创新的有关内容；
- 市场对本企业产品或服务的需求；
- 与企业战略合作伙伴的关系，未来寻求战略合作伙伴的可能性；
- 本企业主要客户、供应商及竞争对手的有关情况；
- 与主要竞争对手相比，本企业的优势与差距；
- 本企业发展战略规划、投融资计划、年度经营目标、经营战略，以及编制这些战略、规划、计划、目标的有关依据；
- 本企业对外投融资流程中曾发生或易发生错误的业务流程或环节。

（2）是否在收集以上信息的基础上，评估企业所面临的各种风险，并在考虑风险管理策略及解决方案的基础上，考虑对战略规划的影响。

5. 决策过程是否符合"三重一大"相关规定。

企业是否在充分调查研究、科学分析预测和广泛征求意见的基础上制定发展目标。企业在制定发展目标过程中，是否综合考虑宏观经济政策、国内外市场需求变化、技术发展趋势、行业及竞争对手状况、可利用资源水平和自身优势与劣势等影响因素。

6. 战略规划内容是否符合以下规定：

（1）是否符合国家发展规划和产业政策；

（2）是否符合国有经济布局和结构的战略性调整方向；

（3）是否突出主业，提升企业核心竞争力；

（4）是否坚持效益优先和可持续发展原则。

7. 企业发展战略规划是否经当地国资委审批。

8. 国有独资企业、国有独资公司是否根据国资委的审核意见，对企业发展战略规划进行修订。

9. 企业发展战略规划内容是否全面，是否涵盖《关于印发〈中央企业发展战略与规划编制大纲（修订稿）〉的通知》（国资厅发规划〔2006〕26 号）或所在省市相关要求，并根据实际情况适当调整。

10. 企业是否根据发展战略，制订年度工作计划，编制全面预算，将年度目标分解、落实；同时完善发展战略管理制度，确保发展战略有效实施。

11. 企业是否重视发展战略的宣传工作，通过内部各层级会议和教育培训等有效方式，将发展战略及其分解落实情况传递到内部各管理层级和全体员工。

12. 战略委员会是否加强了对发展战略实施情况的监控，定期收集和分析相关信息；对于明显偏离发展战略的情况，是否及时报告。

13. 由于经济形势、产业政策、技术进步、行业状况及不可抗力等因素发生重大变化，确需对发展战略作出调整的，是否按照规定权限和程序调整发展战略。

14. 企业编制三年发展规划后，是否逐年进行滚动调整，形成工作制度，即企业三年发展规划编制完成后，是否在规划实施的第一年后，对后两年规划内容和主要目标进行必要的调整，并研究提出新的第三年规划目标，形成新的三年发展规划。

15. 结合财务审计结果，确定企业发展战略规划规定的各项内容是否完成。

16. 是否存在以下问题。

（1）缺乏明确的发展战略或发展战略实施不到位，可能导致企业盲目发展，难以形成竞争优势，丧失发展机遇和动力。

（2）发展战略过于激进，脱离企业实际能力或偏离主业，可能导致企业过度扩张，甚至经营失败。

（3）发展战略因主观原因频繁变动，可能导致资源浪费，甚至危及企业的生存和持续发展。

五、审计程序

（一）了解基本情况，并取得有关资料

1. 访谈发展战略规划编制的主管部门相关人员，了解规划编制程序，取得相关内部控制制度及有关内部控制制度在国资委的备案文件。

2. 被审计人任期内企业编制的发展战略规划。

3. 访谈主管部门相关人员，检索收文记录，了解并取得国家、上级主管部门、当地政府下达的各类经济规划，即被审计人任职期间与企业发展战略规划编制有关的国家发展规划和产业政策，包括总体规划、专项规划、区域规划等。

4. 取得相关规划编制的过程资料，包括前期工作资料、调研资料、会议纪要、专家论证资料等。

5. 股东会、董事会对企业发展战略规划的审核意见。

6. 国资委关于企业发展战略规划的批复。

7. 企业对发展战略规划滚动调整的相关资料。

8. 企业年度预算、计划、监控战略规划执行的相关资料。

9. 访谈主管部门相关人员，检索发文记录，取得规划执行情况总结资料。

10. 与企业发展战略规划实现有关的财务账簿、报表、凭证等资料。

（二）了解并分析企业发展战略规划的制定情况

1. 取得与编制发展战略规划相关的制度，分析评价企业是否明确负责编制发展战略

和规划的工作机构，或者设立发展战略规划决策委员会，建立相应的工作制度并报国资委备案。

2. 取得与编制发展战略相关的股东会、董事会会议纪要，检查国有控股、国有参股企业中国资委派出的股东代表、董事，是否在企业股东会或董事会上充分表述国资委对企业发展战略规划的审核意见。

3. 将企业发展战略规划与国家或者所在地区的经济社会发展规划对比，分析评价企业发展战略规划是否符合国家发展规划和产业政策，是否符合所在地区的经济社会发展规划；是否符合国有经济布局和结构的战略性调整方向；是否突出主业，提升企业核心竞争力；是否坚持效益优先和可持续发展原则。

4. 取得国资委批复文件，确定企业发展战略规划是否经国资委审批。

5. 分析取得有关国资委审核意见以及企业对企业发展战略规划进行修订的相关文件，分析评价国有独资企业、国有独资公司是否根据国资委的审核意见，对企业发展战略规划进行修订。

6. 将企业发展战略规划与国资委《关于印发〈中央企业发展战略与规划编制大纲（修订稿）〉的通知》（国资厅发规划〔2006〕26 号）对比，或者与所属省国资委有关企业战略与规划编制大纲对比，分析评价企业发展战略规划内容是否全面，是否涵盖《关于印发〈中央企业发展战略与规划编制大纲（修订稿）〉的通知》（国资厅发规划〔2006〕26 号）或所在省市国资委相关要求，并根据实际情况适当调整。

7. 取得企业有关年度计划，分析评价是否与发展战略规划一致，通过访谈、分析有关资料等，分析评价企业是否对实施情况与发展目标进行对比评价，及时调整。

8. 取得有关企业对发展战略规划滚动调整的资料，分析评价企业编制三年发展规划后，是否逐年进行滚动调整。

（三）了解并分析企业发展战略规划的执行情况

1. 检查企业年度预算、年度计划是否与发展战略一致，是否将年度发展战略分解落实到具体部门、岗位，是否能够确保发展战略实施。

2. 检查战略委员会或者其他负责部门对发展战略实施情况监控形成的相关资料，分析评价企业是否对发展战略实施情况进行监控。

3. 检查发展战略调整有关资料，分析评价由于经济形势、产业政策、技术进步、行业状况以及不可抗力等因素发生重大变化，确需对发展战略作出调整的，是否按照规定权限和程序调整发展战略。

（四）了解并分析企业发展战略规划的效果情况

1. 各项指标是否完成情况审计。

分析企业发展战略规划，将各项战略指标罗列明细，并与经审计调整后的有关财务数据及非财务资料进行分析对比，分析评价各项指标完成情况。

2. 三年滚动发展规划期内调整重点与实施计划审核。

分析企业发展战略规划，将规划期内各项调整重点与实施计划罗列明细，并与经审计调整后的有关财务数据及非财务资料进行分析对比，分析评价各项调整重点和计划的完成情况。

（五）结合其他审计项目评价企业发展战略规划是否存在问题

企业发展战略规划是企业根据国家发展规划和产业政策，在分析外部环境和内部条件现状及其变化趋势的基础上，为企业的长期生存与发展所作出的未来一定时期内的方向性、整体性、全局性的定位、发展目标和相应的实施方案。其他审计项目，如投资、融资、收入、科技投入、持续经营、贯彻党和国家方针政策、决策部署等存在问题，很可能说明企业发展战略规划存在问题，应该结合其他审计项目发现的问题评价企业发展战略规划是否存在问题。

六、审计建议

对企业发展战略规划情况进行审计，概括存在的不足和问题，分析存在问题的原因，提出切实可行的审计建议。

七、审计评价与责任界定

（一）审计评价

根据审计结果，对不同方面做出具体的审计评价：

1. 贯彻执行党和国家经济方针政策、决策部署情况；

2. 企业发展战略规划的制定、执行和效果情况；

3. 重大经济事项的决策、执行和效果情况；

4. 企业法人治理结构的建立、健全和运行情况，内部控制制度的制定和执行情况；

5. 企业财务的真实合法效益情况、风险管控情况、境外资产管理情况、生态环境保护情况；

6. 在经济活动中落实有关党风廉政建设责任和遵守廉洁从业规定情况；

7. 以往审计发现问题的整改情况。

（二）责任界定

对于企业发展战略规划具体审计过程中发现的问题，应该通过访谈有关人员、检查有关文件签批记录、检查会议纪要签字记录等方式，落实被审计人在有关问题事项中的具体作为或者不作为，依据经济责任审计规定，界定被审计人的责任。

对领导人员履行经济责任过程中存在的问题，审计组应当按照权责一致原则，根据领导人员职责分工，综合考虑相关问题的历史背景、决策过程、性质、后果和领导人员实际所起的作用等情况，界定其应当承担的直接责任或者领导责任。

第 5 章

重大投资项目的决策、执行和效果情况审计

一、基本概念

中央企业是指国资委代表国务院履行出资人职责的国家出资企业。

投资是指中央企业在境内从事的固定资产投资与股权投资。

重大投资项目是指中央企业按照本企业章程及投资管理制度规定，由董事会研究决定的投资项目。

主业是指由中央企业发展战略规划确定并经国资委确认公布的企业主要经营业务；非主业是指主业以外的其他经营业务。

二、审计目标

1. 投资（包括境外投资）决策机制是否健全完善。

2. 投资项目（包括境外投资项目）决策是否科学规范，投资方向是否符合国家政策和企业的战略规划，资金使用是否合规，投资是否取得预期收益，投资是否存在风险。

三、审计依据

1.《关于进一步推进国有企业贯彻落实"三重一大"决策制度的意见》。

2.《中共中央办公厅国务院办公厅印发〈国有企业领导人员廉洁从业若干规定〉》。

3.《企业国有资产监督管理暂行条例》。

4.《中央企业投资监督管理办法》（国务院国有资产监督管理委员会令第 34 号）。

5.《中央企业境外投资监督管理办法》（国务院国有资产监督管理委员会令第 35 号）。

6.《中央企业违规经营投资责任追究实施办法（试行）》（国务院国有资产监督管理委员会令第 37 号）。

7.《关于印发〈中央企业合规管理指引（试行）〉的通知》（国资发法规〔2018〕106 号）。

8.《关于印发〈关于加强中央企业内部控制体系建设与监督工作的实施意见〉的通知》（国资发监督规〔2019〕101 号）。

9.《关于印发〈中央企业全面风险管理指引〉的通知》（国资发改革〔2006〕108 号）。

10.《关于中央企业加强参股管理有关事项的通知》（国资发改革规〔2019〕126 号）。

11. 企业所属主管部门、集团公司、母公司发布的有关重大经济事项决策的制度。

12. 其他相关制度。

第 11 项、第 12 项需要审计组在审计过程中收集，以作为分析评价的直接依据。

四、审计内容

以下审计内容根据截至 2019 年年末的相关法规制度经综合分析提炼而成，考虑到国家相关部门不断推出新的法规制度，建议在审计时，关注有关部门是否有新制度出台，并根据新制度的要求适当调整相关审计内容，且注意新旧制度的生效时间和废止时间，对于企业不同期间的经济事项，适用不同的制度规定。

（一）全面风险管理和合规管理情况

中央企业是否建立投资全过程风险管理体系，将投资风险管理作为企业实施全面风险管理、加强廉洁风险防控的重要内容。

是否由专门的部门或机构收集可能与投资风险相关的风险管理初始信息，包括战略风险、财务风险、市场风险、运营风险、法律风险等方面的相关信息，也包括国内与国外的、行业内与行业外的相关信息。

是否在风险初始信息的基础上进行风险评估。

是否在风险评估的基础上，制定风险管理策略和风险解决方案。

是否在风险评估的基础上，进行投资决策。

对于具体投资项目，是否强化投资前期风险评估和风险控制方案制定，做好项目实施过程中的风险监控、预警和处置，防范投资后项目运营、整合风险，做好项目退出的时点与方式安排。

（二）投资监管体系建设情况

1. 企业是否根据国家有关制度，结合本企业实际，建立健全投资管理制度。

2. 企业投资管理制度是否经董事会审议通过后报送国资委。

3. 企业是否建立并完善本企业投资管理信息系统，加强投资基础信息管理，提高投资管理的信息化水平；是否通过信息系统对企业年度投资计划执行、投资项目实施等情况进行全面全程的动态监控和管理。

4. 企业是否按规定向国资委报送有关纸质文件和材料，并同时通过中央企业投资管理信息系统报送电子版信息。

5. 中央企业是否在国资委发布的中央企业投资项目负面清单基础上，结合企业实际，制定本企业更为严格、具体的投资项目负面清单。

6. 中央企业是否对境外重大投资项目开展常态化审计，审计的重点是否包括境外重大投资项目决策、投资方向、资金使用、投资收益、投资风险管理等方面。

（三）投资事前管理

1. 企业是否按照企业发展战略规划编制年度投资计划，并与企业年度财务预算相衔接，年度投资规模是否与合理的资产负债水平相适应。企业的投资活动是否纳入年度投资计划，未纳入年度投资计划的投资项目原则上不得投资，确需追加投资项目的应调整年度投资计划。

2. 企业是否在规定的期限内将经董事会审议通过的年度投资计划报送国资委核准或者备案。

3. 企业是否根据国资委意见对年度投资计划作出修改。

4. 进入国资委债务风险管控"特别监管企业"名单的企业，其年度投资计划是否经国资委审批后实施。

5. 对列入中央企业投资项目负面清单特别监管类的投资项目，中央企业是否在履行完企业内部决策程序后、实施前向国资委报送规定材料。

6. 中央企业是否根据企业发展战略规划，按照国资委确认的各企业主业、非主业投资比例及新兴产业投资方向，选择、确定投资项目，做好项目融资、投资、管理、退出全过程的研究论证。对于新投资项目，企业是否深入进行技术、市场、财务和法律等方面的可行性研究与论证，其中股权投资项目企业是否开展必要的尽职调查，并按要求履行资产评估或估值程序。

7. 中央企业是否明确投资决策机制，对投资决策实行统一管理，向下授权投资决策的企业管理层级是否不超过两级。各级投资决策机构对投资项目做出集体决策，是否形成决策文件，所有参与决策的人员是否都在决策文件上签字背书，所发表意见是否记录存档。

8. 对于境外特别重大投资项目，中央企业是否建立投资决策前风险评估制度，委托独立第三方有资质咨询机构对投资所在国（地区）政治、经济、社会、文化、市场、法律、政策等风险做全面评估。纳入国资委债务风险管控的中央企业是否未因境外投资推高企业的负债率水平。

（四）投资事中管理

1. 中央企业是否定期对实施、运营中的投资项目进行跟踪分析，针对外部环境和项目本身情况变化，及时进行再决策。如果出现影响投资目的实现的重大不利变化，是否研究启动中止、终止或退出机制。中央企业因重大投资项目再决策涉及年度投资计划调整的，是否将调整后的年度投资计划报送国资委。

2. 企业是否按照国资委要求，分别于每年一、二、三季度终了次月 10 日前将季度投资完成情况通过中央企业投资管理信息系统报送国资委（季度投资完成情况主要包括固定资产投资、股权投资、重大投资项目完成情况，以及需要报告的其他事项等内容）。部分重点行业的中央企业是否按要求报送季度投资分析情况。

3. 对于股权投资，企业是否依法履行股东权责；是否按照《中华人民共和国公司法》等法律法规，依据公司章程约定，向入股企业选派国有股东代表、董事监事或重要岗位人员，有效行使股东权利，避免"只投不管"；是否加强对选派人员的管理，进行定期轮换。在参股企业公司章程、议事规则等制度文件中，是否结合实际明确对特定事项的否决权等条款，以维护国有股东权益。

（五）投资事后管理

1. 企业在年度投资完成后，是否编制年度投资完成情况报告，并于下一年 1 月 31 日前报送国资委。年度投资完成情况报告包括但不限于以下内容：

- 年度投资完成总体情况；
- 年度投资效果分析；
- 重大投资项目进展情况；
- 年度投资后评价工作开展情况；
- 年度投资存在的主要问题及建议。

2. 中央企业是否每年选择部分已完成的重大投资项目开展后评价，形成后评价专项报告。通过项目后评价，企业可完善投资决策机制，提高项目成功率和投资收益，总结投资经验，为后续投资活动提供参考，提高投资管理水平。

3. 企业是否开展重大投资项目专项审计，审计的重点是否包括重大投资项目决策、投资方向、资金使用、投资收益、投资风险管理等方面。

（六）投资项目工程管理

各项目是否取得各项前置审批，项目法人管理、合同管理、招投标管理、监理、财务核算、物资管理等是否规范，财务支出是否真实、合法、合规，有无违法违规行为。

（七）投资项目效益

投资项目是否按期完工、投产或者投入使用，是否实现预期的经济效益和社会效益。

五、审计程序

（一）了解基本情况，并取得有关资料

1.了解、取得投资决策相关内部控制制度。

访谈相关部门、人员，了解投资决策、执行制度及部门和人员情况，取得以下资料：

- 国家相关领域的投资管理制度；
- 所在地国资委、主管部门有关投资管理制度、投资项目负面清单；
- 企业集团公司、母公司相关制度；
- 有关投资的全面风险管控、合规管理相关工作机制、制度，包括负责的部门和机构、分工、流程等；
- 被审计单位投资管理制度、投资项目负面清单、境外投资项目负面清单；
- 投资项目信息管理平台；
- 企业发展战略规划；
- 第三方咨询机构对企业投资风险管理体系的评价报告。

2.了解、取得投资项目过程管理有关文件：

- 经国资委审批的年度投资计划；
- 国资委对年度投资计划审核或者备案的文件；
- 对中央企业投资项目负面清单特别监管类投资项目开展项目投资的报告、企业有关决策文件、投资项目可行性研究报告（尽职调查）等相关文件、投资项目风险防控报告、其他必要的材料；
- 所有投资项目的研究论证文件、尽职调查文件、决策文件；
- 对投资项目的跟踪分析文件。

3.了解、取得已完成投资项目相关文件：

- 年度投资完成情况报告；

- 全部投资完成项目验收报告；
- 全部后评价报告；
- 投资项目专项审计报告；
- 外部监管部门验收报告。

4. 了解、取得其他相关文件：

- 述职报告；
- 会议纪要；
- 年度工作总结；
- 年度工作计划；
- 其他相关文件。

5. 理清归纳任期内全部投资事项。

结合财务账簿、年度审计报告以及年度投资计划、年度投资完成情况报告、述职报告以及其他资料，理清归纳被审计领导干部任期内全部投资事项，并分固定资产、长期股权投资列明细。

6. 了解、取得财务资料：

建设项目相关财务报表、账簿、凭证、合同、招投标等资料；

股权投资项目章程、协议、股东会纪要、工作登记注册资本、年度报表及审计报告。

（二）分析评价全面风险管控情况

访谈有关人员，了解投资业务相关的风险管控和合规管理工作情况，包括对信息收集、风险评估、完善内部控制制度等负责的部门和分工情况。

检查相关资料，包括收集的风险管理初始信息、风险评估过程及结论、风险管理策略、风险管理解决方案、形成的内部控制制度等，分析各环节之间工作内容是否相关、连贯，有无内容各不相关、工作流于形式的情况。

（三）分析评价投资内部控制制度健全完善情况

1. 对照国家有关制度文件，分析评价企业投资管理制度是否全面。

2. 检查企业提供的投资管理制度备案文件以及在线平台信息，确认投资管理制度是否经董事会审议后在国资委备案。

3. 结合投资审计项目，检查所有投资项目信息是否反映在企业投资管理信息系统上，确认企业投资管理信息系统是否得到充分使用，所有投资项目的信息是否在企业投资管理信息系统上得到充分披露。

4. 检查企业投资负面清单，与国资委负面清单对比，确认是否存在国资委负面清单列举的投资项目。

（四）检查投资项目过程管理情况

1.企业是否按照企业发展战略规划编制年度投资计划，并与企业年度财务预算相衔接，年度投资规模是否与合理的资产负债水平相适应。企业的投资活动是否纳入年度投资计划，未纳入年度投资计划的投资项目原则上不得投资，确需追加投资项目的应调整年度投资计划。

2.检查所有项目是否纳入年度投资计划，年度投资计划是否经国资委审批。

3.检查企业是否存在列入投资负面清单的项目。

4.对列入投资负面清单的项目，分析是否向国资委报送了规定的资料。

5.对比企业战略规划，分析所有投资项目是否符合企业战略规划。

6.分析所有投资项目的研究论证文件、尽职调查文件，分析所有投资项目是否都经过充分的可行性研究和论证。

7.检查决策文件，评价企业是否按"三重一大"决策制度形成决策文件，参与决策的人员是否签字背书，对不同意见的处理是否合规。

8.检查对投资项目的跟踪分析文件，分析企业是否对投资项目进行切实的事中管理；检查信息系统平台以及上报国资委的文件，分析评价企业是否按要求报送有关投资管理文件，是否进行投资分析。

9.分析年度投资完成情况报告、全部项目验收报告、财务核算资料，分析评价投资完成情况报告中包含的项目是否全部完工。

10.分析投资项目后评价报告，了解有关项目是否按期完成，是否实现预期效益。分析专项审计报告，了解投资项目管理是否规范，是否取得预期效益。

11.检查企业是否对境外重大投资项目开展常态化审计，检查对境外项目的审计管理情况，了解境外项目的项目决策、投资方向、资金使用、投资收益、投资风险管理等方面。

12.检查境外重大投资的财务管理机制。

（五）财务审计

根据风险评估结果，选取部分或者全部项目进行财务审计。

1.对于股权投资项目关注以下要点。

根据企业对投资项目的控制、共同控制、重大影响情况，判断企业对长期股权投资的核算是否符合企业会计准则规定；合并报表合并范围、抵销内容等是否符合会计准则规定；有无借助复杂的会计处理调节收益、粉饰报表的情况。

投资收益是否按期收回，有无不能收回的风险。

结合收入以及与境外投资业务相关的审计项目，评价境外投资的预期目标是否实现，比如，市场开拓、某产品营销、新产品开发等，是否达到预期目标。

对股权投资单位进行延伸审计，检查投资资金是否按约定到位，其他配套资金是否真实到位，被投资单位是否按期运营，是否实现预期效益。

2.对工程项目进行财务审计应关注以下要点。

关注工程项目合同管理、招投标管理、财务管理、物资管理、财务核算等是否合规，工程成本是否真实，有无违法转包影响工程质量的情况，以及其他违法违规情况。

（六）实地考察相关项目

对形成有形资产的项目，现场察看相关资产的运营情况、正在建设中的项目进度情况，关注有无烂尾、项目不能正常运营、运营没有达到预期设计生产能力，导致损失浪费的情况，或者其他异常情况。

对于股权投资项目，考察被投资单位的生产经营场所，关注被投资单位生产经营是否正常。

（七）通过访谈或者座谈会的方式，了解项目的实际情况

通过访谈监事会、纪检监察机构、项目负责部门和人员、被投资单位管理层或者开座谈会的形式，了解项目建设情况、运营情况，评价相关项目是否运营正常、建设进度是否正常、有无烂尾情况、有无其他违法违规行为。

对于股权投资，了解投资成效情况，是否能够按预期对投资项目进行控制、共同控制、重大影响，是否实现预期的战略目标，是否实现预期经济效益和社会效益。

【案例分享5-1】　　　　投资业务可能存在的问题

审计实践中发现的、投资业务可能存在的问题示例如下。

1.决策制度和决策程序不健全。

2.决策规则和决策程序执行不严格。未严格执行"三重一大"决策制度，擅自违规决策或者以少数人决策代替集体决策，甚至越权决策；党委会、董事会、总经理办公会"三会合一"决策重大事项；按公司章程应由董事会决策的事项，违规交由总经理办公会决策，甚至由下属子公司越权代位决策；领导干部个人擅自决定大额资金运作、对外投资、工程招投标、大宗商品采购等重大经济决策事项的情形，采取"通报"方式代替民主决策。

3.违反法律法规及相关规定决策。未按规定报经相关部门批准，擅自投资建设工程项目；违反有关规定，在未报经有关部门核准，或者未取得国土、环保等部门相应批复的情况下，擅自开工建设工程项目；重大投资项目违反审批程序，应报未报国资部门核准或者备案；未经批准，违法违规进入自然保护区等限制开

发区域建设工程项目。

4. 重大投资未按规定进行充分、深入的可行性研究或者风险分析。投资并购未按规定开展尽职调查或者尽职调查未进行风险分析；财务审计、资产评估违反相关规定；对存在的重大疏漏未及时采取有效弥补措施；盲目决策致使投资或者并购未达到预期效果，甚至造成损失。境外经营投资方面，未按规定建立企业境外投资管理相关制度，导致境外投资管控缺失；开展列入负面清单禁止类的境外投资项目；违反规定从事非主业投资或开展列入负面清单特别监管类的境外投资项目；对外投资或承揽境外项目未按规定进行风险评估并采取有效风险防控措施；违反规定采取不当经营行为，以及不顾成本和代价进行恶性竞争；违反其他有关规定或存在国家明令禁止的其他境外经营投资行为。

5. 项目管理过程不合规。项目概算未按规定进行审查，严重偏离实际；购建项目未按规定招标，干预、规避或操纵招标；外部环境和项目本身情况发生重大变化，未按规定及时调整投资方案并采取止损措施；擅自变更工程设计、建设内容和追加投资等；项目管理混乱，致使建设严重拖期、成本明显高于同类项目；违反规定开展列入负面清单的投资项目。

6. 投资并购方面的不合规。未按规定开展尽职调查，或尽职调查未进行风险分析等，存在重大疏漏；财务审计、资产评估或估值违反相关规定；投资并购过程中授意、指使中介机构或有关单位出具虚假报告；未按规定履行决策和审批程序，决策未充分考虑重大风险因素，未制定风险防范预案；违反规定以各种形式为其他合资合作方提供垫资，或通过高溢价并购等手段向关联方输送利益；投资合同、协议及标的企业公司章程等文件中存在有损国有权益的条款，致使对标的企业管理失控；违反合同约定提前支付并购价款；投资并购后未按有关工作方案开展整合，致使对标的企业管理失控；投资参股后未行使相应股东权利，发生重大变化未及时采取止损措施；违反规定开展列入负面清单的投资项目。

7. 违规执行或者实施重大事项。收购、兼并、重组和重大资产处置未按要求进行资产评估；引进不成熟技术或者技术引进不合理，致使不能正常投入生产；以邀请招标、比选或者直接指定代替公开招标，违规确定工程施工单位或者物资供应商；违法转包、分包项目。

8. 对下属企业的重大经济决策管控不力。下属企业脱离监管，应报的重大经济决策事项未报集团公司审批，违规决策。

9. 决策全程留痕不规范。未实行决策全程记录；记录不详细，未反映或者完整准确反映参会人员发言内容和表决情况；事后整理、随意更改会议记录，未反映会议决策真实情况；记录本使用不规范，使用活页式、可拆卸记录本；未妥善保管会议决策记录本或者造成遗失。

10.没有达到预期的经济效益或社会效益，存在"形象工程""拍脑袋工程"等重大决策事项，因决策失误而造成损失浪费和国有资产流失等问题。

11.假造、虚报决策效果。

【案例分享 5-2】　重大投资项目的决策、执行和效果情况审计发现的问题

某央企下属子公司 A 公司，投资 YYY 项目，投资失败，造成损失 13 亿元，经审计发现主要问题如下。

1.未严格遵守重大投资活动报告制度，未经国资委批准即投资建设重大非主业项目。

A 公司取得母公司、环境保护部门、母公司董事会批复，但是，没有取得国资委批复。

2017 年 4 月 28 日，A 公司向国资委上报《关于申请 YYY 项目的请示》，国资委《关于 YYY 项目有关意见的复函》指出"YYY 项目……为非主业投资。目前 YYY 已处于产能过剩状态，盈利能力较差，你公司投资上述项目，不具备运营管理能力，存在较大风险。我委不同意你公司投资上述项目。"

截至 2017 年 4 月 28 日，YYY 项目已签订设备采购合同 99 份，合同金额共计 11 亿元。

2.在国资委已明确指出不同意投资 YYY 项目的情况下，A 公司未严格贯彻落实国资委决策部署安排，继续投资非主业项目。

3.A 公司各部门意见提出时间晚于总经理办公会审议通过时间，项目决策程序倒置。

4.B 公司作为 YYY 项目总承包商将 YYY 主装置项目设计及整个项目的采购与施工违规转包。B 公司总承包项目分包单位层层转包，部分项目分包已达到五级，且分包商为自然人。

5.招标人与中标人签订背离合同实质性内容的补充协议。

六、审计建议

对重大投资项目的决策、执行和效果情况进行审计，概括存在的不足和问题，分析存在问题的原因，提出切实可行的审计建议。

七、审计评价与责任界定

（一）审计评价

根据审计结果，对不同方面做出具体的审计评价：

1. 贯彻执行党和国家经济方针政策、决策部署情况；

2. 企业发展战略规划的制定、执行和效果情况；

3. 重大经济事项的决策、执行和效果情况；

4. 企业法人治理结构的建立、健全和运行情况，内部控制制度的制定和执行情况；

5. 企业财务的真实合法效益情况、风险管控情况、境外资产管理情况、生态环境保护情况；

6. 在经济活动中落实有关党风廉政建设责任和遵守廉洁从业规定情况；

7. 以往审计发现问题的整改情况。

（二）责任界定

对于重大投资项目的决策、执行和效果情况审计过程中发现的问题，应该通过访谈有关人员、检查有关文件签批记录、检查会议纪要签字记录等方式，落实被审计人在有关问题事项中的具体作为或者不作为，依据经济责任审计规定，界定被审计人的责任。

对领导人员履行经济责任过程中存在的问题，审计组应当按照权责一致原则，根据领导人员职责分工，综合考虑相关问题的历史背景、决策过程、性质、后果和领导人员实际所起的作用等情况，界定其应当承担的直接责任或者领导责任。

第 6 章

中央企业境外投资审计

一、基本概念

中央企业是指国资委代表国务院履行出资人职责的国家出资企业。

境外投资是指中央企业在境外从事的固定资产投资与股权投资。

境外重大投资项目是指中央企业按照本企业章程及投资管理制度规定，由董事会研究决定的境外投资项目。

主业是指由中央企业发展战略规划确定并经国资委确认公布的企业主要经营业务；非主业是指主业以外的其他经营业务。

二、审计目标

1. 重大境外投资事项管理机制是否健全完善。

2. 重大境外投资项目决策是否科学规范，投资方向是否符合国家政策和企业的战略规划，投资管理是否合规，资金使用是否合规，投资是否取得预期收益，投资是否存在风险。

三、审计依据

1.《中央企业境外投资监督管理办法》（国务院国有资产监督管理委员会令第35号）。

2.《关于印发〈关于加强中央企业内部控制体系建设与监督工作的实施意见〉的通知》（国资发监督规〔2019〕101号）。

3. 其他相关法律法规。

四、审计内容

以下审计内容根据截至 2019 年年末的相关法规制度经综合分析提炼而成，考虑到国家相关部门不断推出新的法规制度，建议在审计时，关注有关部门是否有新制度出台，并根据新制度的要求适当调整相关审计内容，且注意新旧制度的生效时间和废止时间，对于企业不同期间的经济事项，适用不同的制度规定。

（一）境外投资管理机制是否建立健全

1. 中央企业是否建立健全境外投资管理制度。

2. 中央企业的境外投资管理制度内容是否全面，是否包括以下内容。

（1）境外投资应遵循的基本原则。

中央企业境外投资应当遵循以下原则。

- 战略引领：符合企业发展战略和国际化经营规划，坚持聚焦主业，注重境内外业务协同，提升创新能力和国际竞争力。
- 依法合规：遵守我国和投资所在国（地区）法律法规、商业规则和文化习俗，合规经营，有序发展。
- 能力匹配：投资规模与企业资本实力、融资能力、行业经验、管理水平和抗风险能力等相适应。
- 合理回报：遵循价值创造理念，加强投资项目论证，严格投资过程管理，提高投资收益水平，实现国有资产保值增值。

（2）境外投资管理流程、管理部门及相关职责。

（3）境外投资决策程序、决策机构及其职责。

（4）境外投资项目负面清单制度。

（5）境外投资信息化管理制度。

（6）境外投资风险管控制度。

（7）境外投资项目的完成、中止、终止或退出制度。

（8）境外投资项目后评价制度。

（9）违规投资责任追究制度。

（10）对所属企业境外投资活动的授权、监督与管理制度。

3. 中央企业境外投资管理制度是否经董事会审议通过后报送国资委。

4. 中央企业是否在国资委发布的中央企业境外投资项目负面清单基础上，结合企业实际，制定本企业更为严格、具体的境外投资项目负面清单。

5. 中央企业是否切实加强境外项目管理，提升境外投资风险防控能力，组织开展境外投资项目检查与审计。

6. 中央企业是否建立并优化投资管理信息系统，提高境外投资管理信息化水平，采用信息化手段实现对境外投资项目的全覆盖动态监测、分析与管理，对项目面临的风险实时监控，及时预警，防患于未然。

（二）境外投资事前管理是否完善

1. 是否进行战略规划。

中央企业是否根据国资委制定的中央企业五年发展规划纲要、企业发展战略规划，制定清晰的国际化经营规划，明确中长期国际化经营的重点区域、重点领域和重点项目。

2. 是否制订投资计划。

中央企业是否根据企业国际化经营规划编制年度境外投资计划，并纳入企业年度投资计划，按照《中央企业境外投资监督管理办法》管理。

3. 投资负面清单内项目是否经国资委审核。

对于列入中央企业境外投资项目负面清单特别监管类的境外投资项目，中央企业是否在履行企业内部决策程序后，在向国家有关部门首次报送文件前报国资委履行出资人审核把关程序。

4. 是否进行可行性研究。

中央企业是否根据企业发展战略规划，按照经国资委确认的主业，选择、确定境外投资项目，做好境外投资项目的融资、投资、管理、退出全过程的研究论证。

对于境外新投资项目，是否充分借助国内外中介机构的专业服务，深入进行技术、市场、财务和法律等方面的可行性研究与论证，提高境外投资决策质量。

其中股权类投资项目是否开展了必要的尽职调查，并按要求履行资产评估或估值程序。

5. 非主业投资是否经国资委审核把关。

中央企业原则上不得在境外从事非主业投资。有特殊原因确需开展非主业投资的，是否报送国资委审核把关，并通过与具有相关主业优势的中央企业合作的方式开展。

6. 中央企业是否明确投资决策机制，对境外投资决策实行统一管理，向下授权境外投资决策的企业管理层级是否不超过二级。

7. 各级境外投资决策机构对境外投资项目做出决策，是否形成决策文件，所有参与决策的人员是否都在决策文件上签字背书，所发表意见是否记录存档。

（三）境外投资事中管理是否完善

1. 对投资即时监控情况。

国资委对中央企业实施中的境外重大投资项目进行随机监督检查中发现的问题向企业进行提示，企业是否及时恰当应对，完善管理、控制风险。

中央企业是否定期对实施、运营中的境外投资项目进行跟踪分析，针对外部环境和项目本身情况变化，是否及时进行再决策。

如出现影响投资目的实现的重大不利变化，是否及时研究启动中止、终止或退出机制。

中央企业因境外重大投资项目再决策涉及年度投资计划调整的，是否将调整后的年度投资计划报送国资委。

2.问责机制落实情况。

中央企业是否建立境外投资项目阶段评价和过程问责制度，对境外重大投资项目的阶段性进展情况开展评价，发现问题，及时调整，对违规违纪行为实施全程追责，加强过程管控。

3.是否及时将信息报送国资委。

中央企业是否按照国资委要求，分别于每年一、二、三季度终了次月10日前将季度境外投资完成情况通过中央企业投资管理信息系统报送国资委。（季度境外投资完成情况主要包括固定资产投资、股权投资、重大投资项目完成情况，以及需要报告的其他事项等内容。）部分重点行业的中央企业是否按要求报送季度境外投资分析情况。

（四）境外投资事后管理是否完善

1.是否及时向国资委报送投资完成情况报告。

中央企业在年度境外投资完成后，是否编制年度境外投资完成情况报告，并于下一年1月31日前报送国资委。年度境外投资完成情况报告是否包括但不限于以下内容：

（1）年度境外投资完成总体情况；

（2）年度境外投资效果分析；

（3）境外重大投资项目进展情况；

（4）年度境外投资后评价工作开展情况；

（5）年度境外投资存在的主要问题及建议。

2.是否及时开展后评价。

境外重大投资项目实施完成后，中央企业是否及时开展后评价，形成后评价专项报告。通过项目后评价，中央企业可完善投资决策机制，提高项目成功率和投资收益，总结投资经验，为后续投资活动提供参考，提高投资管理水平。

3.中央企业是否对境外重大投资项目进行常态化审计。

中央企业是否对境外重大投资项目开展常态化审计，审计的重点是否包括境外重大投资项目决策、投资方向、资金使用、投资收益、投资风险管理等方面。

（五）境外投资风险管理、合规管理是否到位

1.中央企业是否将境外投资风险管理作为投资风险管理体系的重要内容，强化境外

投资前期风险评估和风险控制预案制定，做好项目实施过程中的风险监控、预警和处置，防范投资后项目运营、整合风险，做好项目退出的时点与方式安排。

2. 中央企业是否建立投资决策前风险评估制度，委托独立第三方有资质咨询机构对投资所在国（地区）政治、经济、社会、文化、市场、法律、政策等风险做全面评估。

3. 纳入国资委债务风险管控的中央企业是否存在因境外投资推高企业的负债率水平的情况。

4. 中央企业是否重视境外项目安全风险防范，加强与国家有关部门和我国驻外使（领）馆的联系，建立协调统一、科学规范的安全风险评估、监测预警和应急处置体系，有效防范和应对项目面临的系统性风险。

5. 中央企业是否根据自身风险承受能力，充分利用政策性出口信用保险和商业保险，将保险嵌入企业风险管理机制，按照国际通行规则实施联合保险和再保险，减少风险发生时所带来的损失。

6. 中央企业是否树立正确的义利观，坚持互利共赢原则，加强与投资所在国（地区）政府、媒体、企业、社区等社会各界公共关系建设，积极履行社会责任，注重跨文化融合，营造良好的外部环境。

（六）主要境外投资效益是否实现

中央企业主要境外投资是否取得预期的效益、实现预期的目标，有无造成重大损失。

（七）投资项目工程管理是否规范

对于境外投资工程项目是否取得各项前置审批，项目法人管理、合同管理、招投标管理、监理、财务核算、物资管理等是否规范，财务支出是否真实、合法、合规，有无违法违规行为。

五、审计程序

（一）了解基本情况，并取得有关资料

访谈相关部门、人员，了解中央企业境外投资管理制度制定情况、主要境外投资情况，并取得以下相关资料。

- 中央企业发展战略规划。
- 境外投资管理制度。
- 中央企业境外投资项目负面清单。
- 重大投资项目后评价报告。
- 年度境外投资计划、企业年度投资计划。

- 境外投资项目明细清单。
- 投资项目研究论证资料、尽职调查报告、资产评估或估值报告。
- 有特殊原因确需开展非主业投资而取得的国资委的审核文件。
- 各级境外投资决策机构对境外投资项目做出决策的决策文件。
- 中央企业定期对实施、运营中的境外投资项目进行跟踪分析的相关文件、针对外部环境和项目本身情况变化的再决策文件。
- 中央企业境外投资项目阶段评价和过程问责制度、对境外重大投资项目的阶段性进展情况开展评价、过程管控的有关文件。
- 中央企业按照国资委要求，定期通过中央企业投资管理信息系统报送国资委的季度境外投资完成情况报告。
- 编制的年度境外投资完成情况报告。
- 境外重大投资项目实施完成后的评价专项报告。
- 常态化审计报告。
- 境外投资风险管理制度。
- 具体项目风险管理相关文件。

（二）分析评价境外投资管理机制是否健全完善并得到有效执行

1. 分析中央企业境外投资管理制度，对照《中央企业境外投资监督管理办法》（国务院国有资产监督管理委员会令第 35 号）以及其他法规要求，评价管理制度内容是否完善。

2. 选择部分或者全部境外投资项目，分析与实际境外投资有关的前期决策文件、可行性研究报告、事前管理、事中管理、事后管理等情况，评价有关的管理制度是否得到落实，产权资产是否安全可控。应主要关注以下方面。

- 相关项目是否符合中央企业五年发展规划纲要、企业发展战略规划，是否纳入企业年度投资计划。
- 前期决策是否规范，有无可研报告（尽职调查）、项目融资方案、项目风险防控报告等材料；有关机构是否按议事规则进行了集体决策，是否形成决策文件；所有参与决策的人员是否都在决策文件上签字背书，所发表意见是否记录存档。
- 境外投资项目是否经国资委审批。
- 是否进行切实的境外投资项目事中管理、事后管理，事中管理是否符合国家有关制度和企业内部控制制度的规定。
- 结合后评价报告、投资完成情况报告，分析评价投资是否达到预期成效。
- 分析中央企业常态化审计报告，了解常态化审计情况，以及中央企业对审计发现的问题是否及时整改。

- 收集风险管控相关资料，评价企业是否对境外投资进行风险管控，风险管控措施能否减少风险发生时所带来的损失。
- 其他重要事项。

（三）财务审计

根据风险评估结果，选取部分或者全部项目进行财务审计。

1. 对于股权投资项目关注以下要点。

（1）投资财务管理及会计核算情况。

投资资金去向是否合规，是否汇入被投资单位；投资资产是否交接，所有权和控制权是否转移，接收方是否是被投资单位。

根据中央企业对投资项目的控制、共同控制、重大影响情况，判断投资是否达到预期的控制或影响，会计核算是否符合相关准则规定，投资成本、收益核算是否正确，合并会计报表等事项处理是否符合企业会计准则规定，有无借助复杂的会计处理调节收益、粉饰报表的情况。

（2）投资收益或者效益实现情况。

投资收益是否按期收回，有无不能收回的风险。

结合收入以及与境外投资战略目标相关的审计项目，评价境外投资的预期目标是否实现，比如，市场开拓、某产品营销、新产品开发等是否达到预期目标。

对控股投资单位进行延伸审计，检查投资资金是否按约定到位、其他股东投资是否真实到位、被投资单位是否如期运营，是否实现预期效益。

对于参股单位，无法延伸审计的，取得被投资单位各年度报表、审计报告等，了解投资保值增值情况，关注是否存在亏损严重、资不抵债、停止经营等导致投资减值的情况；取得参股单位股东会决议、董事会决议等文件，了解国有股东代表是否按规定行使股东权利。

任期内境外产权收回的，检查有关股东会决议、会计报表、清算报告、剩余资产收回入账记录、资产交接记录等，检查剩余国有产权是否全部收回，有无因管理原因或者舞弊违法行为导致国有资产损失情况。

2. 对于工程项目投资关注以下要点。

对于工程财务审计，关注工程项目合同管理、招投标管理、财务管理、物资管理、财务核算等是否合规，工程成本是否真实，有无违法转包影响工程质量的情况，以及其他违法违规情况。

（四）实地考察相关项目

对于形成有形资产的项目，现场察看相关资产的运营情况、正在建设中的项目进度情况，关注有无烂尾、项目不能正常运营、运营没有达到预期设计生产能力，导致损失浪费的情况，或者其他异常情况。

对于股权投资项目，必要时可以考察被投资单位的生产经营场所，关注被投资单位生产经营是否正常。

（五）通过访谈或者座谈会的方式，了解项目的实际情况

通过访谈监事会、纪检监察机构、项目负责部门和人员、被投资单位管理层或者开座谈会的形式，了解项目建设情况、运营情况，评价相关项目是否运营正常、建设进度是否正常、有无烂尾情况、有无其他违法违规行为。

对于股权投资，了解投资成效情况，是否能够按预期对投资项目进行控制、共同控制、重大影响，是否实现预期的战略目标，是否实现预期经济效益和社会效益。

【案例分享 6-1】　　　　境外投资可能存在的问题

审计实践中发现的、境外投资业务可能存在的问题示例如下。

1. 决策制度和决策程序不健全。

2. 决策规则和决策程序执行不严格。未严格执行"三重一大"决策制度，擅自违规决策或者以少数人决策代替集体决策，甚至越权决策；党委会、董事会、总经理办公会"三会合一"决策重大事项；按公司章程应由董事会决策的事项，违规交由总经理办公会决策，甚至由下属子公司越权代位决策；领导干部个人擅自决定大额资金运作、对外投资、工程招投标、大宗商品采购等重大经济决策事项的情形，采取"通报"方式代替民主决策。

3. 违反法律法规及相关规定决策。未按规定报经相关部门批准，擅自投资建设工程项目；重大投资项目违反审批程序，应报未报国资部门核准或者备案。

4. 重大投资未按规定进行充分、深入的可行性研究或者风险分析。投资并购未按规定开展尽职调查或者尽职调查未进行风险分析；财务审计、资产评估违反相关规定；对存在的重大疏漏未及时采取有效弥补措施；盲目决策致使投资或者并购未达到预期效果，甚至造成损失；未按规定建立企业境外投资管理相关制度，导致境外投资管控缺失；开展列入负面清单禁止类的境外投资项目；违反规定从事非主业投资或开展列入负面清单特别监管类的境外投资项目；对外投资或承揽境外项目未按规定进行风险评估并采取有效风险防控措施；违反规定采取不当经营行为，以及不顾成本和代价进行恶性竞争；违反其他有关规定或存在国家明令禁止的其他境外经营投资行为。

5. 项目管理过程不合规。项目概算未按规定进行审查，严重偏离实际；购建项目未按规定招标，干预、规避或操纵招标；外部环境和项目本身情况发生重大变化，未按规定及时调整投资方案并采取止损措施；擅自变更工程设计、建设内

容和追加投资等；项目管理混乱，致使建设严重拖期、成本明显高于同类项目；违反规定开展列入负面清单的投资项目。

6. 投资并购方面的不合规。未按规定开展尽职调查，或尽职调查未进行风险分析等，存在重大疏漏；财务审计、资产评估或估值违反相关规定；投资并购过程中授意、指使中介机构或有关单位出具虚假报告；未按规定履行决策和审批程序，决策未充分考虑重大风险因素，未制定风险防范预案；违反规定以各种形式为其他合资合作方提供垫资，或通过高溢价并购等手段向关联方输送利益；投资合同、协议及标的企业公司章程等文件中存在有损国有权益的条款，致使对标的企业管理失控；违反合同约定提前支付并购价款；投资并购后未按有关工作方案开展整合，致使对标的企业管理失控；投资参股后未行使相应股东权利，发生重大变化未及时采取止损措施；违反规定开展列入负面清单的投资项目。

7. 违规执行或者实施重大事项。收购、兼并、重组和重大资产处置未按要求进行资产评估；引进不成熟技术或者技术引进不合理，致使不能正常投入生产；以邀请招标、比选或者直接指定代替公开招标，违规确定工程施工单位或者物资供应商；违法转包、分包项目。

8. 对下属企业的重大经济决策管控不力。下属企业脱离监管，应报的重大经济决策事项未报集团公司审批，违规决策。

9. 决策全程留痕不规范。未实行决策全程记录；记录不详细，未反映或者完整准确反映参会人员发言内容和表决情况；事后整理、随意更改会议记录，未反映会议决策真实情况；记录本使用不规范，使用活页式、可拆卸记录本；未妥善保管会议决策记录本或者造成遗失。

10. 没有达到预期的经济效益或社会效益，存在"形象工程""拍脑袋工程"等重大决策事项，因决策失误而造成损失浪费和国有资产流失等问题。

11. 假造、虚报决策效果。

六、审计建议

对中央企业境外投资情况进行审计，概括存在的不足和问题，分析存在问题的原因，提出切实可行的审计建议。

七、审计评价与责任界定

（一）审计评价

根据审计结果，对不同方面做出具体的审计评价：

1. 贯彻执行党和国家经济方针政策、决策部署情况；

2. 企业发展战略规划的制定、执行和效果情况；

3. 重大经济事项的决策、执行和效果情况；

4. 企业法人治理结构的建立、健全和运行情况，内部控制制度的制定和执行情况；

5. 企业财务的真实合法效益情况、风险管控情况、境外资产管理情况、生态环境保护情况；

6. 在经济活动中落实有关党风廉政建设责任和遵守廉洁从业规定情况；

7. 以往审计发现问题的整改情况。

（二）责任界定

对于中央企业境外投资审计过程中发现的问题，应该通过访谈有关人员、检查有关文件签批记录、检查会议纪要签字记录等方式，落实被审计人在有关问题事项中的具体作为或者不作为，依据经济责任审计规定，界定被审计人的责任。

对领导人员履行经济责任过程中存在的问题，审计组应当按照权责一致原则，根据领导人员职责分工，综合考虑相关问题的历史背景、决策过程、性质、后果和领导人员实际所起的作用等情况，界定其应当承担的直接责任或者领导责任。

第 7 章

中央企业境外国有资产监督管理审计

一、基本概念

本章介绍的内容适用于对中央企业及其各级独资、控股子企业（以下简称"各级子企业"）在境外以各种形式出资所形成的国有权益的监督管理审计。

本章所称境外企业，是指中央企业及其各级子企业在我国境外以及香港特别行政区、澳门特别行政区和台湾地区依据当地法律出资设立的独资及控股企业。

二、审计目标

1. 中央企业对境外企业的管理制度是否健全，境外企业自身管理制度是否健全，是否能保证境外资产、产权安全。

2. 中央企业是否能够对境外企业权益、资金有效管控，对境外企业面临重大事项作出迅速应对，最大限度地保证境外资产、资金安全。

三、审计依据

1.《中央企业境外国有资产监督管理暂行办法》（国务院国有资产监督管理委员会令第 26 号）。

2.《关于印发〈关于加强中央企业内部控制体系建设与监督工作的实施意见〉的通知》（国资发监督规〔2019〕101 号）。

3. 其他相关法律法规。

四、审计内容

以下审计内容根据截至 2019 年年末的相关法规制度经综合分析提炼而成，考虑到国家相关部门不断推出新的法规制度，建议在审计时，关注有关部门是否有新制度出台，并根据新制度的要求适当调整相关审计内容，且注意新旧制度的生效时间和废止时间，对于企业不同期间的经济事项，适用不同的制度规定。

（一）中央企业对境外出资管理

1. 预算管理。

中央企业是否将境外企业纳入本企业全面预算管理体系，明确境外企业年度预算目标，加强对境外企业重大经营事项的预算控制，及时掌握境外企业预算执行情况。

2. 资金管控。

中央企业是否将境外资金纳入本企业统一的资金管理体系，明确界定境外资金调度与使用的权限与责任，加强日常监控。具备条件的中央企业是否对境外资金实施集中管理和调度。

中央企业是否建立境外大额资金调度管控制度，对境外临时资金集中账户的资金运作实施严格审批和监督检查，定期向国资委报告境外大额资金的管理和运作情况。

3. 境外金融衍生业务管理。

中央企业是否加强境外金融衍生业务的统一管理，明确决策程序、授权权限和操作流程，规定年度交易量、交易权限和交易流程等重要事项，并按照相关规定报国资委备案或者核准。从事境外期货、期权、远期、掉期等金融衍生业务时是否严守套期保值原则，完善风险管理规定，禁止投机行为。

4. 外派人员管理。

中央企业是否建立外派人员管理制度，明确岗位职责、工作纪律、工资薪酬等规定，建立外派境外企业经营管理人员的定期述职和履职评估制度。

中央企业是否按照属地化管理原则，统筹境内外薪酬管理制度。不具备属地化管理条件的，中央企业是否按照法律法规有关规定，结合属地的实际情况，制定统一的外派人员薪酬管理办法，报国资委备案。

（二）境外企业内部管理

1. 境外企业是否定期向中央企业报告境外国有资产总量、结构、变动、收益等汇总分析情况。

2. 境外企业是否建立完善法人治理结构，是否健全资产分类管理制度和内部控制机制，是否定期开展资产清查，加强风险管理，对其运营管理的国有资产承担保值增值责任。

3. 境外企业是否依据有关规定建立健全境外国有产权管理制度，明确负责机构和工作责任，切实加强境外国有产权管理。

4. 境外企业是否加强投资管理，严格按照中央企业内部管理制度办理相关手续。

5. 境外企业是否加强预算管理，严格执行经股东（大）会、董事会或章程规定的相关权力机构审议通过的年度预算方案，加强成本费用管理，严格控制预算外支出。

6. 境外企业是否建立健全法律风险防范机制，严格执行重大决策、合同的审核与管理程序。

7. 境外企业是否遵循中央企业确定的融资权限。非金融类境外企业是否没有为其所属中央企业系统之外的企业或个人进行任何形式的融资、拆借资金或者提供担保。

8. 境外企业是否加强资金管理，明确资金使用管理权限，严格执行企业主要负责人与财务负责人联签制度，大额资金支出和调度是否符合中央企业规定的审批程序和权限。

9. 境外企业是否选择信誉良好并具有相应资质的银行作为开户行，是否未以个人名义开设账户［所在国（地区）法律另有规定的除外］。境外企业账户是否没有转借给个人或者其他机构使用。

10. 境外企业是否按照法律、行政法规以及国有资产监督管理有关规定和企业章程，在符合所在国（地区）法律规定的条件下，及时、足额向出资人分配利润。

11. 境外企业是否建立和完善会计核算制度，会计账簿及财务报告是否真实、完整、及时地反映企业经营成果、财务状况和资金收支情况。

12. 境外企业是否通过法定程序聘请具有资质的外部审计机构对年度财务报告进行审计。暂不具备条件的，是否由中央企业内部审计机构进行审计。

（三）境外企业重大事项管理

1. 中央企业是否依法建立健全境外企业重大事项管理制度和报告制度，加强对境外企业重大事项的管理。

2. 中央企业是否明确境外出资企业股东代表的选任条件、职责权限、报告程序和考核奖惩办法，委派股东代表参加境外企业的股东（大）会会议。股东代表是否按照委派企业的指示提出议案、发表意见、行使表决权，并将其履行职责的情况和结果及时报告委派企业。

3. 境外企业有下列重大事项之一的，是否按照法定程序报中央企业核准。

（1）增加或者减少注册资本，合并、分立、解散、清算、申请破产或者变更企业组织形式。

（2）年度财务预算方案、决算方案、利润分配方案和弥补亏损方案。

（3）发行公司债券或者股票等融资活动。

（4）收购、股权投资、理财业务以及开展金融衍生业务。

（5）对外担保、对外捐赠事项。

（6）重要资产处置、产权转让。

（7）开立、变更、撤并银行账户。

（8）企业章程规定的其他事项。

4. 境外企业转让国有资产，导致中央企业重要子企业由国有独资转为绝对控股、绝对控股转为相对控股或者失去控股地位的，是否按照有关规定报国资委审核同意。

5. 境外企业发生以下有重大影响的突发事件，是否立即报告中央企业；影响特别重大的，是否通过中央企业在24小时内向国资委报告。

（1）银行账户或者境外款项被冻结。

（2）开户银行或者存款所在的金融机构破产。

（3）重大资产损失。

（4）发生战争、重大自然灾害、重大群体性事件，以及危及人身或者财产安全的重大突发事件。

（5）受到所在国（地区）监管部门处罚产生重大不良影响。

（6）其他有重大影响的事件。

（四）对境外国有资产的监督管理

1. 中央企业是否定期对境外企业经营管理、内部控制、会计信息以及国有资产运营等情况进行监督检查；是否建立境外企业生产经营和财务状况信息报告制度，按照规定向国资委报告有关境外企业财产状况、生产经营状况和境外国有资产总量、结构、变动、收益等情况。

2. 中央企业是否加强对境外企业中方负责人的考核评价，开展任期及离任经济责任审计，并出具审计报告。重要境外企业中方负责人的经济责任审计报告是否报国资委备案。

五、审计程序

（一）了解基本情况，并取得有关资料

通过访谈有关部门、人员，浏览检查相关信息平台等，了解中央企业境外子企业情况，有关管理机制情况，并取得以下资料。

- 境外出资管理制度。
- 境外金融衍生业务相关制度。
- 中央企业外派人员管理制度、薪酬管理制度。
- 境外企业定期向中央企业报告境外国有资产总量、结构、变动、收益等汇总分

析情况报告。

- 境外企业章程、组织机构图、内部控制制度、定期资产清查报告。
- 境外企业境外国有产权管理制度。
- 境外企业预算管理制度、年度预算、预算执行情况报告。
- 法律风险防范机制相关文件。
- 中央企业对境外企业确定的融资权限相关资料。
- 境外企业资金管理制度。
- 境外企业会计核算制度。
- 境外企业年度财务报告、审计报告。
- 境外企业重大事项管理相关制度、报告制度。
- 境外企业重大事项有关文件，向中央企业、国资委报告的有关文件。
- 中央企业对境外企业的离任经济责任审计报告。
- 国家出资企业监事会对中央企业境外国有资产进行监督检查、专项检查有关结论性文件。

（二）境外出资管理情况审计

1. 检查预算管理制度、审计期间各年度预算、预算执行情况报告，分析评价中央企业是否将境外企业纳入本企业全面预算管理体系，明确境外企业年度预算目标；是否能够对境外企业重大经营事项实施预算控制，及时掌握境外企业预算执行情况。

2. 分析资金管理制度，评价中央企业是否将境外资金纳入本企业统一的资金管理体系，明确界定境外资金调度与使用的权限与责任。具备条件的中央企业是否对境外资金实施集中管理和调度、建立境外大额资金调度管控制度。

3. 分析中央企业境外金融衍生业务相关管理制度，评价相关制度是否明确决策程序、授权权限和操作流程，规定年度交易量、交易权限和交易流程等重要事项，并按照相关规定报国资委备案或者核准；是否规定从事境外期货、期权、远期、掉期等金融衍生业务应当严守套期保值原则，完善风险管理规定，禁止投机行为。

结合境外金融衍生业务有关决策审计文件、会计纪要等，分析相关管理制度是否得到落实。

4. 分析中央企业外派人员管理制度，分析是否明确岗位职责、工作纪律、工资薪酬等规定，是否明确定期述职和履职评估制度。分析中央企业是否统筹境内外薪酬管理制度；是否制定统一的外派人员薪酬管理办法，报国资委备案。

检查有关述职报告、履职评估资料，分析相关外派人员管理制度是否得到落实。

5. 取得并分析以下外部检查报告，了解境外企业财务状况、经营成果，了解管理是否合规、经营是否正常、中央企业对境外企业是否有效管控。

- 国资委定期组织开展境外企业抽查审计的审计报告。
- 中央企业定期对境外企业经营管理、内部控制、会计信息以及国有资产运营等情况进行监督检查的结论性文件。
- 境外企业向中央企业关于生产经营和财务状况信息的报告。
- 境外企业向国资委有关财产状况、生产经营状况和境外国有资产总量、结构、变动、收益等情况的报告。
- 境外企业中方负责人经济责任审计报告。
- 监事会等机构监督检查报告、专项检查报告。

（三）境外企业管理情况审计

根据风险评估结果，选择部分或者全部境外企业进行审计。主要审计程序如下。

1.分析境外企业对中央企业有关报告，了解境外企业是否定期向中央企业报告境外国有资产总量、结构、变动、收益等汇总分析情况，评价中央企业能否对境外企业有效管控。

2.分析中央企业及其各级子企业是否依法制定或者参与制定其出资的境外企业章程。分析章程中是否明确国有股东权利责任、议事规则，保证中央企业及其各级子企业依法参与其出资的境外参股、联营、合作企业重大事项管理。

分析境外企业法人治理结构是否健全，是否符合《中华人民共和国公司法》以及境外相关法规规定，国有股东能否通过相关治理机构对境外企业有效管控。

3.分析相关内部控制制度、资产清查报告，以及其他管理过程中形成的文件；评价境外企业是否健全资产分类管理制度和内部控制机制，内部控制是否全面涵盖境外企业业务，境外企业是否定期开展资产清查，加强风险管理，对其运营管理的国有资产承担保值增值责任。

4.检查国有资产管理制度，评价境外企业是否明确负责机构和工作责任，切实加强境外国有产权管理。

5.检查境外企业投资管理制度，以及与实际投资相关的决策、审批等文件，评价境外企业是否严格按照中央企业内部管理制度办理相关手续。

6.检查境外企业预算管理制度、预算审批文件、预算执行情况报告，分析评价境外企业是否严格预算管理制度，严格执行经股东（大）会、董事会或章程规定的相关权力机构审议通过的年度预算方案，加强成本费用管理，严格控制预算外支出。

7.分析有关制度，检查有关部门和人员履行职责的相关资料，评价境外企业是否建立健全法律风险防范机制，严格执行重大决策、合同的审核与管理程序。

8.检查境外企业融资相关管理制度，是否强调境外企业应当遵循中央企业确定的融资权限以及非金融类境外企业不得为其所属中央企业系统之外的企业或个人进行任何形式的融资、拆借资金或者提供担保。

检查与融资相关的合同、会议纪要等文件，评价境外企业是否严格执行相关制度。

9. 检查资金管理制度，分析评价境外企业是否明确资金使用管理权限，严格执行企业主要负责人与财务负责人联签制度，大额资金支出和调度是否符合中央企业规定的审批程序和权限。

10. 检查有关利润分配会议纪要、文件等，结合财务审计，确定境外企业是否按照法律、行政法规及国有资产监督管理有关规定和企业章程，在符合所在国（地区）法律规定的条件下，及时、足额向出资人分配利润。

11. 检查境外企业会计制度、各年度会计报表、审计报告等，评价企业是否按会计制度建立核算账套，并通过法定程序聘请具有资质的外部审计机构对年度财务报告进行审计。

（四）境外企业重大事项管理情况审计

1. 检查中央企业关于建立健全境外企业的重大事项管理制度和报告制度，分析内容是否全面，是否符合相关规定。

2. 通过检查会议纪要、重大事项相关报告、访谈有关人员等方式，了解审计期间境外企业是否发生重大经济事项。

3. 检查境外企业发生的重大经济事项的相关文件，评价对重大经济事项的处理是否符合规定的管理流程，有关股东代表是否尽职尽责地在股东（大）会会议中行使股东权利，按照委派企业的指示提出议案、发表意见、行使表决权，并将其履行职责的情况和结果及时报告委派企业。

4. 检查境外企业审计期间是否有以下重大事项，重大事项是否按法定程序报中央企业核准。

（1）增加或者减少注册资本，合并、分立、解散、清算、申请破产或者变更企业组织形式。

（2）年度财务预算方案、决算方案、利润分配方案和弥补亏损方案。

（3）发行公司债券或者股票等融资活动。

（4）收购、股权投资、理财业务以及开展金融衍生业务。

（5）对外担保、对外捐赠事项。

（6）重要资产处置、产权转让。

（7）开立、变更、撤并银行账户。

（8）企业章程规定的其他事项。

5. 对于中央企业重要子企业由国有独资转为绝对控股、绝对控股转为相对控股或者失去控股地位的，是否按照有关规定报国资委审核同意。

6. 检查境外企业审计期间是否发生以下突发事件，如果发生，是否立即报告中央企业；影响特别重大的，是否通过中央企业在 24 小时内向国资委报告。

（1）银行账户或者境外款项被冻结。

（2）开户银行或者存款所在的金融机构破产。

（3）重大资产损失。

（4）发生战争、重大自然灾害，重大群体性事件，以及危及人身或者财产安全的重大突发事件。

（5）受到所在国（地区）监管部门处罚产生重大不良影响。

（6）其他有重大影响的事件。

（五）境外资产财务审计

对境外企业负有监督管理职责的中央企业及其各级子企业，进行以下财务审计。

1. 检查境外企业的重大项目支出是否纳入预算范围内，是否经过预算部门或者岗位进行预算审核控制，预算管理是否切实发挥对境外企业的控制作用。

2. 检查资金收支相关凭证、审批流程，评价中央企业是否按资金管理制度的规定将境外资金纳入本企业统一的资金管理体系。具备条件的中央企业是否对境外资金实施集中管理和调度。

3. 检查大额资金调度相关审批程序、凭证，确认中央企业境外大额资金调度管控制度是否得到落实，对境外临时资金集中账户的资金运作是否实施严格审批和监督检查，并定期向国资委报告境外大额资金的管理和运作情况。

4. 检查中央企业境外金融衍生业务相关凭证、账簿、授权的相关资料，检查决策程序、授权权限和操作流程是否符合相关制度规定，交易量是否在规定标准之内，检查国资委备案或者核准资料，评价备案或核准是否合规。检查境外期货、期权、远期、掉期等金融衍生业务是否严守套期保值原则，有无投机行为，有无造成损失情况。

5. 检查外派人员薪酬支出相关凭证，检查薪酬的计算、支付是否符合相关管理办法，结合其他支出、资产类科目审计，关注有无在应付职工薪酬之外列支相关人员薪酬支出的舞弊违法行为。

（六）境外企业财务审计

选择部分或者全部境外企业进行财务审计。主要关注以下事项。

1. 分析审计境外企业投资事项相关决策程序、审批文件、会计凭证等，评价其程序是否规范、是否符合中央企业内部管理制度，会计核算是否合规。

2. 检查境外企业不同性质成本费用支出情况，确认是否经过预算控制岗位或者程序，保证成本费用在预算规定的范围内，严格控制预算外支出；评价预算管理是否合规。

3. 检查境外企业融资相关的决策文件、合同、明细账、凭证等，评价境外企业融资是否符合中央企业确认的权限、额度。

通过访谈有关部门工作人员、向金融机构函证、检查有关合同、检查会议纪要等方式，检查有无非金融类境外企业为其所属中央企业系统之外的企业或个人进行任何形式的担保的情形，检查有无违规担保形成损失的情形。

检查财务账簿、凭证等，关注有无为其所属中央企业系统之外的企业或个人进行任何形式的融资、拆借资金行为，有无关联方违规占用资金行为，有无违规融资、拆借形成损失的情形。

4. 检查有关资金支出是否按资金管理相关制度，经过主要负责人与财务负责人联签，签批人员是否在其权限范围内进行审批，大额资金支出和调度是否符合中央企业规定的审批程序和权限。

5. 检查境外企业银行账户，检查资金收支凭证，确认境外企业是否选择信誉良好并具有相应资质的银行作为开户行，是否存在以个人名义开设账户且所在国（地区）法律并不要求以个人名义开设账户的情形。确定境外企业是否存在出借账户的情形。

6. 检查利润分配股东会决议以及相关分配凭证，关注境外企业是否按照法律、行政法规以及国有资产监督管理有关规定和企业章程，在符合所在国（地区）法律规定的条件下，及时、足额向出资人分配利润。

7. 通过审计凭证、账簿等，关注境外企业是否建立和完善会计核算制度，会计账簿及财务报告是否真实、完整、及时地反映企业经营成果、财务状况和资金收支情况。

【案例分享 7-1】　　　　境外资产管理可能存在的问题

审计实践中发现企业对境外资产的管理可能存在的问题示例如下。

1. 违规为其所属中央企业系统之外的企业或者个人进行融资或者提供担保，出借银行账户。

2. 越权或者未按规定程序进行投资、调度和使用资金、处置资产。

3. 内部控制和风险防范存在严重缺陷。

4. 会计信息不真实，存有账外业务和账外资产。

5. 通过不正当交易转移利润。

6. 挪用或者截留应缴收益。

7. 未按规定及时报告重大事项。

8. 未建立境外企业国有资产监管制度。

9. 未按规定履行有关核准备案程序。

10. 对境外企业管理失控，造成国有资产损失。

六、审计建议

对中央企业境外国有资产监督管理情况进行审计，概括存在的不足和问题，分析存在问题的原因，提出切实可行的审计建议。

七、审计评价与责任界定

（一）审计评价

根据审计结果，对不同方面做出具体的审计评价：

1. 贯彻执行党和国家经济方针政策、决策部署情况；
2. 企业发展战略规划的制定、执行和效果情况；
3. 重大经济事项的决策、执行和效果情况；
4. 企业法人治理结构的建立、健全和运行情况，内部控制制度的制定和执行情况；
5. 企业财务的真实合法效益情况、风险管控情况、境外资产管理情况、生态环境保护情况；
6. 在经济活动中落实有关党风廉政建设责任和遵守廉洁从业规定情况；
7. 以往审计发现问题的整改情况。

（二）责任界定

对于中央企业境外国有资产监督管理审计过程中发现的问题，应该通过访谈有关人员、检查有关文件签批记录、检查会议纪要签字记录等方式，落实被审计人在有关问题事项中的具体作为或者不作为，依据经济责任审计规定，界定被审计人的责任。

对领导人员履行经济责任过程中存在的问题，审计组应当按照权责一致原则，根据领导人员职责分工，综合考虑相关问题的历史背景、决策过程、性质、后果和领导人员实际所起的作用等情况，界定其应当承担的直接责任或者领导责任。

第 8 章

中央企业混合所有制改革审计

一、基本概念

为促进各种所有制资本取长补短、相互促进、共同发展，夯实社会主义基本经济制度的微观基础，中央企业所属各级子企业通过产权转让、增资扩股、首发上市（Initial Public Offering，IPO）、上市公司资产重组等方式，引入非公有资本、集体资本实施混合所有制改革。

《中共中央、国务院关于深化国有企业改革的指导意见》（中发〔2015〕22 号）规定了以下改革原则。

坚持和完善基本经济制度。这是深化国有企业改革必须把握的根本要求。必须毫不动摇巩固和发展公有制经济，毫不动摇鼓励、支持、引导非公有制经济发展。坚持公有制主体地位，发挥国有经济主导作用，积极促进国有资本、集体资本、非公有资本等交叉持股、相互融合，推动各种所有制资本取长补短、相互促进、共同发展。

坚持社会主义市场经济改革方向。这是深化国有企业改革必须遵循的基本规律。国有企业改革要遵循市场经济规律和企业发展规律，坚持政企分开、政资分开、所有权与经营权分离，坚持权利、义务、责任相统一，坚持激励机制和约束机制相结合，促使国有企业真正成为依法自主经营、自负盈亏、自担风险、自我约束、自我发展的独立市场主体。社会主义市场经济条件下的国有企业，要成为自觉履行社会责任的表率。

坚持增强活力和强化监管相结合。这是深化国有企业改革必须把握的重要关系。增强活力是搞好国有企业的本质要求，加强监管是搞好国有企业的重要保障，要切实做到两者的有机统一。继续推进简政放权，依法落实企业法人财产权和经营自主权，进一步激发企业活力、创造力和市场竞争力。进一步完善国有企业监管制度，切实防止国有资产流失，确保国有资产保值增值。

坚持党对国有企业的领导。这是深化国有企业改革必须坚守的政治方向、政治原则。要贯彻全面从严治党方针，充分发挥企业党组织政治核心作用，加强企业领导班子建设，创新基层党建工作，深入开展党风廉政建设，坚持全心全意依靠工人阶级，维护职工合法权益，为国有企业改革发展提供坚强有力的政治保证、组织保证和人才支撑。

坚持积极稳妥统筹推进。这是深化国有企业改革必须采用的科学方法。要正确处理推进改革和坚持法治的关系，正确处理改革发展稳定关系，正确处理搞好顶层设计和尊重基层首创精神的关系，突出问题导向，坚持分类推进，把握好改革的次序、节奏、力度，确保改革扎实推进、务求实效。

二、审计目标

混合所有制改革是否符合国家有关产业政策、制度，各环节是否规范，是否实现预期的经济效益和社会效益，国有资产是否安全、有无损失或流失。

三、审计依据

1.《中华人民共和国公司法》。

2.《中华人民共和国证券法》。

3.《中华人民共和国企业国有资产法》。

4.《中华人民共和国资产评估法》。

5.《国有资产评估管理办法》（中华人民共和国国务院令第 91 号）。

6.《国务院关于促进企业兼并重组的意见》（国发〔2010〕27 号）。

7.《国务院关于进一步优化企业兼并重组市场环境的意见》（国发〔2014〕14 号）。

8.《国务院关于国有企业发展混合所有制经济的意见》（国发〔2015〕54 号）。

9.《国务院关于全民所有自然资源资产有偿使用制度改革的指导意见》（国发〔2016〕82 号）。

10.《国务院办公厅转发国务院国有资产监督管理委员会关于规范国有企业改制工作意见的通知》（国办发〔2003〕96 号）。

11.《国务院办公厅转发国资委关于进一步规范国有企业改制工作实施意见的通知》（国办发〔2005〕60 号）。

12.《国务院办公厅转发证监会等部门关于依法打击和防控资本市场内幕交易意见的通知》（国办发〔2010〕55 号）。

13.《国务院办公厅关于加强和改进企业国有资产监督防止国有资产流失的意见》（国办发〔2015〕79 号）。

14.《国务院办公厅关于印发中央企业公司制改制工作实施方案的通知》（国办发

〔2017〕69 号）。

15.《关于印发〈中央企业混合所有制改革操作指引〉的通知》（国资产权〔2019〕653 号）。

16.《国有企业清产核资办法》（国务院国有资产监督管理委员会令第 1 号）。

17.《企业国有资产评估管理暂行办法》（国务院国有资产监督管理委员会令第 12 号）。

18.《中央企业境外国有产权管理暂行办法》（国务院国有资产监督管理委员会令第 27 号）。

19.《企业国有资产交易监督管理办法》（国务院国有资产监督管理委员会　财政部令第 32 号）。

20.《中央企业投资监督管理办法》（国务院国有资产监督管理委员会令第 34 号）。

21.《中央企业境外投资监督管理办法》（国务院国有资产监督管理委员会令第 35 号）。

22.《上市公司国有股权监督管理办法》（国务院国有资产监督管理委员会　财政部　中国证券监督管理委员会令第 36 号）。

23.《中央企业违规经营投资责任追究实施办法（试行）》（国务院国有资产监督管理委员会令第 37 号）。

24.《关于印发〈国土资源部关于加强土地资产管理促进国有企业改革和发展的若干意见〉的通知》（国土资发〔1999〕433 号）。

25.《关于印发〈国有企业清产核资经济鉴证工作规则〉的通知》（国资评价〔2003〕78 号）。

26.《关于印发〈国有控股上市公司（境外）实施股权激励试行办法〉的通知》（国资发分配〔2006〕8 号）。

27.《关于印发〈国有控股上市公司（境内）实施股权激励试行办法〉的通知》（国资发分配〔2006〕175 号）。

28.《关于加强企业国有资产评估管理工作有关问题的通知》（国资委产权〔2006〕274 号）。

29.《关于规范国有控股上市公司实施股权激励制度有关问题的通知》（国资发分配〔2008〕171 号）。

30.《关于印发〈企业国有产权交易操作规则〉的通知》（国资发产权〔2009〕120 号）。

31.《关于企业国有资产评估报告审核工作有关事项的通知》（国资产权〔2009〕941 号）。

32.《关于印发〈中央企业商业秘密保护暂行规定〉的通知》（国资发〔2010〕

41 号）。

33.《关于印发〈中央企业资产评估项目核准工作指引〉的通知》（国资发产权〔2010〕71 号）。

34.《关于建立国有企业改革重大事项社会稳定风险评估机制的指导意见》（国资发〔2010〕157 号）。

35.《关于规范中央企业选聘评估机构工作的指导意见》（国资发产权〔2011〕68 号）。

36.《关于中央企业国有产权置换有关事项的通知》（国资发产权〔2011〕121 号）。

37.《关于加强上市公司国有股东内幕信息管理有关问题的通知》（国资发产权〔2011〕158 号）。

38.《关于印发〈企业国有资产评估项目备案工作指引〉的通知》（国资发产权〔2013〕64 号）。

39.《关于促进企业国有产权流转有关事项的通知》（国资发产权〔2014〕95 号）。

40.《关于印发〈国有科技型企业股权和分红激励暂行办法〉的通知》（财资〔2016〕4 号）。

41.《关于进一步深化中央企业劳动用工和收入分配制度改革的指导意见》（国资发分配〔2016〕102 号）。

42.《关于印发〈关于国有控股混合所有制企业开展员工持股试点的意见〉的通知》（国资发改革〔2016〕133 号）。

43.《关于做好中央科技型企业股权和分红激励工作的通知》（国资发分配〔2016〕274 号）。

44.《关于印发〈中央企业实施混合所有制改革有关事项的规定〉的通知》（国资发产权〔2016〕295 号）。

45.《关于印发〈中央科技型企业实施分红激励工作指引〉的通知》（国资厅发考分〔2017〕47 号）。

46.《关于深化混合所有制改革试点若干政策的意见》（发改经体〔2017〕2057 号）。

47.《关于扩大国有科技型企业股权和分红激励暂行办法实施范围等有关事项的通知》（财资〔2018〕54 号）。

48.《国家发展改革委办公厅关于印发〈国有企业混合所有制改革相关税收政策文件汇编〉的通知》（发改办经体〔2018〕947 号）。

49.《关于印发〈关于深化中央企业国有资本投资公司改革试点工作意见〉的通知》（国资发资本〔2019〕28 号）。

50.《关于印发〈关于深化中央企业国有资本运营公司改革试点工作意见〉的通知》（国资发资本〔2019〕45 号）。

四、审计内容

以下审计内容根据截至 2019 年年末的相关法规制度经综合分析提炼而成，考虑到国家相关部门不断推出新的法规制度，建议在审计时，关注有关部门是否有新制度出台，并根据新制度的要求适当调整相关审计内容，且注意新旧制度的生效时间和废止时间，对于企业不同期间的经济事项，适用不同的制度规定。

（一）是否履行基本的操作流程

中央企业及所属各级子企业实施混合所有制改革，是否履行以下基本操作流程：

1. 进行可行性研究；

2. 制定混合所有制改革方案；

3. 履行决策审批程序；

4. 开展审计评估；

5. 引进非公有资本投资者；

6. 推进企业运营机制改革。

（二）可行性研究是否符合规定

进行可行性研究时，是否按照有关文件规定，对实施混合所有制改革的社会稳定风险作出评估。

（三）混合所有制改革方案是否全面

1. 拟混合所有制改革的企业是否制定混合所有制改革方案，方案是否包括以下内容。

- 企业基本情况。
- 混合所有制改革必要性和可行性分析。
- 改革基本原则和思路。
- 改革后企业股权结构设置。
- 转变运营机制的主要举措。
- 引进非公有资本的条件要求、方式、定价办法。
- 员工激励计划。
- 债权债务处置方案。
- 职工安置方案。
- 历史遗留问题解决方案。
- 改革风险评估与防范措施。
- 违反相关规定的追责措施。

- 改革组织保障和进度安排。

2. 制定方案过程中，是否科学设计混合所有制企业股权结构，充分向非公有资本释放股权，尽可能使非公有资本能够派出董事或监事。

3. 是否注重保障企业职工对混合所有制改革的知情权和参与权，涉及职工切身利益的是否做好评估工作，职工安置方案是否经职工大会或者职工代表大会审议通过。

4. 是否科学设计改革路径，用好、用足国家相关税收优惠政策，降低改革成本。

5. 必要时是否聘请外部专家、中介机构等参与。

（四）是否履行决策审批程序

1. 混合所有制改革方案制定后，中央企业是否按照"三重一大"决策机制，履行企业内部决策程序。

2. 混合所有制改革方案是否经必要审批。

拟混合所有制改革企业属于主业处于关系国家安全、国民经济命脉的重要行业和关键领域，主要承担重大专项任务的，其混合所有制改革方案是否由中央企业审核后报国资委批准，其中需报国务院批准的，由国资委按照有关法律、行政法规和国务院文件规定履行相应程序；拟混合所有制改革企业属于其他功能定位子企业的，其混合所有制改革方案是否由中央企业批准。

2019 年 6 月以后，有关审批权限执行《关于印发〈国务院国资委授权放权清单（2019 年版）〉的通知》（国资发改革〔2019〕52 号）。

（五）是否开展审计评估

企业实施混合所有制改革，是否合理确定纳入改革的资产范围；需要对资产、业务进行调整的，是否按照相关规定选择无偿划转、产权转让、产权置换等方式。企业混合所有制改革前如确有必要开展清产核资工作，是否按照有关规定履行程序。

拟混合所有制改革企业的资产范围确定后，是否由企业或产权持有单位选聘具备相应资质的中介机构开展财务审计、资产评估工作，履行资产评估项目备案程序，以经备案的资产评估结果作为资产交易定价的参考依据。

（六）是否保障各类社会资本平等参与

拟混合所有制改革企业引进非公有资本投资者，主要通过产权市场、股票市场等市场化平台，以公开、公平、公正的方式进行。通过产权市场引进非公有资本投资者，主要方式包括增资扩股和转让部分国有股权。通过股票市场引进非公有资本投资者，主要方式包括首发上市和上市公司股份转让、发行证券、资产重组等。

中央企业通过市场平台引进非公有资本投资者过程中，是否保障各类社会资本平等参与，对拟参与方的条件要求是否没有明确指向性或违反公平竞争原则的内容。

（七）是否有效推进运营机制改革

混合所有制企业是否完善现代企业制度，健全法人治理结构，充分发挥公司章程在公司治理中的基础性作用；各方股东是否共同制定章程，规范企业股东（大）会、董事会、监事会、经理层和党组织的权责关系，落实董事会职权，深化三项制度改革。

是否用足、用好、用活各种正向激励工具，构建多元化、系统化的激励约束体系，充分调动企业职工积极性。

是否转变混合所有制企业管控模式，探索根据国有资本与非公有资本的不同比例结构协商确定具体管控方式，国有出资方是否强化以出资额和出资比例为限、以派出股权董事为依托的管控方式，明确监管边界，股东不干预企业日常经营。

五、审计程序

（一）了解基本情况，并取得有关资料

1. 了解、取得重大经济决策相关内部控制制度。

访谈相关部门、人员，了解企业进行混合所有制改革的情况，并取得以下有关文件。

- 可行性研究报告。
- 混合所有制改革方案。
- 内部决策文件。
- 外部批文。
- 审计报告、评估报告。
- 改制后公司章程。
- 国家有关领域的投资管理制度。
- 企业集团公司、母公司相关制度。
- 被审计单位投资管理制度、投资项目负面清单、境外投资项目负面清单。
- 投资项目信息管理平台。
- 企业发展战略规划。

2. 了解、取得投资项目过程管理有关文件。

- 经国资委审批的年度投资计划。
- 国资委对年度投资计划审核或者备案的文件。
- 对中央企业投资项目负面清单特别监管类投资项目开展项目投资的报告、企业有关决策文件、投资项目可行性研究报告（尽职调查）等相关文件、投资项目风险防控报告、其他必要的材料。

- 所有投资项目的研究论证文件、尽职调查文件、决策文件。
- 对投资项目的跟踪分析文件。

3.了解、取得已完成投资项目相关文件。

- 年度投资完成情况报告。
- 全部投资完成项目验收报告。
- 全部后评价报告。
- 投资项目专项审计报告。
- 外部监管部门验收报告。

4.了解、取得其他相关文件。

- 述职报告。
- 会议纪要。
- 年度工作计划。
- 年度工作总结。
- 其他相关文件。

5.理清归纳任期内全部投资事项。

结合财务账簿、年度审计报告以及年度投资计划、年度投资完成情况报告、述职报告以及其他资料，理清归纳被审计领导人员任期内全部投资事项，并分固定资产、长期股权投资列明细。

6.了解、取得财务资料。

建设项目相关财务报表、账簿、凭证、合同、招投标等资料。

股权投资项目章程、协议、股东会纪要、工作登记注册资本、年度报表及审计报告。

（二）审查"混资本"交易方式是否违规

"混资本"交易方式示例如下。

- 国有股东所持上市公司股份通过证券交易系统转让。
- 国有股东所持上市公司股份公开征集转让。
- 国有股东所持上市公司股份非公开协议转让。
- 国有股东所持上市公司股份无偿划转。
- 国有股东所持上市公司股份间接转让。
- 国有股东发行可交换公司债券。
- 国有股东受让上市公司股份。
- 国有股东所控股上市公司吸收合并。

- 国有股东所控股上市公司发行证券。
- 国有股东与上市公司进行资产重组。
- 企业通过产权市场实施国有产权交易。
- 国有企业通过产权市场实施企业增资。
- 国有企业通过产权市场实施资产转让。
- 中央企业国有产权置换。
- 国有企业国有产权无偿划转。

　　财政部、国资委、证监会等有关部门就不同的交易方式出台了相关的管理制度，审计人员应结合有关管理制度，确定具体审计内容和审计重点，结合财务审计评价交易过程是否合法合规。

【案例分享 8-1】中央企业混合所有制改革方面可能存在的问题

　　审计实践中发现的中央企业混合所有制改革方面可能存在的问题示例如下。

　　1. 未按规定履行决策和审批程序。

　　2. 未按规定组织开展清产核资、财务审计和资产评估。

　　3. 故意转移、隐匿国有资产或向中介机构提供虚假信息，授意、指使中介机构出具虚假清产核资、财务审计与资产评估等鉴证结果。

　　4. 将国有资产以明显不公允低价折股、出售或无偿分给其他单位或个人。

　　5. 在发展混合所有制经济、实施员工持股计划、破产重整或清算等改组改制过程中违反规定，导致发生变相套取、私分国有资产的情况。

　　6. 未按规定收取国有资产转让价款。

　　7. 改制后的公司章程等文件中存在有损国有权益的条款。

六、审计建议

　　对中央企业混合所有制改革情况进行审计，概括存在的不足和问题，分析存在问题的原因，提出切实可行的审计建议。

七、审计评价与责任界定

（一）审计评价

　　根据审计结果，对不同方面做出具体的审计评价：

1.贯彻执行党和国家经济方针政策、决策部署情况；

2.企业发展战略规划的制定、执行和效果情况；

3.重大经济事项的决策、执行和效果情况；

4.企业法人治理结构的建立、健全和运行情况，内部控制制度的制定和执行情况；

5.企业财务的真实合法效益情况、风险管控情况、境外资产管理情况、生态环境保护情况；

6.在经济活动中落实有关党风廉政建设责任和遵守廉洁从业规定情况；

7.以往审计发现问题的整改情况。

（二）责任界定

对于中央企业混合所有制改革审计过程中发现的问题，应该通过访谈有关人员、检查有关文件签批记录、检查会议纪要签字记录等方式，落实被审计人在有关问题事项中的具体作为或者不作为，依据经济责任审计规定，界定被审计人的责任。

对领导人员履行经济责任过程中存在的问题，审计组应当按照权责一致原则，根据领导人员职责分工，综合考虑相关问题的历史背景、决策过程、性质、后果和领导人员实际所起的作用等情况，界定其应当承担的直接责任或者领导责任。

第 9 章

国有股东所持上市公司股份通过证券交易系统转让审计

一、基本概念

本章所讲的内容适用于国有股东通过股权市场转让所持上市公司股份的事项。

国有股东是指符合以下情形之一的企业和单位，其证券账户标注"SS"：

1. 政府部门、机构、事业单位、境内国有独资或全资企业；

2. 第 1 项所述单位或企业独自持股比例超过 50%，或合计持股比例超过 50%，且其中之一为第一大股东的境内企业；

3. 第 2 项所述企业直接或间接持股的各级境内独资或全资企业。

二、审计依据

1.《关于印发〈关于加强中央企业内部控制体系建设与监督工作的实施意见〉的通知》（国资发监督规〔2019〕101 号）。

2.《关于印发〈中央企业合规管理指引（试行）〉的通知》（国资发法规〔2018〕106 号）。

3.《关于印发〈中央企业全面风险管理指引〉的通知》（国资发改革〔2006〕108 号）。

4.《关于进一步推进国有企业贯彻落实"三重一大"决策制度的意见》。

5.《企业国有资产监督管理暂行条例》。

6.《中央企业投资监督管理办法》（国务院国有资产监督管理委员会令第 34 号）。

7.《上市公司国有股权监督管理办法》（国务院国有资产监督管理委员会 财政部 中国证券监督管理委员会令第 36 号）。

8.《中共中央办公厅 国务院办公厅印发〈国有企业领导人员廉洁从业若干规定〉》。

9.《中央企业违规经营投资责任追究实施办法（试行）》（国务院国有资产监督管理委员会令第 37 号）。

10. 企业所属主管部门、集团公司、母公司发布的有关重大经济事项决策的制度。

11. 其他相关制度。

三、审计目标

股权变动事项是否纳入全面风险管理和合规管理体系，相关管理制度是否健全并得到有效执行。

国有股东所持上市公司股份通过证券交易系统转让过程是否合规，是否实现了预期的效益，有无造成国有资产流失或者损失。

四、审计内容

以下审计内容根据截至 2019 年年末的相关法规制度经综合分析提炼而成，考虑到国家相关部门不断推出新的法规制度，建议在审计时，关注有关部门是否有新制度出台，并根据新制度的要求适当调整相关审计内容，且注意新旧制度的生效时间和废止时间，对于企业不同期间的经济事项，适用不同的制度规定。

（一）全面风险管理和合规管理情况

1. 风险管理机制建立和完善情况。

企业是否建立股权交易全过程风险管理体系。

是否由专门的部门或机构收集可能与股权交易风险相关的风险管理初始信息，包括战略风险、财务风险、市场风险、运营风险、法律风险等方面的相关信息，也包括国内与国外的、行业内与行业外的相关信息。

是否在风险初始信息的基础上进行风险评估。

是否在风险评估的基础上，制定和完善股权投资管理的内部控制制度；内部控制制度是否得到有效执行。

2. 具体项目风险管理情况。

是否在风险评估的基础上，进行股权转让决策。

对于具体股权转让项目，是否强化投资前期风险评估和风险控制方案制定，做好项目实施过程中的风险监控、预警和处置，防范投资后项目运营、整合风险，做好项目退出的时点与方式安排。

（二）是否按内部决策机制进行决策

国有股东通过证券交易系统转让上市公司股份，是否按照国家出资企业内部决策程序决定。

（三）是否进行可行性研究

是否对股份转让的必要性、可行性、对各方面影响，以及其他事项进行充分的可行性研究，国有股东是否制定上市公司股份转让方案。

（四）是否制定股份转让方案

转让方案的内容包括但不限于转让的必要性，国有股东及上市公司基本情况、主要财务数据，拟转让股份权属情况，转让底价及确定依据，转让数量、转让时限等。

（五）是否经过审批

1. 有以下情形之一的，是否报国有资产监督管理机构审核批准：

（1）国有控股股东转让上市公司股份可能导致持股比例低于合理持股比例的；

（2）总股本不超过 10 亿股的上市公司，国有控股股东拟于一个会计年度内累计净转让（累计转让股份扣除累计增持股份后的余额，下同）达到总股本 5% 及以上的；总股本超过 10 亿股的上市公司，国有控股股东拟于一个会计年度内累计净转让数量达到 5 000 万股及以上的；

（3）国有参股股东拟于一个会计年度内累计净转让达到上市公司总股本 5% 及以上的。

2. 不属于第 1 条规定的情况是否经国家出资企业审批。

3. 上市公司国有股权变动涉及政府社会公共管理事项的，是否依法报政府有关部门审核。

4. 受让方为境外投资者的，是否符合外商投资产业指导目录或负面清单管理的要求，以及外商投资安全审查的规定；涉及该类情形的，是否经商务部门审核批准。

5. 按照法律、行政法规和本级人民政府有关规定，须经本级人民政府批准的上市公司国有股权变动事项，国有资产监督管理机构是否履行报批程序。

2019 年 6 月以后，有关审批权限执行《关于印发〈国务院国资委授权放权清单（2019 年版）〉的通知》（国资发改革〔2019〕52 号）。

（六）转让价格确定是否合理

国有股东转让所持上市公司股份是否根据证券市场公开交易价格定价。

五、审计程序

（一）了解基本情况，并取得有关资料

访谈有关部门和人员，了解国有股权转让的基本情况，取得以下相关资料。

股权转让相关风险管理、合规管理制度及执行过程形成的文件。

涉及混合所有制改革的，取得混合所有制改革方案。

国有股东转让上市公司股份的内部决策文件。

国有资产监督管理机构审核批准文件。

国有股东转让上市公司股份方案。

股权转让的可行性研究报告。

国有控股和国有实际控制企业中国有股东委派的股东代表发表意见、行使表决权履职情况报告。

企业发展战略规划。

（二）分析相关资料并评价合规性

分析股权转让风险控制相关制度及执行过程中形成的相关资料，如收集的初始信息，根据初始信息制定的风险管理策略、方案等，评价股权变动领域全面风险管理、合规管理工作是否落实。

分析股权交易过程有关资料，评价前期可行性研究、信息披露、价款确定、结算等是否合规。

分析交易标的的历史形成资料，分析产权权属是否清晰。

检查有关批文，评价是否取得合规批文；批文是否符合审批机构的权限。

分析内部决策文件，关注是否符合章程和内部控制制度规定的议事规则，是否存在少数人决策的情况。

分析信息披露是否合规，有无信息披露不合规导致不能选择更有利的受让方的情况。

检查转让价款是否收讫。

关注在上市公司国有股权变动中，相关方是否有下列行为：

1. 不履行相应的内部决策程序、批准程序或者超越权限，擅自变动上市公司国有股权的；

2. 向中介机构提供虚假资料，导致审计、评估结果失真，造成国有资产损失的；

3. 相关方恶意串通，签订显失公平的协议，造成国有资产损失的；

4. 相关方采取欺诈、隐瞒等手段变动上市公司国有股权，造成国有资产损失的；

5. 相关方未在约定期限内履行承诺义务的；

6. 违反上市公司信息披露规定，涉嫌内幕交易的。

（三）通过访谈、座谈会等了解有关情况

通过访谈不同部门、不同职级的员工，了解股份交易有无违规情况，有无造成国有股权受损情况，是否实现了预期的经济效益和社会效益。

访谈过程中，接收到类似管理不规范或者营私舞弊指控的，应收集有关资料，落实有关指控的真实性。

（四）财务审计

检查股权转让会计核算是否符合会计准则规定，价款是否及时入账，收益核算是否正确，是否计入正确的会计期间。

对照转让前后有关财务要素的变化，如产品产量、销量、销售收入、市场或者其他与转让效益有关的财务事项，分析转让是否实现了预期的经济效益和社会效益。

【案例分享 9-1】　　国有股东所持上市公司股份通过证券交易系统转让可能存在的问题

审计实践中发现，国有股东所持上市公司股份通过证券交易系统转让可能存在的问题示例如下。

1. 未按规定履行决策和审批程序或超越授权范围转让。

2. 财务审计和资产评估违反相关规定。

3. 隐匿应当纳入审计、评估范围的资产，组织提供和披露虚假信息，授意、指使中介机构出具虚假财务审计、资产评估鉴证结果及法律意见书等。

4. 未按相关规定执行回避制度。

5. 违反相关规定和公开公平交易原则，低价转让企业产权、上市公司股权和资产等。

6. 未按规定进场交易。

六、审计建议

对国有股东所持上市公司股份通过证券交易系统转让情况进行审计，概括存在的不足和问题，分析存在问题的原因，提出切实可行的审计建议。

七、审计评价与责任界定

（一）审计评价

根据审计结果，对不同方面做出具体的审计评价：

1. 贯彻执行党和国家经济方针政策、决策部署情况；

2. 企业发展战略规划的制定、执行和效果情况；

3. 重大经济事项的决策、执行和效果情况；

4. 企业法人治理结构的建立、健全和运行情况，内部控制制度的制定和执行情况；

5. 企业财务的真实合法效益情况、风险管控情况、境外资产管理情况、生态环境保护情况；

6. 在经济活动中落实有关党风廉政建设责任和遵守廉洁从业规定情况；

7. 以往审计发现问题的整改情况。

（二）责任界定

对于国有股东所持上市公司股份通过证券交易系统转让审计过程中发现的问题，应该通过访谈有关人员、检查有关文件签批记录、检查会议纪要签字记录等方式，落实被审计人在有关问题事项中的具体作为或者不作为，依据经济责任审计规定，界定被审计人的责任。

对领导人员履行经济责任过程中存在的问题，审计组应当按照权责一致原则，根据领导人员职责分工，综合考虑相关问题的历史背景、决策过程、性质、后果和领导人员实际所起的作用等情况，界定其应当承担的直接责任或者领导责任。

第 10 章

国有股东所持上市公司股份公开征集转让审计

一、基本概念

公开征集转让是指国有股东依法公开披露信息，征集受让方转让上市公司股份的行为。

国有股东拟公开征集转让上市公司股份的，在履行内部决策程序后，应书面告知上市公司，由上市公司依法披露，进行提示性公告。国有控股股东公开征集转让上市公司股份可能导致上市公司控股权转移的，应当一并通知上市公司申请停牌。

二、审计依据

1.《关于印发〈关于加强中央企业内部控制体系建设与监督工作的实施意见〉的通知》（国资发监督规〔2019〕101 号）。

2.《关于印发〈中央企业合规管理指引（试行）〉的通知》（国资发法规〔2018〕106 号）。

3.《关于印发〈中央企业全面风险管理指引〉的通知》（国资发改革〔2006〕108 号）。

4.《关于进一步推进国有企业贯彻落实"三重一大"决策制度的意见》。

5.《企业国有资产监督管理暂行条例》。

6.《中央企业投资监督管理办法》（国务院国有资产监督管理委员会令第 34 号）。

7.《上市公司国有股权监督管理办法》（国务院国有资产监督管理委员会 财政部 中国证券监督管理委员会令第 36 号）。

8.《中共中央办公厅国务院办公厅印发〈国有企业领导人员廉洁从业若干规定〉》。

9.《中央企业违规经营投资责任追究实施办法（试行）》（国务院国有资产监督管理委员会令第 37 号）。

10. 企业所属主管部门、集团公司、母公司发布的有关重大经济事项决策的制度。

11. 其他相关制度。

三、审计目标

股权变动事项是否纳入全面风险管理和合规管理体系，相关管理制度是否健全并得到有效执行。

国有股东所持上市公司股份公开征集转让过程是否合规，是否实现了预期的效益，有无造成国有资产流失或者损失。

四、审计内容

以下审计内容根据截至 2019 年年末的相关法规制度经综合分析提炼而成，考虑到国家相关部门不断推出新的法规制度，建议在审计时，关注有关部门是否有新制度出台，并根据新制度的要求适当调整相关审计内容，且注意新旧制度的生效时间和废止时间，对于企业不同期间的经济事项，适用不同的制度规定。

（一）全面风险管理和合规管理情况

1. 风险管理机制建立和完善情况。

企业是否建立股权转让交易全过程风险管理体系。

是否由专门的部门或机构收集可能与股权交易风险相关的风险管理初始信息，包括战略风险、财务风险、市场风险、运营风险、法律风险等方面的相关信息，也包括国内与国外的、行业内与行业外的相关信息。

是否在风险初始信息的基础上进行风险评估。

是否在风险评估的基础上，制定和完善股权投资管理的内部控制制度；内部控制制度是否得到有效执行。

2. 具体项目风险管理情况。

是否在风险评估的基础上，进行股权转让决策。

对于具体股权转让项目，是否强化投资前期风险评估和风险控制方案制定，做好项目实施过程中的风险监控、预警和处置，防范投资后项目运营、整合风险，做好项目退出的时点与方式安排。

（二）是否按内部决策机制进行决策

国有股东通过公开征集转让上市公司股份，是否按照国家出资企业内部决策程序进行集体决策。

（三）是否进行充分的可行性研究

是否对股份转让的必要性、可行性、对各方面影响以及其他事项进行充分的可行性研究。

（四）国有股东是否制定上市公司股权转让方案

国有股东是否制定上市公司股权转让方案，内容包括但不限于转让底价及确定依据、转让数量、转让时限等。

（五）信息披露是否规范

1.国有股东拟公开征集转让上市公司股份的，是否在履行内部决策程序后，书面告知上市公司，由上市公司依法披露，进行提示性公告。

2.上市公司发布提示性公告后，国有股东是否及时将转让方案、可行性研究报告、内部决策文件、拟发布的公开征集信息等内容通过管理信息系统报送国有资产监督管理机构。

3.公开征集信息是否包括但不限于以下内容：拟转让股份权属情况、数量，受让方应当具备的资格条件，受让方的选择规则，公开征集期限等。

4.公开征集信息对受让方的资格条件是否未设定指向性或违反公平竞争要求的条款，公开征集期限是否不少于 10 个交易日。

（六）是否经过审批

国有控股股东所持上市公司股份公开征集转让是否经国家出资企业审批。

2019 年 6 月以后，有关审批权限执行《关于印发〈国务院国资委授权放权清单（2019 年版）〉的通知》（国资发改革〔2019〕52 号）。

（七）受让方选择是否规范

1.国有股东收到拟受让方提交的受让申请及受让方案后，是否成立由内部职能部门人员及法律、财务等独立外部专家组成的工作小组，严格按照已公告的规则选择确定受让方。

2.公开征集转让可能导致上市公司控股权转移的，国有股东是否聘请具有上市公司并购重组财务顾问业务资格的证券公司、证券投资咨询机构或者其他符合条件的财务顾问机构担任财务顾问（以下简称"财务顾问"）。

财务顾问是否具有良好的信誉，近三年内是否无重大违法违规记录，与受让方是否不存在利益关联。

财务顾问是否对上市公司股份的转让方式、转让价格、股份转让对国有股东和上市公司的影响等方面出具专业意见；是否对拟受让方进行尽职调查，出具尽职调查报告。

尽职调查应当包括但不限于以下内容：

- 拟受让方受让股份的目的；
- 拟受让方的经营情况、财务状况、资金实力及是否有重大违法违规记录和不良诚信记录；
- 拟受让方是否具有及时足额支付转让价款的能力、受让资金的来源及合法性；
- 拟受让方是否具有促进上市公司持续发展和改善上市公司法人治理结构的能力。

（八）是否及时签订股份转让协议

国有股东确定受让方后，是否及时与受让方签订股份转让协议。股份转让协议应当包括但不限于以下内容：

- 转让方、上市公司、拟受让方的名称、法定代表人及住所；
- 转让方持股数量、拟转让股份数量及价格；
- 转让方、受让方的权利和义务；
- 股份转让价款支付方式及期限；
- 股份登记过户的条件；
- 协议生效、变更和解除条件，争议解决方式，违约责任等。

（九）转让价款是否合理

国有股东公开征集转让上市公司股份的价格是否不低于下列两者之中的较高者：

1. 提示性公告日前 30 个交易日的每日加权平均价格的算术平均值；

2. 最近一个会计年度上市公司经审计的每股净资产值。

（十）转让协议是否经审批

国有股东与受让方签订协议后，是否根据不同情况，由国家出资企业或国有资产监督管理机构审核批准。

（十一）转让价款的收取是否合规

国有股东是否在股份转让协议签订后 5 个工作日内收取不低于转让价款 30% 的保证金，其余价款是否在股份过户前全部结清。在全部转让价款支付完毕或交由转让双方共同认可的第三方妥善保管前，是否没有办理股份过户登记手续。

（十二）管理权限转移是否合规

上市公司股份过户前，是否存在受让方人员提前进入上市公司董事会和经理层，干预上市公司正常生产经营的情形。

五、审计程序

（一）了解基本情况，并取得有关资料

访谈有关部门和人员，了解国有股东所持上市公司股份公开征集转让的基本情况，取得以下相关资料。

- 股权转让相关风险管理、合规管理制度及执行过程形成的文件。
- 涉及混合所有制改革的，取得混合所有制改革方案及批文。
- 国有股东转让上市公司股份的内部决策文件。
- 国有资产监督管理机构审核批准文件。
- 国有股东转让上市公司股份方案。
- 股权转让的可行性研究报告。
- 国有控股和国有实际控制企业中国有股东委派的股东代表发表意见、行使表决权履职情况报告。
- 企业发展战略规划。
- 提示性公告链接及内容。
- 通过管理信息系统报送国有资产监督管理机构的网页链接。
- 国有资产监督管理机构通过管理信息系统对公开征集转让事项出具的意见。
- 受让方提交的受让申请及受让方案。
- 转让方成立的由内部职能部门人员以及法律、财务等独立外部专家组成的工作小组相关文件。
- 财务顾问聘请文件。
- 股份转让协议。
- 律师事务所出具的法律意见书。
- 财务顾问出具的尽职调查报告（适用于上市公司控股权转移的）。
- 保证金凭证以及价款在股份过户前全部结清的凭证。
- 国有资产监督管理机构关于国有股东公开征集转让上市公司股份的批准文件或国有资产监督管理机构、管理信息系统出具的统一编号的备案表。

（二）分析相关资料并评价合规性

分析股权转让风险管理相关制度及执行过程中形成的相关资料，如收集的初始信息，根据初始信息制定的风险管理策略、方案等，评价股权变动领域全面风险管理、合规管理工作是否落实。

分析相关资料，评价前期可行性研究、内部审批、信息披露、价款确定与结算等是否合规。

分析交易标的的历史形成资料，分析产权权属是否清晰。

检查有关批文，评价是否取得合规批文，批文是否符合审批机构的权限。

分析内部决策文件，关注是否符合章程和内部控制制度规定的议事规则，是否存在少数人决策的情况。

分析信息披露是否合规，有无信息披露不合规导致不能选择更有利的受让方的情况。

分析转让价款是否收讫。

结合企业发展战略以及混合所有制改革的总体方案，分析股份转让是否与企业发展战略、混合所有制改革的总体方案相一致，有无使国有股权受损的情况。

通过公开网站、国家企业信用信息公示系统等平台，了解受让方的情况，关注有无异常。

关注在上市公司国有股权变动中，相关方是否有下列行为：

1. 不履行相应的内部决策程序、批准程序或者超越权限，擅自变动上市公司国有股权的；

2. 向中介机构提供虚假资料，导致审计、评估结果失真，造成国有资产损失的；

3. 相关方恶意串通，签订显失公平的协议，造成国有资产损失的；

4. 相关方采取欺诈、隐瞒等手段变动上市公司国有股权，造成国有资产损失的；

5. 相关方未在约定期限内履行承诺义务的；

6. 违反上市公司信息披露规定，涉嫌内幕交易的。

（三）通过访谈、座谈会等了解有关情况

通过访谈不同部门、不同职级的员工，了解股份交易有无违规情况，有无造成国有股权受损情况，是否实现了预期的经济效益和社会效益。

访谈过程中，接收到类似管理不规范或者营私舞弊指控的，应收集有关资料，落实有关指控的真实性。

（四）财务审计

检查股权转让会计核算是否符合会计准则规定，价款是否及时入账，收益核算是否正确，是否计入正确的会计期间。

对照转让前后有关财务要素的变化，如产品产量、销量、销售收入、市场或者其他与转让效益有关的财务事项，分析转让是否实现了预期的经济效益和社会效益。

六、审计建议

对国有股东所持上市公司股份公开征集转让情况进行审计，概括存在的不足和问

题，分析存在问题的原因，提出切实可行的审计建议。

七、审计评价与责任界定

（一）审计评价

根据审计结果，对不同方面做出具体的审计评价：

1.贯彻执行党和国家经济方针政策、决策部署情况；

2.企业发展战略规划的制定、执行和效果情况；

3.重大经济事项的决策、执行和效果情况；

4.企业法人治理结构的建立、健全和运行情况，内部控制制度的制定和执行情况；

5.企业财务的真实合法效益情况、风险管控情况、境外资产管理情况、生态环境保护情况；

6.在经济活动中落实有关党风廉政建设责任和遵守廉洁从业规定情况；

7.以往审计发现问题的整改情况。

（二）责任界定

对于国有股东所持上市公司股份公开征集转让审计过程中发现的问题，应该通过访谈有关人员、检查有关文件签批记录、检查会议纪要签字记录等方式，落实被审计人在有关问题事项中的具体作为或者不作为，依据经济责任审计规定，界定被审计人的责任。

对领导人员履行经济责任过程中存在的问题，审计组应当按照权责一致原则，根据领导人员职责分工，综合考虑相关问题的历史背景、决策过程、性质、后果和领导人员实际所起的作用等情况，界定其应当承担的直接责任或者领导责任。

第 11 章

国有股东所持上市公司股份
非公开协议转让审计

一、基本概念

非公开协议转让是指不公开征集受让方，通过直接签订协议转让上市公司股份的行为。

符合以下情形之一的，国有股东可以非公开协议转让上市公司股份：

1.上市公司连续两年亏损并存在退市风险或严重财务危机，受让方提出重大资产重组计划及具体时间表的；

2.企业主业处于关系国家安全、国民经济命脉的重要行业和关键领域，主要承担重大专项任务，对受让方有特殊要求的；

3.为实施国有资源整合或资产重组，在国有股东、潜在国有股东（经本次国有资源整合或资产重组后成为上市公司国有股东的，以下统称国有股东）之间转让的；

4.上市公司回购股份涉及国有股东所持股份的；

5.国有股东因接受要约收购方式转让其所持上市公司股份的；

6.国有股东因解散、破产、减资、被依法责令关闭等原因转让其所持上市公司股份的；

7.国有股东以所持上市公司股份出资的。

二、审计依据

1.《关于印发〈关于加强中央企业内部控制体系建设与监督工作的实施意见〉的通知》（国资发监督规〔2019〕101 号）。

2.《关于印发〈中央企业合规管理指引（试行）〉的通知》（国资发法规〔2018

106 号）。

3.《关于印发〈中央企业全面风险管理指引〉的通知》（国资发改革〔2006〕108 号）。

4.《关于进一步推进国有企业贯彻落实"三重一大"决策制度的意见》。

5.《企业国有资产监督管理暂行条例》。

6.《中央企业投资监督管理办法》（国务院国有资产监督管理委员会令第 34 号）。

7.《上市公司国有股权监督管理办法》（国务院国有资产监督管理委员会 财政部 中国证券监督管理委员会令第 36 号）。

8.《中共中央办公厅 国务院办公厅印发〈国有企业领导人员廉洁从业若干规定〉》。

9.《中央企业违规经营投资责任追究实施办法（试行）》（国务院国有资产监督管理委员会令第 37 号）。

10. 企业所属主管部门、集团公司、母公司发布的有关重大经济事项决策的制度。

11. 其他相关制度。

三、审计目标

股权变动事项是否纳入全面风险管理和合规管理体系，相关管理制度是否健全并得到有效执行。

国有股东所持上市公司股份非公开协议转让过程是否合规，是否实现了预期的效益，有无造成国有资产流失或者损失。

四、审计内容

以下审计内容根据截至 2019 年年末的相关法规制度经综合分析提炼而成，考虑到国家相关部门不断推出新的法规制度，建议在审计时，关注有关部门是否有新制度出台，并根据新制度的要求适当调整相关审计内容，且注意新旧制度的生效时间和废止时间，对于企业不同期间的经济事项，适用不同的制度规定。

（一）全面风险管理和合规管理情况

1. 风险管理机制建立和完善情况。

企业是否建立股权交易全过程风险管理体系。

是否由专门的部门或机构收集可能与股权交易风险相关的风险管理初始信息，包括战略风险、财务风险、市场风险、运营风险、法律风险等方面的相关信息，也包括国内与国外的、行业内与行业外的相关信息。

是否在风险初始信息的基础上进行风险评估。

是否在风险评估的基础上，制定和完善股权投资管理的内部控制制度；内部控制制度是否得到有效执行。

2.具体项目风险管理情况。

是否在风险评估的基础上，进行股权交易决策。

对于具体股权转让项目，是否强化投资前期风险评估和风险控制方案制定，做好项目实施过程中的风险监控、预警和处置，防范投资后项目运营、整合风险，做好项目退出的时点与方式安排。

（二）是否按内部决策机制进行决策

国有股东所持上市公司股份非公开协议转让，是否按照国家出资企业内部决策程序进行集体决策。

（三）是否进行充分的可行性研究

是否对股份转让的必要性、可行性、对各方面影响以及其他事项进行充分的可行性研究。

（四）国有股东是否制定上市公司股份转让方案

国有股东是否制定股权转让方案，内容包括但不限于转让底价及确定依据、转让数量、转让时限等。

（五）是否经过审批

国有股东所持上市公司股份非公开协议转让是否经国家出资企业审批。

2019 年 6 月以后，有关审批权限执行《关于印发〈国务院国资委授权放权清单（2019 年版）〉的通知》（国资发改革〔2019〕52 号）。

（六）受让方选择是否规范

涉及上市公司控股权转移的，在转让协议签订前，是否聘请财务顾问，对拟受让方进行尽职调查，出具尽职调查报告。

（七）是否及时签订股份转让协议

国有股东在履行内部决策程序后，是否及时与受让方签订股份转让协议。

国有股东与受让方签订协议后，是否根据不同情况由国家出资企业审核批准或国有资产监督管理机构审核批准。

（八）转让价款是否合理，价款收取是否合规

1.国有股东非公开协议转让上市公司股份的价格是否不低于下列两者之中的较高者：

提示性公告日前 30 个交易日的每日加权平均价格的算术平均值；

最近一个会计年度上市公司经审计的每股净资产值。

2. 国有股东非公开协议转让上市公司股份存在下列特殊情形的，是否按以下原则确定股份转让价格：

国有股东为实施资源整合或重组上市公司，并在其所持上市公司股份转让完成后全部回购上市公司主业资产的，股份转让价格由国有股东根据中介机构出具的该上市公司股票价格的合理估值结果确定；

为实施国有资源整合或资产重组，在国有股东之间转让且上市公司中的国有权益并不因此减少的，股份转让价格应当根据上市公司股票的每股净资产值、净资产收益率、合理的市盈率等因素合理确定。

3. 国有股东是否在股份转让协议签订后 5 个工作日内收取不低于转让价款 30% 的保证金，其余价款是否在股份过户前全部结清。在全部转让价款支付完毕或交由转让双方共同认可的第三方妥善保管前，是否没有办理股份过户登记手续。

五、审计程序

（一）了解基本情况，并取得有关资料

访谈有关部门和人员，了解国有股东所持上市公司股份非公开协议转让的基本情况，取得以下相关资料。

- 股权转让相关风险管理、合规管理制度及执行过程形成的文件。
- 涉及混合所有制改革的，取得混合所有制改革方案及批文。
- 国有股东转让上市公司股份的内部决策文件。
- 国有控股和国有实际控制企业中国有股东委派的股东代表发表意见、行使表决权履职情况报告。
- 根据不同情况，国家出资企业或者国有资产监督管理机构的审核批准文件。
- 国有股东转让上市公司股份方案。
- 与非公开协议转让原因相关的以下文件。

  - ★ 上市公司连续两年的审计报告及受让方重组计划（上市公司连续两年亏损并存在退市风险或严重财务危机，受让方提出重大资产重组计划及具体时间表的）；
  - ★ 要约收购相关文件（国有股东因接受要约收购方式转让其所持上市公司股份的）；
  - ★ 与解散、破产、减资、被依法责令关闭相关的股东会决议，法院破产公告，与被责令关闭相关的政府机关文件（国有股东因解散、破产、减资、被依

　　　　法责令关闭等原因转让其所持上市公司股份的）；
　　　　★ 国有股东以所持上市公司股份出资的相关协议、股东会决议文件。

- 与受让方签订的股份转让协议。
- 财务顾问聘请文件。
- 尽职调查报告（涉及上市公司控股权转移的，在转让协议签订前，应按规定聘请财务顾问，对拟受让方进行尽职调查）。
- 根据不同情况由国家出资企业审核批准或国有资产监督管理机构审核批准的文件。
- 转让上市公司股份的价格确定文件。
- 国有股东转让上市公司股份的决策文件。
- 国有股东转让上市公司股份的方案，内容包括但不限于不公开征集受让方的原因、转让价格及确定依据、转让的数量、转让收入的使用计划等。
- 国有股东基本情况、受让方基本情况及上一年度经审计的财务会计报告。
- 可行性研究报告。
- 股份转让协议。
- 以非货币资产支付的说明。
- 拟受让方与国有股东、上市公司之间在最近 12 个月内股权转让、资产置换、投资等重大情况及债权债务情况。
- 律师事务所出具的法律意见书。
- 国有资产监督管理机构关于国有股东非公开协议转让上市公司股份的批准文件或国有资产监督管理机构、管理信息系统出具的统一编号的备案表。
- 全部转让价款支付凭证（包括非货币资产的交割凭证）。
- 证券交易所、中国证券登记结算有限责任公司出具的股份过户登记手续。
- 企业发展战略规划。
- 转让方成立的由内部职能部门人员以及法律、财务等独立外部专家组成的工作小组相关文件。

（二）分析相关资料并评价合规性

　　分析股权转让风险管理相关制度及执行过程中形成的相关资料，如收集的初始信息，根据初始信息制定的风险管理策略、方案等，评价股权变动领域全面风险管理、合规管理工作是否落实。

　　分析交易相关资料，评价前期可行性研究、内部审批、信息披露、价款确定与结算等是否合规。

　　分析交易标的的历史形成资料，分析产权权属是否清晰。

检查有关批文，评价是否取得合规批文；批文是否符合审批机构的权限。

分析内部决策文件，关注是否符合章程和内部控制制度规定的议事规则，是否存在少数人决策的情况。

分析转让价款是否收讫。

结合企业发展战略以及混合所有制改革的总体方案，分析股份转让是否与企业发展战略、混合所有制改革的总体方案相一致，有无使国有股权受损的情况。

分析受让方遴选过程文件，关注有无异常。通过公开网站、国家企业信用信息公示系统等平台，了解受让方的情况，关注有无异常。分析是否存在受让方遴选违规，国有产权受损的情况。

关注在上市公司国有股权变动中，相关方是否有下列行为：

1. 不履行相应的内部决策程序、批准程序或者超越权限，擅自变动上市公司国有股权的；

2. 向中介机构提供虚假资料，导致审计、评估结果失真，造成国有资产损失的；

3. 相关方恶意串通，签订显失公平的协议，造成国有资产损失的；

4. 相关方采取欺诈、隐瞒等手段变动上市公司国有股权，造成国有资产损失的；

5. 相关方未在约定期限内履行承诺义务的；

6. 违反上市公司信息披露规定，涉嫌内幕交易的。

（三）通过访谈、座谈会等了解有关情况

通过访谈不同部门、不同职级的员工，了解股份交易有无违规情况，有无造成国有股权受损情况，是否实现了预期的经济效益和社会效益。

访谈过程中，接收到类似管理不规范或者营私舞弊指控的，应收集有关资料，落实有关指控的真实性。

（四）财务审计

检查股权转让会计核算是否符合会计准则规定，价款是否及时入账，收益核算是否正确，是否计入正确的会计期间。

对照转让前后有关财务要素的变化，如产品产量、销量、销售收入、市场或者其他与转让效益有关的财务事项，分析转让是否实现了预期的经济效益和社会效益。

六、审计建议

对国有股东所持上市公司股份非公开协议转让情况进行审计，概括存在的不足和问题，分析存在问题的原因，提出切实可行的审计建议。

七、审计评价与责任界定

（一）审计评价

根据审计结果，对不同方面做出具体的审计评价：

1. 贯彻执行党和国家经济方针政策、决策部署情况；

2. 企业发展战略规划的制定、执行和效果情况；

3. 重大经济事项的决策、执行和效果情况；

4. 企业法人治理结构的建立、健全和运行情况，内部控制制度的制定和执行情况；

5. 企业财务的真实合法效益情况、风险管控情况、境外资产管理情况、生态环境保护情况；

6. 在经济活动中落实有关党风廉政建设责任和遵守廉洁从业规定情况；

7. 以往审计发现问题的整改情况。

（二）责任界定

对于国有股东所持上市公司股份非公开协议转让审计过程中发现的问题，应该通过访谈有关人员、检查有关文件签批记录、检查会议纪要签字记录等方式，落实被审计人在有关问题事项中的具体作为或者不作为，依据经济责任审计规定，界定被审计人的责任。

对领导人员履行经济责任过程中存在的问题，审计组应当按照权责一致原则，根据领导人员职责分工，综合考虑相关问题的历史背景、决策过程、性质、后果和领导人员实际所起的作用等情况，界定其应当承担的直接责任或者领导责任。

第 12 章

国有股东所持上市公司股份无偿划转审计

一、基本概念

《上市公司国有股权监督管理办法》（国务院国有资产监督管理委员会 财政部 中国证券监督管理委员会令第 36 号）规定，政府部门、机构、事业单位、国有独资或全资企业之间可以依法无偿划转所持上市公司股份。

二、审计依据

1.《关于印发〈关于加强中央企业内部控制体系建设与监督工作的实施意见〉的通知》（国资发监督规〔2019〕101 号）。

2.《关于印发〈中央企业合规管理指引（试行）〉的通知》（国资发法规〔2018〕106 号）。

3.《关于印发〈中央企业全面风险管理指引〉的通知》（国资发改革〔2006〕108 号）。

4.《关于进一步推进国有企业贯彻落实"三重一大"决策制度的意见》。

5.《企业国有资产监督管理暂行条例》。

6.《中央企业投资监督管理办法》（国务院国有资产监督管理委员会令第 34 号）。

7.《上市公司国有股权监督管理办法》（国务院国有资产监督管理委员会 财政部 中国证券监督管理委员会令第 36 号）。

8.《中共中央办公厅 国务院办公厅印发〈国有企业领导人员廉洁从业若干规定〉》。

9.《中央企业违规经营投资责任追究实施办法（试行）》（国务院国有资产监督管理委员会令第 37 号）。

10. 企业所属主管部门、集团公司、母公司发布的有关重大经济事项决策的制度。

11. 其他相关制度。

三、审计目标

股权变动事项是否纳入全面风险管理和合规管理体系，相关管理制度是否健全并得到有效执行。

国有股东所持上市公司股份无偿划转过程是否合规，有无造成国有资产流失或者损失。

四、审计内容

以下审计内容根据截至 2019 年年末的相关法规制度经综合分析提炼而成，考虑到国家相关部门不断推出新的法规制度，建议在审计时，关注有关部门是否有新制度出台，并根据新制度的要求适当调整相关审计内容，且注意新旧制度的生效时间和废止时间，对于企业不同期间的经济事项，适用不同的制度规定。

（一）全面风险管理和合规管理情况

1. 风险管理机制建立和完善情况。

企业是否建立股权变动全过程风险管理体系。

是否由专门的部门或机构收集可能与股权交易风险相关的风险管理初始信息，包括战略风险、财务风险、市场风险、运营风险、法律风险等方面的相关信息，也包括国内与国外的、行业内与行业外的相关信息。

是否在风险初始信息的基础上进行风险评估。

是否在风险评估的基础上，制定和完善股权投资管理的内部控制制度；内部控制制度是否得到有效执行。

2. 具体项目风险管理情况。

是否在风险评估的基础上，进行投资决策。

对于具体股权转让项目，是否强化投资前期风险评估和风险控制方案制定，做好项目实施过程中的风险监控、预警和处置，防范投资后项目运营、整合风险，做好项目退出的时点与方式安排。

（二）是否按内部决策机制进行决策

国有股东所持上市公司股份无偿划转，是否按照国家出资企业内部决策程序进行集体决策。

（三）是否进行充分的可行性研究

国有股东是否就股份无偿划转事项对财务经营、人员安排等各方面的影响进行充分的可行性研究。

（四）国有股东是否制定上市公司股份无偿划转方案

是否制定无偿划转方案，是否对资产交接、人员安排、债务处理、运营以及其他各方面制定划转方案。

（五）是否经过审批

国有股东股份无偿划转事项，是否由国家出资企业审核批准。

2019 年 6 月以后，有关审批权限执行《关于印发〈国务院国资委授权放权清单（2019 年版）〉的通知》（国资发改革〔2019〕52 号）。

（六）是否符合无偿划转的条件

股份无偿划转是否在政府部门、机构、事业单位、国有独资或全资企业之间进行，有无向其他所有制形式无偿划转，造成国有资产流失的情况。

（七）是否符合混合所有制企业改革的总体方案及企业战略规划

分析无偿划转是否符合混合所有制企业改革的总体方案或企业战略规划、国家相关政策等。

五、审计程序

（一）了解基本情况，并取得有关资料

访谈有关部门和人员，了解国有股东所持上市公司股份无偿转让的基本情况，取得以下相关资料。

- 股权转让相关风险管理、合规管理制度及执行过程形成的文件。
- 涉及混合所有制改革的，取得混合所有制改革方案及批文。
- 国有股东无偿划转上市公司股份的内部决策文件。
- 国有控股和国有实际控制企业中国有股东委派的股东代表发表意见、行使表决权履职情况报告。
- 根据不同情况，国家出资企业或者国有资产监督管理机构的审核批准文件。
- 国有股东无偿划转上市公司股份的方案和可行性研究报告。
- 上市公司股份无偿划转协议。
- 划转双方基本情况的有关资料、上一年度经审计的财务会计报告。
- 划出方债务处置方案及或有负债的解决方案，以及主要债权人对无偿划转的无

异议函。

- 划入方未来12个月内对上市公司的重组计划或未来三年发展规划（适用于上市公司控股权转移的）。
- 律师事务所出具的法律意见书。
- 国有资产监督管理机构关于国有股东无偿划转上市公司股份的批准文件或国有资产监督管理机构、管理信息系统出具的统一编号的备案表。
- 股份过户登记手续。

（二）分析相关资料并评价合规性

分析股权变动领域风险管理相关制度及执行过程中形成的相关资料，如收集的初始信息，根据初始信息制定的风险管理策略、方案等，评价股权变动领域全面风险管理、合规管理工作是否落实。

分析相关资料，评价前期可行性研究、内部决策、外部审批、信息披露、股份过户等是否合规。

分析交易标的的历史形成资料，分析产权权属是否清晰。

检查有关批文，评价是否取得合规批文，批文是否符合审批机构的权限。

分析内部决策文件，关注是否符合章程和内部控制制度规定的议事规则，是否存在少数人决策的情况。

结合企业发展战略以及混合所有制改革的总体方案，分析股份无偿划转是否与企业发展战略、混合所有制改革的总体方案相一致，有无使国有股权受损的情况。

分析受让方相关资料，关注有无异常。通过公开网站、国家企业信用信息公示系统等平台，了解受让方的情况，关注有无异常。是否存在受让方选择违规，国有产权受损的情况。

关注在上市公司国有股权变动中，相关方是否有下列行为：

1. 不履行相应的内部决策程序、批准程序或者超越权限，擅自变动上市公司国有股权的；

2. 向中介机构提供虚假资料，导致审计、评估结果失真，造成国有资产损失的；

3. 相关方恶意串通，签订显失公平的协议，造成国有资产损失的；

4. 相关方采取欺诈、隐瞒等手段变动上市公司国有股权，造成国有资产损失的；

5. 相关方未在约定期限内履行承诺义务的；

6. 违反上市公司信息披露规定，涉嫌内幕交易的。

（三）通过访谈、座谈会等了解有关情况

通过访谈不同部门、不同职级的员工，了解股份无偿划转有无违规情况，有无造成国有股权受损情况，是否实现了预期的经济效益和社会效益。

访谈过程中，接收到类似管理不规范或者营私舞弊指控的，应收集有关资料，落实有关指控的真实性。

（四）财务审计

检查股权无偿划转会计核算是否符合会计准则规定，损益核算是否正确，是否计入正确的会计期间。

对照划转前后有关财务要素的变化，如产品产量、销量、销售收入、市场或者其他与划转效益有关的财务事项，分析划转是否实现了预期的经济效益和社会效益。

六、审计建议

对国有股东所持上市公司股份无偿划转情况进行审计，概括存在的不足和问题，分析存在问题的原因，提出切实可行的审计建议。

七、审计评价与责任界定

（一）审计评价

根据审计结果，对不同方面做出具体的审计评价：

1. 贯彻执行党和国家经济方针政策、决策部署情况；

2. 企业发展战略规划的制定、执行和效果情况；

3. 重大经济事项的决策、执行和效果情况；

4. 企业法人治理结构的建立、健全和运行情况，内部控制制度的制定和执行情况；

5. 企业财务的真实合法效益情况、风险管控情况、境外资产管理情况、生态环境保护情况；

6. 在经济活动中落实有关党风廉政建设责任和遵守廉洁从业规定情况；

7. 以往审计发现问题的整改情况。

（二）责任界定

对于国有股东所持上市公司股份无偿划转审计过程中发现的问题，应该通过访谈有关人员、检查有关文件签批记录、检查会议纪要签字记录等方式，落实被审计人在有关问题事项中的具体作为或者不作为，依据经济责任审计规定，界定被审计人的责任。

对领导人员履行经济责任过程中存在的问题，审计组应当按照权责一致原则，根据领导人员职责分工，综合考虑相关问题的历史背景、决策过程、性质、后果和领导人员实际所起的作用等情况，界定其应当承担的直接责任或者领导责任。

第 13 章

国有股东受让
上市公司股份审计

一、基本概念

国有股东受让上市公司股份的解释参考《上市公司国有股权监督管理办法》（国务院国有资产监督管理委员会　财政部　中国证券监督管理委员会令第 36 号）第五十三条："本办法所称国有股东受让上市公司股份行为主要包括国有股东通过证券交易系统增持、协议受让、间接受让、要约收购上市公司股份和认购上市公司发行股票等。"

二、审计依据

1.《关于印发〈关于加强中央企业内部控制体系建设与监督工作的实施意见〉的通知》（国资发监督规〔2019〕101 号）。

2.《关于印发〈中央企业合规管理指引（试行）〉的通知》（国资发法规〔2018〕106 号）。

3.《关于印发〈中央企业全面风险管理指引〉的通知》（国资发改革〔2006〕108 号）。

4.《关于进一步推进国有企业贯彻落实"三重一大"决策制度的意见》。

5.《企业国有资产监督管理暂行条例》。

6.《中央企业投资监督管理办法》（国务院国有资产监督管理委员会令第 34 号）。

7.《上市公司国有股权监督管理办法》（国务院国有资产监督管理委员会　财政部　中国证券监督管理委员会令第 36 号）。

8.《中共中央办公厅国务院办公厅印发〈国有企业领导人员廉洁从业若干规定〉》。

9.《中央企业违规经营投资责任追究实施办法（试行）》（国务院国有资产监督管理

委员会令第 37 号）。

10. 企业所属主管部门、集团公司、母公司发布的有关重大经济事项决策的制度。

11. 其他相关制度。

三、审计目标

股权变动事项是否纳入全面风险管理和合规管理体系，相关管理制度是否健全并得到有效执行。

国有股东受让上市公司股份是否合规，有无造成国有资产流失或者损失。

四、审计内容

以下审计内容根据截至 2019 年年末的相关法规制度经综合分析提炼而成，考虑到国家相关部门不断推出新的法规制度，建议在审计时，关注有关部门是否有新制度出台，并根据新制度的要求适当调整相关审计内容，且注意新旧制度的生效时间和废止时间，对于企业不同期间的经济事项，适用不同的制度规定。

（一）全面风险管理和合规管理情况

1. 风险管理机制建立和完善情况。

企业是否建立股权交易全过程风险管理体系。

是否由专门的部门或机构收集可能与股权交易风险相关的风险管理初始信息，包括战略风险、财务风险、市场风险、运营风险、法律风险等方面的相关信息，也包括国内与国外的、行业内与行业外的相关信息。

是否在风险初始信息的基础上进行风险评估。

是否在风险评估的基础上，制定和完善股权投资管理的内部控制制度；内部控制制度是否得到有效执行。

2. 具体项目风险管理情况。

是否在风险评估的基础上，进行投资决策。

对于具体受让上市公司股份项目，是否强化投资前期风险评估和风险控制方案制定，做好项目实施过程中的风险监控、预警和处置，防范投资后项目运营、整合风险，做好项目退出的时点与方式安排。

（二）是否按内部决策机制进行决策

国有股东受让上市公司股份过程，是否按照国家出资企业内部决策程序进行集体决策。

（三）是否进行充分的可行性研究

是否对股份受让的必要性、可行性、对各方面影响以及其他事项进行充分的可行性研究。

（四）是否制定股份受让方案

国有股东受让上市公司股份是否制定方案，内容包括但不限于国有股东及上市公司的基本情况、主要财务数据、价格上限及确定依据、数量及受让时限等。

（五）是否进行尽职调查及估值

是否聘请财务顾问进行尽职调查以及对上市公司进行估值，是否请律师出具法律意见书。

（六）是否经过审批

国有股东受让上市公司股份是否经国家出资企业审批。

2019 年 6 月以后，有关审批权限执行《关于印发〈国务院国资委授权放权清单（2019 年版）〉的通知》（国资发改革〔2019〕52 号）。

（七）是否签订相关协议

是否签订股份转让协议（适用于协议受让的）、产权转让或增资扩股协议（适用于间接受让的）。

（八）受让价款是否合理

是否以上市公司估值报告为基础确定股份受让价款上限。

五、审计程序

（一）了解基本情况，并取得有关资料

访谈有关部门和人员，了解国有股东受让上市公司股份事项的基本情况，取得以下相关资料。

- 股权转让相关风险管理、合规管理制度及执行过程形成的文件。
- 涉及混合所有制改革的，取得混合所有制改革方案及批文。
- 受让股份的相关批文。
- 国有股东受让上市公司股份的内部决策文件。
- 国有股东受让上市公司股份的方案。
- 可行性研究报告。
- 股份转让协议（适用于协议受让的）、产权转让或增资扩股协议（适用于间接受

让的)。

- 财务顾问出具的尽职调查报告和上市公司估值报告 (适用于取得控股权的)。
- 律师事务所出具的法律意见书。

（二）分析相关资料并评价合规性

分析股权投资风险管理相关制度及执行过程中形成的相关资料，如收集的初始信息，根据初始信息制定的风险管理策略、方案等，评价股权投资领域全面风险管理、合规管理工作是否落实。

分析以上资料，评价前期可行性研究、内部决策、外部审批、信息披露等过程是否合规。

分析内部决策文件，关注是否符合章程和内部控制制度规定的议事规则，是否存在少数人决策的情况。

检查有关批文，评价是否取得合规批文，批文是否符合审批机构的权限。

结合被审计期间国家经济政策、企业发展战略以及混合所有制改革的总体方案，分析国有股东受让上市公司股份事项是否与企业发展战略、混合所有制改革的总体方案相一致，有无使国有股权受损的情况。

分析估值报告是否符合资产评估相关操作准则，有无明显价值高估迹象。

分析股份受让价款是否以估值报告为基础确定，有无明显偏高的迹象。

（三）通过访谈、座谈会等了解有关情况

通过访谈不同部门、不同职级的员工，了解发行受让上市公司股份有无违规情况，有无造成国有股权受损情况，是否有助于落实国家经济政策，是否符合企业发展战略规划，是否实现了预期的经济效益和社会效益。

访谈过程中，接收到类似管理不规范或者营私舞弊指控的，应收集有关资料，落实有关指控的真实性。

（四）财务审计

检查国有股东受让上市公司股份会计处理是否符合有关准则规定。

对照受让前后有关财务要素的变化，如产品产量、销量、销售收入、市场、新产品研发等事项或者其他与受让效益有关的财务事项，分析受让是否实现了预期的经济效益和社会效益。

六、审计建议

对国有股东受让上市公司股份情况进行审计，概括存在的不足和问题，分析存在问题的原因，提出切实可行的审计建议。

七、审计评价与责任界定

（一）审计评价

根据审计结果，对不同方面做出具体的审计评价：

1. 贯彻执行党和国家经济方针政策、决策部署情况；

2. 企业发展战略规划的制定、执行和效果情况；

3. 重大经济事项的决策、执行和效果情况；

4. 企业法人治理结构的建立、健全和运行情况，内部控制制度的制定和执行情况；

5. 企业财务的真实合法效益情况、风险管控情况、境外资产管理情况、生态环境保护情况；

6. 在经济活动中落实有关党风廉政建设责任和遵守廉洁从业规定情况；

7. 以往审计发现问题的整改情况。

（二）责任界定

对于国有股东受让上市公司股份审计过程中发现的问题，应该通过访谈有关人员、检查有关文件签批记录、检查会议纪要签字记录等方式，落实被审计人在有关问题事项中的具体作为或者不作为，依据经济责任审计规定，界定被审计人的责任。

对领导人员履行经济责任过程中存在的问题，审计组应当按照权责一致原则，根据领导人员职责分工，综合考虑相关问题的历史背景、决策过程、性质、后果和领导人员实际所起的作用等情况，界定其应当承担的直接责任或者领导责任。

第 14 章

国有股东所控股上市公司
吸收合并审计

一、基本概念

国有股东所控股上市公司吸收合并的解释参考《上市公司国有股权监督管理办法》（国务院国有资产监督管理委员会 财政部 中国证券监督管理委员会令第 36 号）第五十七条："本办法所称国有股东所控股上市公司吸收合并，是指国有控股上市公司之间或国有控股上市公司与非国有控股上市公司之间的吸收合并。"

二、审计依据

1.《关于印发〈中央企业合规管理指引（试行）〉的通知》（国资发法规〔2018〕106 号）。

2.《关于印发〈中央企业全面风险管理指引〉的通知》（国资发改革〔2006〕108 号）。

3.《关于进一步推进国有企业贯彻落实"三重一大"决策制度的意见》。

4.《企业国有资产监督管理暂行条例》。

5.《中央企业投资监督管理办法》（国务院国有资产监督管理委员会令第 34 号）。

6.《上市公司国有股权监督管理办法》（国务院国有资产监督管理委员会 财政部 中国证券监督管理委员会令第 36 号）。

7.《中共中央办公厅 国务院办公厅印发〈国有企业领导人员廉洁从业若干规定〉》。

8.《中央企业违规经营投资责任追究实施办法（试行）》（国务院国有资产监督管理委员会令第 37 号）。

9.企业所属主管部门、集团公司、母公司发布的有关重大经济事项决策的制度。

10. 其他相关制度。

三、审计目标

企业合并交易是否纳入全面风险管理和合规管理体系，相关管理制度是否健全并得到有效执行。

国有股东所控股上市公司吸收合并是否合规，有无造成国有资产流失或者损失。

四、审计内容

以下审计内容根据截至 2019 年年末的相关法规制度经综合分析提炼而成，考虑到国家相关部门不断推出新的法规制度，建议在审计时，关注有关部门是否有新制度出台，并根据新制度的要求适当调整相关审计内容，且注意新旧制度的生效时间和废止时间，对于企业不同期间的经济事项，适用不同的制度规定。

（一）全面风险管理和合规管理情况

1. 风险管理机制建立和完善情况。

企业是否建立吸收合并交易全过程风险管理体系。

是否由专门的部门或机构收集可能与企业合并风险相关的风险管理初始信息，包括战略风险、财务风险、市场风险、运营风险、法律风险等方面的相关信息，也包括国内与国外的、行业内与行业外的相关信息。

是否在风险初始信息的基础上进行风险评估。

是否在风险评估的基础上，制定和完善企业合并管理的内部控制制度；内部控制制度是否得到有效执行。

2. 具体项目风险管理情况。

是否在风险评估的基础上，进行企业合并决策。

对于具体企业合并项目，是否强化投资前期风险评估和风险控制方案制定，做好项目实施过程中的风险监控、预警和处置，防范投资后项目运营、整合风险，做好项目退出的时点与方式安排。

（二）是否按内部决策机制进行决策

是否按内部决策机制、表决程序等，进行充分的集体决策，充分听取各方面意见。

（三）是否进行可行性研究

是否进行了可行性研究，全面考虑了战略、财务、市场、运营、法律及其他有关方面的可行性。

（四）是否进行尽职调查及内部核查

国有股东所控股上市公司是否聘请财务顾问，对吸收合并的双方进行尽职调查和内部核查，并出具专业意见。

（五）是否制定合并方案

国有股东所控股上市公司是否制定吸收合并的方案，内容包括但不限于国有控股股东及上市公司基本情况、换股价格的确定依据、现金选择权安排、吸收合并后的股权结构、债务处置、职工安置、市场应对预案等。

职工安置方案是否经职工代表大会批准。

（六）是否经过审批

国有股东是否在上市公司董事会审议吸收合并方案前，将该方案报国有资产监督管理机构审核批准。

2019 年 6 月以后，有关审批权限执行《关于印发〈国务院国资委授权放权清单（2019 年版）〉的通知》（国资发改革〔2019〕52 号）。

五、审计程序

（一）了解基本情况，并取得有关资料

访谈有关部门和人员，了解国有股东所控股上市公司吸收合并事项的基本情况，取得以下相关资料。

- 企业合并相关风险管理、合规管理制度及执行过程形成的文件。
- 涉及混合所有制改革的，取得混合所有制改革方案及批文。
- 吸收合并相关批文。
- 吸收合并双方的尽职调查报告、内部核查报告。
- 上市公司换股价格确定资料。
- 国有资产监督管理机构对合并方案的审核批准文件。
- 国家出资企业、国有股东的内部决策文件。
- 国有股东所控股上市公司吸收合并的方案。
- 可行性研究报告。
- 律师事务所出具的法律意见书。

（二）分析相关资料并评价合规性

分析企业合并风险管理相关制度及执行过程中形成的相关资料，如收集的初始信息，根据初始信息制定的风险管理策略、方案等，评价企业合并领域全面风险管理、合

规管理工作是否落实。

分析相关资料，评价前期可行性研究、内部决策、外部审批、信息披露等过程是否合规。

分析内部决策文件，关注是否符合章程和内部控制制度规定的议事规则，是否存在少数人决策的情况。

检查有关批文，评价是否取得合规批文，批文是否符合审批机构的权限。

结合被审计期间国家经济政策、企业发展战略以及混合所有制改革的总体方案，分析吸收合并事项是否与企业发展战略、混合所有制改革的总体方案相一致，有无使国有股权受损的情况。

分析换股价格的确定是否合理，有无高估或者低估，导致国有股权受损的情况。

（三）通过访谈、座谈会等了解有关情况

通过访谈不同部门、不同职级的员工，了解吸收合并有无违规情况，有无造成国有股权受损情况，是否有助于落实国家经济政策，是否符合企业发展战略规划，是否实现了预期的经济效益和社会效益，职工权益是否得到保障。

访谈过程中，接收到类似管理不规范或者营私舞弊指控的，应收集有关资料，落实有关指控的真实性。

（四）财务审计

检查吸收合并会计处理是否正确，是否符合有关准则规定。

对照吸收合并前后有关财务要素的变化，如产品产量、销量、销售收入、市场、新产品研发等事项或者其他与吸收合并效益有关的财务事项，分析吸收合并是否实现了预期的经济效益和社会效益。

【案例分享 14-1】 国有股东所控股上市公司吸收合并审计可能存在的问题

审计实践中发现，国有股东所控股上市公司吸收合并审计可能存在的问题示例如下。

1. 未按规定开展尽职调查，或尽职调查未进行风险分析等，存在重大疏漏。
2. 财务审计、资产评估或估值违反相关规定。
3. 投资并购过程中授意、指使中介机构或有关单位出具虚假报告。
4. 未按规定履行决策和审批程序，决策未充分考虑重大风险因素，未制定风险防范预案。
5. 违反规定以各种形式为其他合资合作方提供垫资，或通过高溢价并购等手

段向关联方输送利益。

6.投资合同、协议及标的企业公司章程等法律文件中存在有损国有权益的条款，致使对标的企业的管理失控。

7.违反合同约定提前支付并购价款。

8.投资并购后未按有关工作方案开展整合，致使对标的企业的管理失控。

9.投资参股后未行使相应股东权利，发生重大变化未及时采取止损措施。

10.违反规定开展列入负面清单的投资项目。

六、审计建议

对国有股东所控股上市公司吸收合并情况进行审计，概括存在的不足和问题，分析存在问题的原因，提出切实可行的审计建议。

七、审计评价与责任界定

（一）对重大经济事项的决策、执行和效果情况做出审计评价

结合国有股东所控股上市公司吸收合并事项的审计结果，对重大经济事项决策机制做出评价：

1.是否存在重大经济事项管理机制不够健全甚至没有重大经济事项决策机制的情况；

2.是否存在重大经济事项决策制度未得到严格执行的情况；

3.是否存在重大经济事项执行效果较差、没有成效甚至造成重大损失或者造成其他重大不良影响的情况。

（二）对其他方面做出审计评价

审计发现的一个问题，可能影响到对被审计单位和被审计人多方面的评价，根据审计结果，从相关的不同方面进行审计评价：

1.贯彻执行党和国家经济方针政策、决策部署情况；

2.企业发展战略规划的制定、执行和效果情况；

3.企业法人治理结构的建立、健全和运行情况，内部控制制度的制定和执行情况；

4.企业财务的真实合法效益情况、风险管控情况、境外资产管理情况、生态环境保护情况；

5.在经济活动中落实有关党风廉政建设责任和遵守廉洁从业规定情况；

6.以往审计发现问题的整改情况。

（三）责任界定

对于国有股东所控股上市公司吸收合并审计过程中发现的问题，应该通过访谈有关人员、检查有关文件签批记录、检查会议纪要签字记录等方式，落实被审计人在有关问题事项中的具体作为或者不作为，依据经济责任审计规定，界定被审计人的责任。

对领导人员履行经济责任过程中存在的问题，审计组应当按照权责一致原则，根据领导人员职责分工，综合考虑相关问题的历史背景、决策过程、性质、后果和领导人员实际所起的作用等情况，界定其应当承担的直接责任或者领导责任。

第 15 章

国有股东所控股上市公司发行证券审计

一、基本概念

国有股东所控股上市公司发行证券的解释参考《上市公司国有股权监督管理办法》（国务院国有资产监督管理委员会 财政部 中国证券监督管理委员会令第 36 号）第六十二条："本办法所称国有股东所控股上市公司发行证券包括上市公司采用公开方式向原股东配售股份、向不特定对象公开募集股份、采用非公开方式向特定对象发行股份以及发行可转换公司债券等行为。"

二、审计依据

1.《关于印发〈关于加强中央企业内部控制体系建设与监督工作的实施意见〉的通知》（国资发监督规〔2019〕101 号）。

2.《关于印发〈中央企业合规管理指引（试行）〉的通知》（国资发法规〔2018〕106 号）。

3.《关于印发〈中央企业全面风险管理指引〉的通知》（国资发改革〔2006〕108 号）。

4.《关于进一步推进国有企业贯彻落实"三重一大"决策制度的意见》。

5.《企业国有资产监督管理暂行条例》。

6.《中央企业投资监督管理办法》（国务院国有资产监督管理委员会令第 34 号）。

7.《上市公司国有股权监督管理办法》（国务院国有资产监督管理委员会 财政部 中国证券监督管理委员会令第 36 号）。

8.《中共中央办公厅 国务院办公厅印发〈国有企业领导人员廉洁从业若干规定〉》。

9.《中央企业违规经营投资责任追究实施办法（试行）》（国务院国有资产监督管理委员会令第 37 号）。

10. 企业所属主管部门、集团公司、母公司发布的有关重大经济事项决策的制度。

11. 其他相关制度。

三、审计目标

证券发行事项是否纳入全面风险管理和合规管理体系，相关管理制度是否健全并得到有效执行。

国有股东所控股上市公司发行证券是否合法合规，有无造成国有资产流失或者损失。

四、审计内容

以下审计内容根据截至 2019 年年末的相关法规制度经综合分析提炼而成，考虑到国家相关部门不断推出新的法规制度，建议在审计时，关注有关部门是否有新制度出台，并根据新制度的要求适当调整相关审计内容，且注意新旧制度的生效时间和废止时间，对于企业不同期间的经济事项，适用不同的制度规定。

（一）全面风险管理和合规管理情况

1. 风险管理机制建立和完善情况。

上市公司是否建立证券发行全过程风险管理体系。

是否由专门的部门或机构收集可能与证券发行风险相关的风险管理初始信息，包括战略风险、财务风险、市场风险、运营风险、法律风险等方面的相关信息，也包括国内与国外的、行业内与行业外的相关信息。

是否在风险初始信息的基础上进行风险评估。

是否在风险评估的基础上，制定和完善证券发行管理的内部控制制度，内部控制制度是否得到有效执行。

2. 具体项目风险管理情况。

是否在风险评估的基础上，进行证券发行决策。

对于具体证券发行项目，是否强化投资前期风险评估和风险控制方案制定，做好项目实施过程中的风险监控、预警和处置，防范投资后项目运营、整合风险，做好项目退出的时点与方式安排。

（二）是否按内部决策机制进行决策

是否按内部决策机制、表决程序等，对发行证券事项进行充分的集体决策，充分听取各方面意见。

（三）是否进行可行性研究

是否进行了可行性研究，对证券发行的必要性、可行性、募集资金投资项目盈利能力、偿债能力以及其他各方面进行了充分论证。

（四）是否经过审批

国有股东所控股上市公司发行证券，是否在股东大会召开前获得批准。

2019 年 6 月以后，有关审批权限执行《关于印发〈国务院国资委授权放权清单（2019 年版）〉的通知》（国资发改革〔2019〕52 号）。

（五）是否制定发行方案

是否制定国有股东所控股上市公司发行证券的方案，内容包括但不限于相关国有股东、上市公司基本情况，发行方式、数量、价格，募集资金用途，对国有股东控股地位影响的分析，发行可转换公司债券的风险评估论证情况、偿本付息及应对债务风险的具体方案等。

（六）是否符合相关法律法规

证券发行过程是否符合《中华人民共和国公司法》以及其他相关法律法规。

（七）是否符合国家经济政策、企业发展战略规划、混合所有制改革总体方案

证券发行事项是否与国家经济政策、企业发展战略规划一致，有无冲突的情况；企业进行混合所有制改革的，是否与企业混合所有制改革的总体方案相一致。

五、审计程序

（一）了解基本情况，并取得有关资料

访谈有关部门和人员，了解国有股东所控股上市公司发行证券事项的基本情况，取得以下相关资料。

- 证券发行相关风险管理、合规管理制度及执行过程形成的文件。
- 涉及混合所有制改革的，取得混合所有制改革方案及批文。
- 企业发展战略规划。
- 国家出资企业和国有资产监督管理机构的审核批准文件。
- 上市公司董事会决议。
- 国有股东所控股上市公司发行证券的方案。

- 可行性研究报告。
- 律师事务所出具的法律意见书。

（二）分析相关资料并评价合规性

分析证券发行业务风险管理相关制度及执行过程中形成的相关资料，如收集的初始信息，根据初始信息制定的风险管理策略、方案等，评价证券发行领域全面风险管理、合规管理工作是否落实。

分析以上资料，结合《中华人民共和国证券法》等相关法律法规评价前期可行性研究、内部决策、外部审批、信息披露等过程是否合规。

分析内部决策文件，关注是否符合章程和内部控制制度规定的议事规则，是否存在少数人决策的情况。

检查有关批文，评价是否取得合规批文，批文是否符合审批机构的权限。

结合被审计期间国家经济政策、企业发展战略以及混合所有制改革的总体方案，分析发行证券事项是否与企业发展战略、混合所有制改革的总体方案相一致，有无使国有股权受损的情况。

（三）通过访谈、座谈会等了解有关情况

通过访谈不同部门、不同职级的员工，了解证券发行有无内幕交易以及其他违规情况，有无造成国有股权受损情况，是否有助于落实国家经济政策，是否符合企业发展战略规划，是否实现了预期的经济效益和社会效益。

访谈过程中，接收到类似管理不规范或者营私舞弊指控的，应收集有关资料，落实有关指控的真实性。

（四）财务审计

检查证券发行会计处理是否正确，相关资金是否到账。

检查相关资金使用是否合规，是否符合规定用途。

对照发行前后有关财务要素的变化，如产品产量、销量、销售收入、市场、新产品研发等事项或者其他与发行效益有关的财务事项，分析发行证券是否实现了预期的经济效益和社会效益。

六、审计建议

对国有股东所控股上市公司发行证券情况进行审计，概括发行证券事项存在的不足和问题，分析存在问题的原因，提出切实可行的审计建议。

七、审计评价与责任界定

（一）审计评价

根据审计结果，对不同方面做出具体的审计评价：

1. 贯彻执行党和国家经济方针政策、决策部署情况；

2. 企业发展战略规划的制定、执行和效果情况；

3. 重大经济事项的决策、执行和效果情况；

4. 企业法人治理结构的建立、健全和运行情况，内部控制制度的制定和执行情况；

5. 企业财务的真实合法效益情况、风险管控情况、境外资产管理情况、生态环境保护情况；

6. 在经济活动中落实有关党风廉政建设责任和遵守廉洁从业规定情况；

7. 以往审计发现问题的整改情况。

（二）责任界定

对于国有股东所控股上市公司发行证券审计过程中发现的问题，应该通过访谈有关人员、检查有关文件签批记录、检查会议纪要签字记录等方式，落实被审计人在有关问题事项中的具体作为或者不作为，依据经济责任审计规定，界定被审计人的责任。

对领导人员履行经济责任过程中存在的问题，审计组应当按照权责一致原则，根据领导人员职责分工，综合考虑相关问题的历史背景、决策过程、性质、后果和领导人员实际所起的作用等情况，界定其应当承担的直接责任或者领导责任。

第 16 章
国有股东与上市公司进行资产重组审计

一、基本概念

国有股东与上市公司进行资产重组的解释参考《上市公司国有股权监督管理办法》（国务院国有资产监督管理委员会 财政部 中国证券监督管理委员会令第 36 号）第六十五条："本办法所称国有股东与上市公司进行资产重组是指国有股东向上市公司注入、购买或置换资产并涉及国有股东所持上市公司股份发生变化的情形。"

二、审计依据

1.《关于印发〈关于加强中央企业内部控制体系建设与监督工作的实施意见〉的通知》（国资发监督规〔2019〕101 号）。

2.《关于印发〈中央企业合规管理指引（试行）〉的通知》（国资发法规〔2018〕106 号）。

3.《关于印发〈中央企业全面风险管理指引〉的通知》（国资发改革〔2006〕108 号）。

4.《关于进一步推进国有企业贯彻落实"三重一大"决策制度的意见》。

5.《企业国有资产监督管理暂行条例》。

6.《中央企业投资监督管理办法》（国务院国有资产监督管理委员会令第 34 号）。

7.《上市公司国有股权监督管理办法》（国务院国有资产监督管理委员会 财政部 中国证券监督管理委员会令第 36 号）。

8.《中共中央办公厅 国务院办公厅印发〈国有企业领导人员廉洁从业若干规定〉》。

9.《中央企业违规经营投资责任追究实施办法（试行）》（国务院国有资产监督管理

委员会令第 37 号）。

　　10. 企业所属主管部门、集团公司、母公司发布的有关重大经济事项决策的制度。

　　11. 其他相关制度。

三、审计目标

　　资产重组事项是否纳入全面风险管理和合规管理体系，相关管理制度是否健全并得到有效执行。

　　国有股东向上市公司注入、购买或置换资产并涉及国有股东所持上市公司股份发生变化是否合法合规，有无造成国有资产流失或者损失。

四、审计内容

　　以下审计内容根据截至 2019 年年末的相关法规制度经综合分析提炼而成，考虑到国家相关部门不断推出新的法规制度，建议在开展审计时，关注有关部门是否有新制度出台，并根据新制度的要求适当调整相关审计内容，且注意新旧制度的生效时间和废止时间，对于企业不同期间的经济事项，适用不同的制度规定。

　　（一）全面风险管理和合规管理情况

　　1. 风险管理机制建立和完善情况。

　　企业是否建立资产重组全过程风险管理体系。

　　是否由专门的部门或机构收集可能与资产重组交易风险相关的风险管理初始信息，包括战略风险、财务风险、市场风险、运营风险、法律风险等方面的相关信息，也包括国内与国外的、行业内与行业外的相关信息。

　　是否在风险初始信息的基础上进行风险评估。

　　是否在风险评估的基础上，制定和完善资产重组管理的内部控制制度，内部控制制度是否得到有效执行。

　　2. 具体项目风险管理情况。

　　是否在风险评估的基础上，进行资产重组决策。

　　对于具体资产重组转让项目，是否强化资产重组前期风险评估和风险控制方案制定，做好项目实施过程中的风险监控、预警和处置，防范投资后项目运营、整合风险，做好项目退出的时间与方式安排。

　　（二）是否按内部决策机制进行决策

　　国有股东是否按有关决策机制进行内部决策，上市公司董事会是否进行决策。

（三）是否进行可行性研究

是否进行了可行性研究，对经营、市场、法规、政策、国际国内环境以及其他有关方面进行了充分的论证。

（四）信息公开是否合规

是否按上市公司信息公开相关规定及时依法履行信息披露义务。

（五）是否制定重组方案

是否制定资产重组方案，内容包括但不限于资产重组的原因及目的，涉及标的资产范围、业务情况及近三年损益情况、未来盈利预测及其依据，相关资产作价的说明，资产重组对国有股东及上市公司权益、盈利水平和未来发展的影响等。

（六）是否经过审批

国有股东与上市公司进行资产重组的方案是否经过上市公司董事会审议，是否获得相应批准。

有以下情形，是否由国家出资企业审核批准：

1. 国有股东通过证券交易系统转让所持上市公司股份，未达到规定的比例或数量的事项；

2. 国有股东所持上市公司股份在本企业集团内部进行的无偿划转、非公开协议转让事项；

3. 国有控股股东所持上市公司股份公开征集转让、发行可交换公司债券及所控股上市公司发行证券，未导致其持股比例低于合理持股比例的事项；国有参股股东所持上市公司股份公开征集转让、发行可交换公司债券事项；

4. 国有股东通过证券交易系统增持、协议受让、认购上市公司发行股票等未导致上市公司控股权转移的事项；

5. 国有股东与所控股上市公司进行资产重组，不属于中国证监会规定的重大资产重组范围的事项。

其他情形是否由国有资产监督管理机构审核批准。

2019 年 6 月以后，有关审批权限执行《关于印发〈国务院国资委授权放权清单（2019 年版）〉的通知》（国资发改革〔2019〕52 号）。

（七）是否经过审计、评估

审计、评估机构的选择是否合规。

评估方法是否符合相关规定。

评估结果是否经过核准或者备案。

（八）是否符合国家经济政策、企业发展战略规划、混合所有制改革的总体方案

资产重组事项是否符合国家经济政策、企业发展战略规划，有无冲突的情况；企业进行混合所有制改革的，是否与企业混合所有制改革的总体方案相一致。

资产重组事项是否符合《中华人民共和国证券法》相关规定，有无与上市公司形成同业竞争的情况，有无大股东损害其他股东利益的情况。

五、审计程序

（一）了解基本情况，并取得有关资料

访谈有关部门和人员，了解国有股东与上市公司资产重组事项的基本情况，并取得以下相关资料：

- 资产重组相关风险管理、合规管理制度及执行过程形成的文件。
- 涉及混合所有制改革的，取得混合所有制改革方案及批文。
- 企业发展战略规划。
- 可行性研究报告。
- 国有股东与上市公司进行资产重组的方案。
- 国有股东决策文件和上市公司董事会决议。
- 国家出资企业或者国有资产监督管理机构的审核批准文件。
- 资产重组涉及的相关资产的评估报告、评估备案表或核准文件。
- 律师事务所出具的法律意见书。

（二）分析相关资料并评价合规性

分析资产重组风险管理相关制度及执行过程中形成的相关资料，如收集的初始信息，根据初始信息制定的风险管理策略、方案等，评价资产重组业务全面风险管理、合规管理工作是否落实。

分析以上资料，结合相关法律法规评价前期可行性研究、内部决策、外部审批、信息披露等过程是否合规。

分析内部决策文件，关注是否符合章程和内部控制制度规定的议事规则，是否存在少数人决策的情况。

检查有关批文，评价是否取得合规批文；批文是否符合审批机构的权限。

结合被审计期间国家经济政策、企业发展战略以及混合所有制改革的总体方案，分析资产重组事项是否与企业发展战略、混合所有制改革的总体方案相一致，有无使国有股权受损的情况。

（三）通过访谈、座谈会等了解有关情况

通过访谈不同部门、不同职级的员工，了解资产重组是否合法合规，有无造成国有股权受损的情况，是否有助于落实国家经济政策，是否符合企业发展战略规划，是否实现了预期的经济效益和社会效益。

访谈过程中，接收到类似管理不规范或者营私舞弊指控的，应收集有关资料，落实有关指控的真实性。

（四）财务审计

检查资产重组会计处理是否正确，是否符合相关会计准则规定。

检查相关资金使用是否合规。

对照重组前后有关财务要素的变化，如产品产量、销量、销售收入、市场、新产品研发等事项或者其他与重组效益有关的财务事项，分析资产重组是否实现了预期的经济效益和社会效益。

六、审计建议

对国有股东与上市公司资产重组情况进行审计，概括资产重组事项存在的不足和问题，分析存在问题的原因，提出切实可行的审计建议。

七、审计评价与责任界定

（一）审计评价

根据审计结果，对不同方面做出具体的审计评价：

1. 贯彻执行党和国家经济方针政策、决策部署情况；

2. 企业发展战略规划的制定、执行和效果情况；

3. 重大经济事项的决策、执行和效果情况；

4. 企业法人治理结构的建立、健全和运行情况，内部控制制度的制定和执行情况；

5. 企业财务的真实合法效益情况、风险管控情况、境外资产管理情况、生态环境保护情况；

6. 在经济活动中落实有关党风廉政建设责任和遵守廉洁从业规定情况；

7. 以往审计发现问题的整改情况。

（二）责任界定

对于国有股东与上市公司进行资产重组审计过程中发现的问题，应该通过访谈有关人员、检查有关文件签批记录、检查会议纪要签字记录等方式，落实被审计人在有关问

题事项中的具体作为或者不作为，依据经济责任审计规定，界定被审计人的责任。

对领导人员履行经济责任过程中存在的问题，审计组应当按照权责一致原则，根据领导人员职责分工，综合考虑相关问题的历史背景、决策过程、性质、后果和领导人员实际所起的作用等情况，界定其应当承担的直接责任或者领导责任。

第 17 章

销售和收款循环审计

一、审计目标

1.企业的销售涉及党和国家经济方针政策、决策部署的，是否贯彻落实了相关经济方针政策、决策部署。

2.与销售有关的企业战略规划是否按计划完成，如新产品的开发推广、新市场的开拓等。

3.涉及销售业务的重大经济事项决策执行是否合规、是否达到预期效果。

4.全面风险管理、合规管理和内部控制是否健全，是否覆盖销售和收款循环的各环节。

5.财务信息是否真实，是否存在为了完成考核指标或者其他目的，虚构财务信息、粉饰报表的情况，或者贪污舞弊、截留收入形成账外账"小金库"的情况，或者通过关联交易转移资金的情况。

6.对行业相关的特定法规的遵守情况，对所在企业集团内部管理制度遵守情况。

7.新产品销售是否达到预期收益，有无新产品开发失败造成重大损失的情况，有无产品不符合国家相关政策，没有市场，导致损失的情况。

8.其他。

二、审计依据

1.《关于印发〈关于加强中央企业内部控制体系建设与监督工作的实施意见〉的通知》（国资发监督规〔2019〕101 号）。

2.《关于印发〈中央企业全面风险管理指引〉的通知》（国资发改革〔2006〕

108号）。

3.《关于印发〈中央企业合规管理指引（试行）〉的通知》（国资发法规〔2018〕106号）。

4.《关于印发〈企业境外经营合规管理指引〉的通知》（发改外资〔2018〕1916号）。

5.《关于加强中央企业国际化经营中法律风险防范的指导意见》（国资发法规〔2013〕237号）。

6.《国资委党委关于印发〈关于加强中央企业廉洁风险防控工作的指导意见〉的通知》（国资党委纪检〔2012〕155号）。

7.《中央企业违规经营投资责任追究实施办法（试行）》（国务院国有资产监督管理委员会令第37号）。

8.《企业内部控制应用指引第9号——销售业务》。

9.所在行业相关的特定法规制度（如烟草行业的烟草专卖法规制度、中储粮系统粮食管理相关制度等）。

10.所属企业集团或企业的内部管理制度。

11.企业会计准则。

三、审计内容

（一）党和国家经济方针政策、决策部署贯彻落实情况

企业的销售涉及党和国家经济方针政策、决策部署的，是否贯彻落实了相关经济方针政策、决策部署。

（二）相关发展战略规划的制定、执行和效果情况

与销售有关的企业战略规划是否成功实现，如新产品的开发推广、新市场的开拓等。

（三）重大经济事项的决策、执行和效果情况

涉及销售业务的重大经济事项决策是否规范、执行是否合规、是否实现预期效益。

（四）销售和收款业务内部控制、全面风险管理和合规管理情况

销售和收款循环是否纳入全面风险管理和合规管理，是否将全面风险管理和合规管理要求嵌入业务流程和内部控制制度，风险信息收集、风险评估、风险管理策略和管理方案、内部控制制度等是否切实执行到位，各环节之间工作内容是否相关、连贯，有无内容各不相关、工作流于形式的情况。

是否在风险评估的基础上，制定风险管理策略和风险管理解决方案，并融入内部控

制制度，风险管理策略和风险管理解决方案是否能够有效应对风险。

是否结合实际情况，根据风险评估和相关法规的要求，针对销售业务整个流程，完善销售业务相关管理制度，确定适当的销售政策和策略，明确销售、发货、收款等环节的职责和审批权限，按照规定的权限和程序办理销售业务，定期检查分析销售过程中的薄弱环节，采取有效控制措施，确保实现销售目标。其中主要包括以下方面。

1. 是否建立健全信用管理制度。

2. 是否完善合同签订环节内部控制制度。

3. 是否完善销售及售后环节内部控制制度。

4. 是否完善销售和收款环节内部控制制度。

5. 会计记录控制是否完善。

6. 与内部控制相关的其他方面。

（五）销售业务会计记录是否真实

销售业务会计处理是否符合相关会计准则的规定，有无错误适用会计政策或者调节利润行为。

（六）遵守与被审计单位所在行业相关的特定法规的情况

被审计单位所在行业可能存在与行业有关的法律、法规或制度，需要关注被审计单位对所在行业特定法律法规制度的遵守情况。

被审计单位所在企业集团可能存在特定的管理制度，需要关注被审计单位对所属企业集团相关管理制度的遵守情况。

（七）其他与销售业务相关的事项

在审计确定销售收款有关的会计信息的基础上，评价销售有关的考核指标完成情况、与销售相关的战略实现情况、市场开拓规划实现情况、新产品开发投资成效情况是否达到预期的效益，有无新产品开发失败造成重大损失的情况，有无产品不符合国家相关政策所以没有市场导致损失的情况。

（八）委托方要求关注的特定事项

委托合同或者审计过程中，委托方要求关注的特定事项。

四、审计程序

（一）了解基本情况、经营环境等信息，并取得有关资料

审计人员通过询问管理层和被审计单位内部其他人员、分析程序、观察和检查等方法，了解被审计单位及其环境。应了解的主要信息如下。

1. 被审计单位情况。

（1）所有权结构。

了解被审计单位所有权结构有助于审计人员识别关联方关系并了解被审计单位的决策过程。审计人员应当了解所有权结构以及所有者与其他人员或实体之间的关系，考虑关联方关系是否已经得到识别，以及关联方交易是否核算恰当，为后续审计关注关联方交易是否公允做准备。

同时，审计人员可能需要对被审计单位控股母公司（股东）的情况做进一步的了解，包括控股母公司的所有权性质、管理风格及其对被审计单位经营活动及财务报表可能产生的影响；控股母公司与被审计单位在资产、业务、人员、机构、财务等方面是否分开，是否存在占用资金等情况；控股母公司是否施加压力，要求被审计单位达到其设定的财务业绩目标。

（2）组织结构。审计人员应当了解被审计单位的组织结构，考虑复杂组织结构可能导致的重大错报风险，包括财务报表合并、商誉减值以及长期股权投资核算等问题。

（3）经营活动。了解被审计单位经营活动有助于审计人员识别预期在财务报表中反映的主要交易类别、重要账户。

（4）投资活动。

了解被审计单位投资活动有助于审计人员关注被审计单位在经营策略和方向上的重大变化。审计人员应当了解被审计单位的投资活动。其中包括近期拟实施或已实施的并购活动与资产处置情况，包括业务重组或某些业务的终止。审计人员应当了解并购活动如何与被审计单位目前的经营业务相协调，并考虑它们是否会引发进一步的经营风险。例如，被审计单位并购了一个新的业务部门，审计人员需要了解管理层如何管理这一新业务，而新业务又如何与现有业务相结合，发挥协同优势，如何解决原有经营业务与新业务在信息系统、企业文化等方面的不一致的问题。

（5）了解被审计单位对收入确认会计政策的选择和运用。

（6）了解被审计单位的目标、战略以及相关经营风险。

（7）了解被审计单位最近的财务状况、经营成果和现金流量。

（8）了解可能影响财务报告的交易和事项，或者目前发生的重大会计处理问题，如重大的购并事宜等。

（9）了解被审计单位发生的其他重要变化，如所有权结构、组织结构的变化，以及内部控制的变化等。

（10）衡量和评价被审计单位财务业绩。

2. 外部环境。

（1）行业状况。审计人员应了解被审计单位所处行业的状况。了解行业状况有助于审计人员识别与被审计单位所处行业有关的重大错报风险。

（2）与被审计单位有关的国家经济方针政策、决策部署对被审计单位销售的影响。

（3）法律环境与监管环境，以及其他外部因素，如新的竞争对手、主要客户和供应商的流失、新的税收法规的实施以及经营目标或战略的变化等。

（4）其他相关信息。

【案例分享 17-1】　　基本情况了解不足导致审计失败

了解企业以及企业环境，是评估审计风险、制定审计策略、形成审计计划的基础，对基本情况不了解，很可能会失败。

以下是 A 事务所对 HR 风电企业（以下简称"HR 风电"）审计失败的案例。

HR 风电于 2011 年 1 月在上海证券交易所上市，主要从事风力发电设备的开发、生产和销售。2012 年 4 月 11 日，HR 风电披露 2011 年年报，确认风电机组收入 1 686 台，营业总收入 104 亿元，营业总成本 99 亿元，营业利润 5.3 亿元，利润总额 7.4 亿元，报告期内风电工程项目适用的会计政策为商品销售收入。

HR 风电通过制作虚假吊装单提前确认收入的方式，在 2011 年度提前确认风电机组收入 413 台，对 2011 年度财务报告的影响为：虚增营业收入 24 亿元、营业成本 20 亿元，多预提运费 3 135 万元，多计提坏账 1.18 亿元，虚增利润总额 2.78 亿元，占 2011 年利润总额的 37.58%。

A 事务所没有发现以上造假行为，导致审计失败。

当时的国家相关政策规定如下：2011 年 8 月，国家能源局向各省下发了《关于"十二五"第一批拟核准风电项目计划安排的特急通知》（以下简称"特急通知"）。安排全国拟核准风电项目总计 2 883 万千瓦，并将拟核准指标分解到各省，未列入计划中的项目将不得核准，不能并网，也不享受可再生能源电价附加补贴。在国家政策下，投资过热的风电行业明显降温。有知情人士向记者透露，2010 年 12 月 10 日前，很多省份向能源局上报风电项目。至 2011 年 8 月，国家能源局一直没有批复，这期间所有风电项目企业都在等待结果，因此与风机制造企业的合同一直没能签订。

通过以上国家政策以及其对风电企业的影响，我们不难得出以下结论：

1. HR 风电经营困难，有虚增利润的压力；

2. HR 风电持续经营能力值得关注；

3. A 事务所应考虑能否保持独立、客观、公正。

如果当时的审计人员了解了相关政策，并且评估到了以上审计风险，很可能会采取不同的审计策略以及审计方案，控制审计风险，避免审计失败。

（二）了解销售流程及内部控制制度

审计人员通过询问、访谈、阅读业务流程图或者内部控制手册、观察生产经营现场、检查文件和资料、穿行测试等方式，了解销售流程、内部控制制度和销售领域全面风险管理情况和合规管理情况。流程如下。

1. 了解销售交易流程并记录。

了解销售交易在信息技术或人工系统中生成、记录、处理及在财务报表中报告的程序。

2. 确定可能发生错报的环节及控制措施。

3. 识别和了解相关控制。

4. 执行穿行测试，证实对交易流程和相关控制的了解。

5. 了解销售业务领域全面风险管理工作的情况，包括风险信息收集、风险评估工作，是否由恰当的部门、人员、岗位按规定的流程进行，评价全面风险管理和合规管理与销售业务流程和销售内部控制制度是否实现有机整合，切实发挥风险管理的作用。

（三）实施控制测试并评价内部控制有效性

审计人员通过询问、观察、检查、重新执行等方法进行销售和收款循环的控制测试，根据控制测试结果评价内部控制的有效性。

如果内部控制存在缺陷，分析缺陷原因，并分析企业风险管控、合规管理方面是否存在问题。

（四）对销售和收款循环进行风险评估

销售和收款循环的风险评估在了解基本情况和销售和收款业务流程以及内部控制制度的基础上进行。

【经验分享】

1. 销售和收款循环可能存在的风险如下。

- 收入确认存在的舞弊风险。收入是利润的来源，直接关系到企业的财务状况和经营成果。有些企业往往为了达到粉饰财务报表的目的而采用虚增（发生认定）或隐瞒收入（完整性认定）等方式实施舞弊。在财务报表舞弊案件中，涉及收入确认的舞弊占有很大比例，收入确认已成为审计人员审计的高风险领域。

- 收入的复杂性可能导致的错误。例如，被审计单位可能针对一些特定的产品或者服务提供一些特殊的交易安排（如可变对价安排、特殊的退货约定、特殊的服务期限安排等），但管理层可能对这些不同安排下所涉及的交易风

险的判断缺乏经验，收入确认上就容易发生错误。或者被审计单位利用交易的复杂性，故意错误适用相关会计准则，达到粉饰财务报表的目的。

- 发生的收入交易未能得到准确记录。
- 收入被截留不入账，形成账外账、"小金库"，或者收入不入账，被转入关联单位。
- 期末收入交易和收款交易可能未计入正确的期间，包括销售退回交易的截止错误。
- 收款未及时入账或记入不正确的账户，因而导致应收账款（或应收票据、银行存款）的错报。
- 应收账款坏账准备的计提不准确。
- 信用政策不合理，盲目赊销，导致形成大量的应收账款甚至呆账。一些企业对客户信用评估不重视，为了占领市场盲目扩大客户源，为日后销售收款埋下了巨大的隐患。
- 长期不与客户核对应收账款，导致应收账款记录不准确，甚至出现舞弊行为。
- 应收账款长期挂账，资金被长期占用，甚至导致了大量的呆账、坏账。
- 通过关联方交易转移巨额亏损或是杜撰复杂交易确认非法收入。
- 提前确认收入、推迟确认收入、销售退回交易的截止错误。
- 销售及收款不符合所在行业经营法规制度规定，或者为规避有关法规要求造假。
- 其他错误或舞弊行为。
- 未按规定订立、履行合同，未履行或未正确履行职责致使合同标的价格明显不公允。
- 未正确履行合同，或无正当理由放弃应得合同权益。
- 违反规定开展融资性贸易业务或"空转""走单"等虚假贸易业务。
- 未按规定进行招标或未执行招标结果。
- 违反规定提供赊销信用、资质、担保或预付款项，利用业务预付或物资交易等方式变相融资或投资。
- 违反规定开展商品期货、期权等衍生业务。
- 未按规定对应收款项及时追索或采取有效保全措施。

2. 工程承包建设方面的责任追究情形。

- 未按规定对合同标的进行调查论证或风险分析。

- 未按规定履行决策和审批程序，或未经授权和超越授权投标。
- 违反规定，无合理商业理由以低于成本的报价中标。
- 未按规定履行决策和审批程序，擅自签订或变更合同。
- 未按规定程序对合同约定进行严格审查，存在重大疏漏。
- 工程以及与工程建设有关的货物、服务未按规定招标或规避招标。
- 违反规定分包等。

（五）对收入实施分析程序

审计人员通过实施分析程序，可能识别出未注意到的异常关系，或难以发现的变动趋势，从而有目的、有针对性地关注可能发生重大错报风险的领域，有助于评估重大错报风险，为设计和实施应对措施提供帮助。

如果发现异常或偏离预期的趋势或关系，审计人员需要认真调查其原因，评价是否表明可能存在舞弊导致的重大错报风险。

【案例分享 17-2】　　　　分析程序不足导致的审计失败

接【案例分享 17-1】。

HR 风电存在集中确认收入及合同执行问题：项目中有部分项目合同执行情况异常，吊装单标注日期或收入确认时点为临近资产负债表日，存在资产负债表日前集中确认收入的情形，说明 HR 风电存在虚增或提前确认收入的风险。

但是，在审计工作底稿中未见审计人员对上述情况的原因进行关注和分析，并追加必要的审计程序予以解决。

如果审计人员通过分析程序关注到上述异常，则可能会避免审计失败的发生。

（六）分析了解主要客户

1.查询分析主要客户的基本情况。

通过访谈销售人员，以及企业信息系统、应收账款明细账等渠道取得被审计单位主要客户明细表；通过网上企业信息系统、企查查、天眼查或者其他渠道，了解主要客户基本情况，包括营业范围、注册资本、高管人员等，并主要关注以下情况。

（1）主要客户的经营范围是否与被审计单位销售的货物或者劳务相关。

（2）主要客户的规模能否支持从被审计单位的采购量，即主要客户是否有相应的消化能力。

（3）主要客户的高管人员、股东等，是否与被审计单位高管人员、员工有关联，即是否存在是被审计单位关联方或者虚假注册的公司的可能性。

2.现场察看重要客户生产经营场所，并访谈相关客户人员。

根据审计风险评估情况选择部分或者全部重要客户，察看其生产经营场所，或者访谈相关人员，了解被审计单位对该客户的销售是否真实。

【经验分享】

通过多例会计造假案例，可知造假企业的客户从工商注册信息上来看，没有给企业提供较大营业额的能力。如乐视造假案，其客户的体量不可能为其提供千万元甚至上亿元的销售额，有些客户甚至没有营业场所，这本身就说明相应的销售额可能是虚构的。要戳穿这种谎言，就要到现场察看客户营业场所，这是很有力度的审计程序。

（七）对营业收入实施实质性测试

营业收入审计目标一般包括真实性、完整性、准确性、截止正确、列报恰当。主要审计程序如下。

1.账账、账表等核对。

获取或编制销售明细表，并与总账数、明细账合计数核对是否相符；与销售部门销售记录核对是否相符；实行信息系统管理的，与信息系统记录核对是否相符；与其他与销售流程相关的部门的销售数据核对是否相符。

2.实施实质性分析程序。

针对已识别需要运用分析程序的有关项目，并基于对被审计单位及其环境的了解，分析销售数据、毛利率等信息，对比本期与上期、本期各月之间有无异常；与同行业对比，分析数据间有无异常。

3.检查主营业务收入确认方法是否符合《企业会计准则》的相关规定。

（1）审计人员基于对被审计单位商业模式和日常经营活动的了解，确认营业收入的会计政策是否符合《企业会计准则》的相关规定。

（2）测试被审计单位是否按照其既定的会计政策确认产品销售收入。

4.核对收入交易的原始凭证与会计分录。

对于会计记录和原始凭证的检查，应注意业务部门与财务部门相向对照的思维方式。例如，对于工业生产企业，一方面是以主营业务收入明细账中的会计分录为起点，检查相关原始凭证，如合同、订购单、销售单、发运凭证、发票等，以评价已入账的营业收入是否真实发生，检查订购单和销售单，用以确认存在真实的客户购买要求，销售交易已经过适当的授权批准；另一方面是以业务部门的凭证为起点，追查至财务账面记录，确认是否被真实完整地记录，如对于工业生产企业，从发运凭证（客户签收联）中选取样本，追查至主营业务收入明细账，以确定是否存在遗漏事项（完整性认定）。为使这一程序成为一项有意义的测试，审计人员需要确认全部发运凭证均已归档，这一点一般可以通过检查发运凭证的顺序编号进行查验。

在检查凭证过程中，除检查凭证之间核对相符外，还要检查销售计价是否准确，如销售发票存根上所列的单价，与经过批准的商品价目表进行比较核对，对其金额小计和合计数进行复算。

发票中列出的商品的规格、数量和客户代码等，与发运凭证进行比较核对，尤其是由客户签收商品的一联，确定已按合同约定履行了履约义务，可以确认收入。

检查原始凭证中的交易日期（客户取得商品控制权的日期），以确认收入是否计入了正确的会计期间。

> **【经验分享】**
>
> 除选取样本进行检查比对外，审计人员应该了解企业所有部门的职责、工作记录方式，取得相关工作记录，分析汇总财务数据，与账面记录进行对比，关注有无差异，落实差异产生的原因。
>
> 例如前述 HR 风电的案例，客服部日动态表记载的销售数量只有账面销售数量的 75% 左右，这基本是真实的销售数量，但审计人员忽略了客服部的存在，没有关注客服部的工作及记录，也就没有发现客服部记载与财务账面记载的巨大差异，导致审计失败。
>
> 再如，某税务局怀疑当地某企业有偷逃税款的行为，税务稽核人员在企业没有得到信息的前提下，直接到企业生产车间，取走全部生产记录，将生产记录的产量与企业账面产量对比，发现企业部门产品产、销不入账，偷逃税金即刻水落石出。
>
> 财务账簿、报表是对业务的反映，要想求证财务数据是否正确，只有取得真实的业务数据，与业务数据进行对比。

5. 函证。

结合对应收账款实施的函证程序，选择主要客户函证本期销售额。

> **【经验分享】**
>
> 函证是重要的外部证据，函证时注意不要局限于普适的底稿模板，不要局限于只函证应收账款余额，根据取证需要，可以函证余额，也可以函证发生额，或者一段时间内合同总量、合同金额等。

6. 实施销售截止测试。

对销售实施截止测试，其目的主要在于确定被审计单位主营业务收入的会计记录归属期是否正确，应计入本期或下期的主营业务收入是否被推延至下期或提前至本期。

【案例分享 17-3】　　利用截止错误调节利润

　　有时企业集团内子公司调节报表的倾向性并不一致，ZTH 会计师事务所会计师对 A 公司及其下属子公司进行经济责任审计，发现 A 公司为了避免上级单位下年下达更重的任务指标而隐藏利润，而 A 公司下属子公司因为没有完成当年的利润指标，将下年签订、执行、收款的合同记入上一年度。

---

7. 检查销售退回。

存在销货退回的，检查相关手续是否符合规定，结合原始销售凭证检查其会计处理是否正确，结合存货审计项目关注其真实性。

8. 检查销售折扣与折让。

获取折扣与折让明细表，复核加计是否正确，并与明细账合计数核对是否相符。

了解被审计单位有关折扣与折让的政策和程序，抽查折扣与折让的授权批准情况，与实际执行情况进行核对。

检查折扣与折让的会计处理是否正确。

9. 营业收入的特别审计程序。

除了上述较为常规的审计程序外，审计人员还要根据被审计单位的特定情况和收入的重大错报风险程度，考虑是否有必要实施一些特别的审计程序。

（1）附有销售退回条件的商品销售，评估对退货部分的估计是否合理，确定其是否按估计不会退货部分确认收入。

（2）售后回购，了解回购安排是否属于远期安排、是企业拥有回购选择权还是客户拥有回售选择权，确定企业是否根据不同的安排进行了恰当的会计处理。

（3）以旧换新销售，确定销售的商品是否按照商品销售的方法确认收入，回收的商品是否作为购进商品处理。

（4）出口销售，根据交易的定价和成交方式（离岸价格、到岸价格或成本加运费价格等），并结合合同（包括购销合同和运输合同）中有关货物运输途中风险承担的条款，确定收入确认的时间节点和金额。

10. 根据被审计单位行业特定法规履行的审计程序。

被审计单位经营活动可能要遵守国家对特定行业特定的法规，被审计单位所在企业集团可能存在特定内部管理制度，审计人员需要根据具体情况履行有针对性的审计程序。

【案例分享 17-4】　　　　针对行业政策的审计程序

　　ZTH 会计师事务所对某公司进行经济责任审计，了解到该行业相关制度规定，销售款项必须在 3 个月内收回，审计人员针对这个规定，开展了以下审计程序：

　　1. 检查销售合同，是否规定款项必须在三个月内付讫；

　　2. 检查应收账款，是否在发货或者对方确认后三个月内收回；

　　3. 检查应收账款收款凭证，检查银行收款凭证是否与记账凭证、货币资金明细账、应收账款明细账日期一致，有无刻意将记账时间提前，以掩盖欠款期超过 3 个月的事实的情况。

　　11. 非常规的审计程序。

　　如果审计人员认为被审计单位存在通过虚假销售做高利润的舞弊风险，可能采取一些非常规的审计程序应对该风险，具体如下。

　　（1）调查被审计单位客户的工商登记资料和其他信息，了解客户是否真实存在，其业务范围是否支持其采购行为。

　　（2）检查与已收款交易相关的收款记录及原始凭证，检查付款方是否为销售交易对应的客户。

　　（3）考虑利用反舞弊专家的工作，对被审计单位和客户的关系及交易进行调查。

　　（4）对于与关联方发生的销售交易，审计人员要结合对关联方关系和交易的风险评估结果，实施特定的审计程序。

（八）对与销售业务有关的其他会计信息实施审计

　　销售业务的核算，涉及多个会计科目，包括应收账款、预收账款、货币资金、应收票据等，也可能涉及与销售业务无关的科目，如在建工程或者固定资产以及其他非货币性资产，从审计实践来看，一些企业虚增收入，导致利润、资产同时虚增，对于资产的虚增，则是虚增在这些非货币性资产上。

　　主要的审计程序如下。

　　1. 应收账款的实质性程序。

　　（1）分析与应收账款相关的财务指标。

　　复核应收账款借方累计发生额与主营业务收入的关系是否合理，并将当期应收账款借方发生额占销售收入净额的百分比与管理层考核指标和被审计单位相关赊销政策比较，如存在异常则查明原因。

计算应收账款周转率、应收账款周转天数等指标，并与被审计单位相关赊销政策、被审计单位以前年度指标、同行业同期相关指标对比，分析是否存在重大异常并查明原因。

（2）检查应收账款账龄分析是否正确。

（3）对应收账款实施函证程序。

对于函证，审计人员应注意对函证全过程保持控制，并对确定需要确认或填列的信息、选择适当的被询证者、设计询证函以及发出和跟进（包括收回）询证函保持控制。

【案例分享 17-5】　　　　函证程序不合规

在某上市公司审计失败案例中，比较严重的问题是函证程序缺失以及操作不合规。会计师在审计计划中将应收账款函证作为重点审计程序，实际上会计师执行函证程序存在以下问题。

1. 将甘肃 HDYM 风力发电有限公司 2.18 亿元、GHNY 投资有限公司 1.66 亿元）、DT（KYZQ）新能源有限公司 5 920 万元作为函证样本，但实际未发函。

2. 函证金额不完整，未对应收账款余额中未开具发票但已确认销售收入部分金额进行函证。

3. 回函比例过低，回函确认金额占年末应收账余额比例仅为 17%。函证程序虽已执行，但未对应收账款余额、收入确认的真实性进行有效验证。

（4）坏账准备的实质性程序。

检查应收账款坏账准备计提和核销的批准程序，取得书面报告等证明文件，结合应收账款函证回函结果，评价计提坏账准备所依据的资料、假设及方法。

对有确凿证据表明确实无法收回的应收账款，如债务单位已撤销、破产、资不抵债、现金流严重不足等，检查被审计单位是否根据管理权限，经股东（大）会或董事会，或经理（厂长）办公会或类似机构批准作为坏账损失，冲销提取的坏账准备。

对于被审计单位在被审计期间内发生的坏账损失，审计人员应检查其原因是否清楚，是否符合有关规定，有无授权批准。

对于实际发生的坏账损失，分析是否造成重大损失，分析被审计单位的内部控制制度、风险管理是否存在问题，分析企业信用政策是否合理、是否得到有效执行，关注相关交易发生的真实性。

2. 预收账款。

（1）进行预收账款余额及账龄分析。

（2）检查预收账款长期挂账的原因。

（3）检查预收账款相关凭证。

（4）了解企业与预收账款有关的业务情况。

（5）检查预收账款结转收入。

（6）进行预收账款函证。

3. 应收票据实质性测试。

（1）应收票据备查簿检查。

取得被审计单位应收票据备查簿，核对其是否与账面记录一致。

在应收票据明细表上标出至审计时已兑现或已贴现的应收票据，检查相关收款凭证等资料，以确认其真实性。

（2）应收票据监盘。

监盘库存票据，并与应收票据备查簿的有关内容核对。

检查库存票据，注意票据的种类、号数、签收的日期、到期日、票面金额、合同交易号、付款人、承兑人、背书人姓名或单位名称，以及利率、贴现率、收款日期、收回金额等是否与应收票据登记簿的记录相符。

关注是否对背书转让或贴现的票据负有连带责任。

注意是否存在已作质押的票据和银行退回的票据。

盘点日经核对账实相符后，倒推回审计截止日，并核对是否账、实、表相符。

【经验分享】

对于应收票据的监盘，应重点关注以下两个方面。

一方面，对应收票据的盘点，一定要看实物。

一些审计人员习惯收集应收票据复印件，忽略了检查实物，而应收票据的实物可能早已不存在，如被侵吞或者背书、兑现以及移作他用。

所以，要关注应收票据账存实无的情况，具体如下。

- 贴现了，贴现款在哪儿？
- 质押了，借款在哪儿？
- 转让了，转让款在哪儿？
- 支付货款了，相关采购是否入账？
- 是否存在侵占的情况？

另一方面，主要关注以下要点。

- 账面应收票据是否过期？
- 应收票据是否纳入应收账款核算？
- 计息票据是否停止计息？
- 已经贴现的票据，如果到期付款方不能付款，有关贴现款是否被银行

扣回？

- 如果无款可扣，是否列入借款？
- 是否存在应收票据可能无法收回形成损失的风险？

（3）应收票据函证。

考虑到审计时点部分应收票据无法盘点、应收票据造假风险等因素，且应收票据备查簿记录了票据的前后手，有条件进行函证，所以应该根据审计风险评估情况，选择部分应收票据进行函证。

（4）应收票据细节测试。

对于大额票据增加，应取得相应销售合同或协议、销售发票和出库单等原始交易进行核对，以证实其是否存在真实交易。

对应收票据减少，检查相关银行收款凭证、采购合同或者其他相关资料，确认业务是否真实，会计处理是否正确。

（5）特殊减少的应收票据检查。

已背书未到期应收票据统计：关注期后事项，有追索权票据背书到期未承兑的财务影响，考虑对应收账款、坏账准备、应付账款的影响。

应收票据转为应收账款统计表：关注结转理由及有无坏账风险，坏账准备计提是否充分。

应收票据质押检查表：质押取得的相关资产是否入账，其他事项会计处理是否正确。

4. 与收入相关的其他科目的实质性测试。

会计要素之间是一个相互联系的整体，有些科目与销售和收款没有直接联系，但是，通过对其进行实质性测试，也可能会发现有关销售和收款循环存在问题。

【案例分享 17-6】　　与收入相关的其他科目存在的问题

ZTH 会计师事务所在对某企业进行审计时，发现有大量的银行已收而企业未收的未达账项，经落实款项的来源，都是未入账的营业收入。实践中已发生过的造假案例具体如下。

企业贷款不入账，用于假造销售回款，以收回应收账款的名目转入账内。

存单先行复印留底，以应付审计等，然后将定期存单取现、质押、转让等，取得资金，调节收入或者从事其他违规业务。

银行存款虚假。

> 将会计造假虚构的利润最终转入无形资产、固定资产、在建工程、预付账款及其他资产。

（九）评估其他业务审计发现的问题对销售和收款循环审计的影响

企业管理系统是一个普遍联系的整体，其他业务审计发现的问题，可能影响到销售和收款循环审计，应该分析其他业务审计发现的问题对销售和收款循环相关业务的影响。

（十）根据审计发现的问题评估问题发生的根本原因

一个问题的发生，除了表明财务信息真实、合法效益存在问题外，还说明企业可能很多方面存在问题。对于在销售和收款中发现的问题，应该分析问题的根本原因，以及对其他审计内容的影响，具体如下。

1. 是否在贯彻执行党和国家经济方针政策、决策部署方面存在问题。

2. 对企业发展战略规划完成情况的影响。

3. 被审计单位治理结构是否存在问题。

4. 重大经济事项的决策、执行和效果是否存在问题。

5. 内部控制、风险管理、合规管理是否存在问题。

审计实践中发现有些企业的内部控制设计几乎完美无缺，穿行测试和控制测试也没有发现问题，但是，实质性测试发现的问题，足以说明内部控制没有得到有效执行、管理层凌驾于控制之上。

6. 经济活动中落实有关党风廉政建设责任和遵守廉洁从业规定是否存在问题。

7. 是否存在其他问题。

五、审计建议

对销售和收款循环进行审计，概括存在的不足和问题，分析存在问题的原因，提出切实可行的审计建议。

六、审计评价与责任界定

（一）审计评价

根据审计结果，对不同方面做出具体的审计评价：

1. 贯彻执行党和国家经济方针政策、决策部署情况；

2. 企业发展战略规划的制定、执行和效果情况；

3. 重大经济事项的决策、执行和效果情况；

4. 企业法人治理结构的建立、健全和运行情况，内部控制制度的制定和执行情况；

5. 企业财务的真实合法效益情况、风险管控情况、境外资产管理情况、生态环境保护情况；

6. 在经济活动中落实有关党风廉政建设责任和遵守廉洁从业规定情况；

7. 以往审计发现问题的整改情况。

（二）责任界定

对于销售和收款循环审计过程中发现的问题，应该通过访谈有关人员、检查有关文件签批记录、检查会议纪要签字记录等方式，落实被审计人在有关问题事项中的具体作为或者不作为，依据经济责任审计规定，界定被审计人的责任。

对领导人员履行经济责任过程中存在的问题，审计组应当按照权责一致原则，根据领导人员职责分工，综合考虑相关问题的历史背景、决策过程、性质、后果和领导人员实际所起的作用等情况，界定其应当承担的直接责任或者领导责任。

第 18 章
采购和付款循环审计

采购和付款循环主要适用于企业正常生产经营过程中，购买商品、材料，接受劳务供应等经营活动发生的采购和付款活动，不包括固定资产、无形资产股权投资以及其他购买金融产品的活动。

一、审计目标

1. 企业的采购业务涉及党和国家经济方针政策、决策部署的，是否贯彻落实了相关经济方针政策、决策部署。

2. 通过采购成本变化情况，评价与采购有关的企业战略规划是否成功、是否实现了预期效益，如降低原辅材料成本、劳动用工成本的措施，包括研究出替代用品、增加进货渠道、提升议价能力、并购上游企业等措施，从而降低采购成本等。

3. 涉及采购业务的重大经济事项决策是否规范、执行是否合规、是否实现了预期效益。

4. 全面风险管理、合规管理和内部控制是否健全，是否覆盖采购和付款循环的各环节。

5. 财务信息是否真实，是否存在为了完成考核指标或者其他目的，虚构财务信息、粉饰报表的情况；财务支出是否合法，有无虚列支出，形成账外账"小金库"的情况；有无关联交易不公允，转移资金的情况。

6. 对行业相关的特定法规遵守情况，对所在企业集团内部管理制度遵守情况。

7. 其他。

二、审计依据

1.《关于印发〈关于加强中央企业内部控制体系建设与监督工作的实施意见〉的通知》（国资发监督规〔2019〕101号）。

2.《关于印发〈中央企业全面风险管理指引〉的通知》（国资发改革〔2006〕108号）。

3.《关于印发〈中央企业合规管理指引（试行）〉的通知》（国资发法规〔2018〕106号）。

4.《关于印发〈企业境外经营合规管理指引〉的通知》（发改外资〔2018〕1916号）。

5.《关于加强中央企业国际化经营中法律风险防范的指导意见》（国资发法规〔2013〕237号）。

6.《国资委党委关于印发〈关于加强中央企业廉洁风险防控工作的指导意见〉的通知》（国资党委纪检〔2012〕155号）。

7.《中央企业违规经营投资责任追究实施办法（试行）》（国务院国有资产监督管理委员会令第37号）。

8.《企业内部控制应用指引第7号——采购业务》。

9.所在行业相关的特定法规制度（如烟草行业的烟草专卖法规制度、中储粮系统粮食管理相关制度等）。

10.所属企业集团的内部管理制度。

11.企业会计准则。

三、审计内容

（一）党和国家经济方针政策、决策部署贯彻落实情况

企业的采购业务涉及党和国家经济方针政策、决策部署的，是否贯彻落实了相关经济方针政策、决策部署。

（二）相关发展战略规划的制定、执行和效果情况

与采购业务有关的企业战略规划是否成功实现，如寻找成本更低的替代材料、增加新的供应商以提升议价能力等。

（三）重大经济事项的决策、执行和效果情况

涉及采购业务的重大经济事项决策是否规范、执行是否合规、是否实现预期效益。

（四）采购和付款业务内部控制、全面风险管理和合规管理情况

采购和付款循环是否纳入全面风险管理和合规管理，是否将全面风险管理和合规管理要求嵌入业务流程和内部控制制度，风险信息收集、风险评估、风险管理策略和管理方案、内部控制制度等是否切实执行到位，各环节之间工作内容是否相关、连贯，是否存在内容各不相关、工作流于形式的情况。

是否在风险评估的基础上，制定风险管理策略和风险管理解决方案，并融入内部控制制度，风险管理策略和风险管理解决方案是否能够应对相应的风险。

是否结合实际情况，根据风险评估和相关法规的要求，针对采购业务整个流程，完善相关管理制度，明确采购计划制订、供应商选择、验收、付款等环节的职责和审批权限，按照规定的权限和程序办理采购业务，定期检查分析采购流程中的薄弱环节，采取有效控制措施，实现业务目标，控制相关风险。其中主要包括以下情况。

1. 采购业务是否由专门部门负责。

2. 采购申请制度是否完善。

3. 是否建立科学的供应商评估和准入制度。

4. 是否合理选择采购方式控制成本保证质量。

5. 是否建立采购物资定价机制。

6. 是否签订采购合同。

7. 是否执行严格的验收制度。

8. 是否加强物资供应过程管理。

9. 是否严格采购付款管理。

10. 对预付账款和现金的管理是否严格。

11. 是否严格对购买、验收、付款业务的会计系统进行控制。

12. 是否建立和严格执行退货管理制度。

（五）采购业务会计记录情况

1. 是否高估或低估负债或相关准备，是否存在为调节报表或者其他需要而会计造假的问题。

2. 会计处理是否符合相关会计准则的规定，费用支出的复杂性是否导致错误或舞弊。

3. 是否存在舞弊和盗窃的情况，如虚构支出套取资金，或者通过关联交易转移资金。

4. 是否不正确地记录外币交易。

5. 其他违反财经法纪和会计准则的行为。

（六）遵守与被审计单位所在行业相关的特定法规的情况

被审计单位所在行业可能存在与行业有关的法律法规或制度，需要关注被审计单位对所在行业特定法律法规及制度的遵守情况。

被审计单位所在企业集团可能存在特定的管理制度，需要关注被审计单位对所属企业集团相关管理制度的遵守情况。

（七）其他与采购业务相关的事项

在审计确定与采购有关的真实的会计信息基础上，评价其他与采购业务相关的事项。例如，评价与采购成本有关的考核指标完成情况，包括科技支出、技术投入、各项成本控制目标等战略的实现情况。

与降低制造成本有关的投资项目成效情况，是否达到预期的收益。

（八）委托方要求关注的其他事项

委托合同或者审计过程中，委托方要求关注的其他事项。

四、审计程序

（一）了解基本情况、经营环境等信息，并取得相关资料

本部分应了解的基本情况和信息渠道等，参照"第17章 销售和收款循环审计"中的具体内容，要考虑采购和付款审计的信息需求。

（二）了解采购和付款业务流程及内部控制制度

审计人员通过询问、访谈、阅读业务流程图或者内部控制手册、观察生产经营现场、检查文件和资料、穿行测试等方式，了解采购流程、内部控制制度和采购业务领域全面风险管理和合规管理情况，至少要包括以下内容。

1.了解采购和付款交易流程并记录。

了解采购交易在信息技术或人工系统中生成、记录、处理及在财务报表中报告的程序。

2.确定可能发生错报的环节及控制措施。

3.识别和了解相关控制。

4.执行穿行测试，证实对交易流程和相关控制的了解。

5.了解采购业务领域全面风险管理工作的情况，包括风险信息收集、风险评估工作是否由恰当的部门、人员、岗位按规定的流程进行，评价全面风险管理和合规管理与销售业务流程和销售内部控制制度是否实现有机整合，切实发挥风险管理的作用。

（三）实施控制测试并评价内部控制有效性

审计人员采用询问、观察、检查、重新执行等方法进行采购和付款循环的控制测试，根据控制测试结果评价内部控制有效性。

如果内部控制存在缺陷，要评价缺陷原因，并分析被审计单位风险管控、合规管理方面是否存在问题。

（四）对采购和付款循环进行风险评估

采购和付款循环的风险评估在了解基本情况、采购和付款业务流程以及内部控制制度的基础上进行。

【案例分享 18-1】　　采购和付款循环可能存在的问题

审计实践中发现的采购和付款循环可能存在的问题示例如下。

1. 高估或低估负债或相关准备。

出于调节报表、平滑利润的目的，被审计单位管理层可能试图高估或低估应付账款等负债或资产的相关准备，包括高估或低估对存货应计提的跌价准备。

应记录采购交易未记录，或者记录未发生的采购交易。

采用不正确的费用支出截止期，如将本期的支出延迟到下期确认，或者将下期的支出提前到本期确认。

将应费用化的支出资本化，或者将应资本化的支出费用化。

利用特别目的实体把负债从资产负债表中剥离，或利用关联方间的费用定价优势制造虚假的收益增长趋势。

2. 费用支出的复杂性导致错误或舞弊。

被审计单位以复杂的交易安排购买一定期间的多种服务，管理层对涉及的服务受益与付款安排所涉及的复杂性缺乏足够的了解。这可能导致费用支出分配或计提的错误。管理层也可能有意利用复杂交易调节报表或者进行其他舞弊操作。

3. 不正确地记录外币交易。

当被审计单位进口用于出售的商品时，可能采用不恰当的外币汇率而导致该项采购的记录出现差错。此外，还存在未能将诸如运费、保险费和关税等与存货相关的进口费用进行正确分摊的风险。

4. 舞弊和盗窃的固有风险。

如果被审计单位经营大型零售业务，所采购商品和固定资产的数量及支付的款项庞大，交易复杂，容易造成商品发运错误，员工和客户发生盗窃和舞弊的风险较高。如果负责付款的会计人员有权接触应付账款主文档，并有权在应付账款主文档中添加新的账户，则其可能虚构采购交易，导致风险增加。

被审计单位管理层把私人费用计入企业费用，把企业资金当作私人资金运作。

5. 采购及付款不符合所在行业经营法规、制度、规定，或者为规避有关法规要求造假。

6. 未按规定订立、履行合同，未履行或未正确履行职责致使合同标的价格明显不公允。

7. 未正确履行合同，或无正当理由放弃应得合同权益。

8. 违反规定开展融资性贸易业务或"空转""走单"等虚假贸易业务。

9. 违反规定利用关联交易输送利益。

10. 未按规定进行招标或未执行招标结果。

11. 违反规定开展商品期货、期权等衍生业务。

12. 工程承包建设方面的责任追究情形。

（1）未按规定对合同标的进行调查论证或风险分析。

（2）未按规定履行决策和审批程序，或未经授权和超越授权投标。

（3）违反规定，无合理商业理由以低于成本的报价中标。

（4）未按规定履行决策和审批程序，擅自签订或变更合同。

（5）未按规定程序对合同约定进行严格审查，存在重大疏漏。

（6）工程以及与工程建设有关的货物、服务未按规定招标或规避招标。

（7）违反合同约定超计价、超进度付款。

（五）了解分析主要供应商情况

1. 了解被审计单位与材料采购相关的基本情况。

审计人员通过访谈生产技术相关负责人、阅读行业定额成本资料的方式，了解被审计单位主要产品、各类主要产品消耗的主要材料、主要材料的主要供应商。

审计人员应该了解这些基本情况，否则会因面对较多账簿、凭证而无所适从。通常的做法是在审计队伍中配备相关行业专家，由专家判断收集到的生产技术方面的情况是否真实客观。

2. 了解主要供应商基本情况。

从企业信息系统中导出主要供应商明细表，通过网上企业信息系统、企查查、天眼查或者其他渠道，了解供应商基本情况，包括营业范围、注册资本、高管人员等。具体如下。

（1）供应商的经营范围是否与被审计单位采购的货物或者劳务相关。

（2）供应商的规模能否支持被审计单位的采购量，即供应商是否有相应的生产能力。

（3）供应商的高管人员、股东等，是否与被审计单位高管人员、员工有关联，即是否存在是被审计单位关联方或者虚假注册的公司的可能性。

（4）检查供应商入围的程序是否符合被审计单位有关管理制度，如被审计单位有关内部控制制度规定供应商入围要通过招投标程序，则审计人员应检查相关招投标资料，并关注招投标程序是否严谨、有无异常。

3.现场察看重要供应商生产经营场所，并访谈供应商相关人员。

根据审计风险评估情况选择部分或者全部重要供应商，察看其生产经营场所，或者访谈相关人员，了解被审计单位向该供应商的采购是否真实。

【案例分享 18-2】　　　　　**通过供应商造假**

　　ZTH 会计师事务所对 A 企业进行经济责任审计，发现 A 企业在年末与同一供货商 B 签订了 4 个合同，全是 KG 配件采购，4 个合同金额合计 1 200 万元以上，合同内容简单、要素不全，引起了审计人员怀疑。审计人员通过委托方调查供应商 B 的情况，反馈的消息是供应商 B 早在几年前停产，只通过出租厂房给退休人员开工资。所以，这几个采购合同不可能是真实的。

（六）对材料采购业务实施实质性测试

1.账账、账表等核对。

获取或编制材料采购（在途物资）明细表，并与总账数、明细账合计数核对是否相符；与仓储部门实物账核对是否相符；实行信息系统管理的，与信息系统记录核对是否相符；与生产部门有关生产数据核对是否相符。

【经验分享】

　　财务账与仓储账的核对很重要，审计实践中，账账不符、账表不符的情况很多。除去账务处理时间合理差异引起的差异外，财务账与仓储账的差异直接说明账实不符、存在管理问题或者舞弊问题。

2.分析原辅材料货龄，关注有无减值迹象。

分析对比连续几个年度的原辅材料明细表，关注有无多年不用、货龄较长的项目，如有，分析原因，关注有没有减值迹象。

通常的做法是由专家来判断被审计单位的原辅材料明细表，关注所采购、消耗的原辅材料是否与被审计单位的产品相关，有无与产品没有关系的原辅材料；各系列产品的单位消耗是否合理，有无异常；期末结存原辅材料有无技术落后、过时、减值的迹象。

【经验分享】

实践中很多审计失败的原因之一就是审计人员对与生产经营相关的工程技术不了解，如果财务资料是完备的，就无法发现被审计单位的舞弊行为，所以，为控制审计风险，应该尽可能利用专家的工作。

---

3. 材料采购的凭证检查。

对材料采购凭证的检查应该从多个方向进行，如从明细账到合同、从合同到明细账、从入库单到明细账等。

4. 根据被审计单位所在行业特定法规履行审计程序。

被审计单位经营活动可能要遵守国家对特定行业的特定法规，被审计单位所在企业集团可能存在特定内部管理制度，审计人员需要根据具体情况履行有针对性的审计程序。

【案例分享18-3】 **对行业特定法规遵守情况的审计**

ZTH会计师事务所对某公司进行经济责任审计，了解到该行业相关制度规定，采购必须先货后款，即收到货物并验收合格后才付款。根据以上规定，审计人员履行以下审计程序：

1. 检查采购合同，是否规定购货款必须在货物验收合格后付讫；

2. 检查货币验收入库凭证、银行存款结算凭证，比较分析银行存款付款时间是否在入库凭证时间之后；

3. 检查应付账款付款凭证，检查银行结算凭证所载日期是否与记账凭证、货币资金明细账、应付账款明细账日期一致，有无刻意将记账时间推后，以掩盖预付购货款或者货物未验收而款项已支付的事实。

---

5. 截止测试。

主要检查12月31日前后的出库、入库业务是否记录在恰当的会计期间。

6. 与采购业务相关的存货等实物资产的盘点和观察。

实物资产盘点和观察是重要的审计程序，一般来说，账目造假容易，实物资产造假相对困难。

7.其他成本费用实质性审计程序。

其他成本费用指除原辅材料采购、折旧、摊销、人工成本以外的其他支出。

（1）对于应签订合同的大额支出。

检查是否签订合同，明确合同内容、服务标准、质量、付款方式等，评价合同内容是否全面。

检查供应商选择相关资料，对照被审计单位相关内部控制制度，评价供应商入选方式是否合规，如超过一定标准的合同应该进行招标等。分析招标过程、竞争性谈判过程以及其他询价过程是否符合有关内部控制制度。

检查供应商工商注册资料，分析供应商的高管人员、股东是否与被审计单位高管人员、员工相关，判断是否为隐藏的关联方。

分析合同内容，通过访谈有关人员，了解合同内容是否与被审计单位业务相关，分析合同内容是否真实。

检查合同、凭证，检查会计处理是否正确，是否记录于正确的会计期间；对于跨年度执行的合同，检查费用在年度之间的分配是否合理。

【案例分享 18-4】　　　　虚列支出套取资金

ZTH 会计师事务所审计人员对 A 公司进行经济责任审计的过程中，检查制造费用凭证，发现 A 公司于 2016 年 9 月与 B 实业公司签订两个技术服务合同，其中"SGFHW 研究与开发"合同金额为 300 万元，2016 年 10 月底 A 公司出具《科技进步项目验收书》确认研发结果。

实际了解的情况如下。

1. 2005 年 SGFHW 已在 S 市市场上公开销售。

根据对市场的调查和了解，在 2005 年 SGFHW 技术及产品已经出现，技术设备及产品已经应用于生产，产品性能技术指标已经公开。

经过将市场参数与签约研发的参数对比，2005 年市场上已经有了 SGFHW 技术和设备，A 公司与 B 实业公司签约的研发产品主要技术指标与市场参数雷同，B 实业公司关于 SGFHW 的研发并无原创性。

2. 研发项目与 A 公司生产经营无关。

经咨询专家 Y 先生，这个技术与 A 公司的生产经营没有关系。

经访谈 A 公司技术人员，了解到技术人员并不知道有这个技术。

综上，这个技术与 A 公司没有什么关系，这个交易属于套取资金行为。

经其他审计程序确认，B 实业公司是由 A 公司控制的，是与 A 公司没有股权关系的从事第三产业的企业，企业员工主要是工人家属，并没有科研能力。

（2）无合同的小额支出。

无合同小额支出指单笔金额较小可不签订合同的办公费、差旅费、会议费以及其他费用。

对这些小额支出的审计主要采用分析程序、凭证检查、截止测试程序。

【案例分享 18-5】   一般支出真实性审计

案例 1：

ZTH 会计师事务所对某企业实施经济责任审计，抽查"管理费用"科目，发现其中很多差旅费凭证逻辑混乱，无法证明经济事项的真实性。例如，张某去上海出差，出发车票日期是 2019 年 4 月，但是，酒店发票日期是 2019 年 1 月；出差地是上海，餐饮发票是杭州的。审计人员向会计人员询问原因，会计人员解释，业务人员一向不重视报销凭证的条理性，将多次出差的票据搞混了。审计人员询问张某本人，张某表示很少有机会出差。说明这些差旅费的支出不是真实的。

案例 2：

ZTH 会计师事务所对某建设项目进行竣工决算审计，发现大量的建管费内容不属于建设项目支出，经手人也不是建设项目管理部门人员。经了解，企业为了调节报表，将应该列入当期费用的支出列入建设项目。

（七）对与采购业务相关的其他会计信息实施审计

1. 应付账款实质性审计程序。

主要包括以下审计内容。

（1）对应付账款执行实质性分析程序。

（2）检查有无未入账的应付款项。

（3）应付账款函证。

（4）应付账款相关凭证抽查。

（5）检查长期挂账应付账款并查明原因。

（6）根据被审计单位所在行业特定法规履行审计程序。

被审计单位经营活动要遵守国家对特定行业的特定法规，被审计单位所在企业集团可能存在特定内部管理制度，审计人员需要根据具体情况履行有针对性的审计程序。

2. 预付账款的实质性测试程序。

主要包括以下审计内容。

（1）账账、账表等核对。

（2）检查大额预付账款相关合同。

（3）检查预付账款长期挂账的原因。

（4）预付账款函证。

（5）根据被审计单位所在行业特定法规开展审计程序。

被审计单位经营活动可能要遵守国家对特定行业的特定法规，被审计单位所在企业集团可能存在特定内部管理制度，审计人员需要根据具体情况履行有针对性的审计程序。

3.应付票据实质性测试程序。

主要包括以下审计内容。

（1）账账、账表等核对。

（2）检查应付票据备查簿。

（3）应付票据函证。

（4）检查逾期未兑付票据。

（5）检查带息票据利息测算。

（6）检查关联方应付票据。

（八）评估其他业务审计发现的问题对采购和付款循环的影响

企业管理系统是一个普遍联系的整体，其他业务审计发现的问题，可能影响到采购和付款循环审计，应该分析其他业务审计发现的问题对采购和付款相关业务的影响。

【案例分享18-6】　　虚增收入对其他会计要素的影响

ZTH 会计师事务所对 A 企业实施经济责任审计，发现 A 企业通过几个主要客户虚增新开发产品 × 产品销售量 1 235 台，虚增销售额 12 亿元。

审计人员对与虚增销售相对应的营业成本进行了检查核对，发现与之相关的材料采购成本、生产成本、制造费用等，均为配比虚增。

深究企业造假原因，发现企业违反国家相关政策投资一条生产线，该生产线因为污染环境被当地政府禁止投产，为了虚构正常投产且实现设计生产能力的假象，企业在账面虚构销售。审计人员通过核查虚增收入事项，进一步发现了其他业务循环财务信息造假以及重大投资事项决策违法违规的问题。

（九）根据被审计单位所在行业特定法规实施审计程序

被审计单位所在行业可能存在特定的法规制度，以规范被审计单位的特定业务，为评价被审计单位对特定法规的遵守情况，审计人员应根据被审计单位的实际情况采取特定的审计程序。这些特定的审计程序也可能整合在与采购和付款循环有关的其他审计程序之中。

（十）根据审计发现的问题评估问题发生的根本原因

一个问题的发生，除了表明财务信息真实性、合法性方面存在问题外，还说明企业可能其他方面存在问题。对于在采购和付款中发现的问题，应该分析问题的根本原因，以及对其他审计内容的影响：

1. 是否在贯彻执行党和国家经济方针政策、决策部署方面存在问题；

2. 对企业发展战略规划完成情况的影响；

3. 被审计单位治理结构是否存在问题；

4. 重大经济事项的决策、执行和效果是否存在问题；

5. 内部控制、风险管理、合规管理是否存在问题；

6. 经济活动中落实有关党风廉政建设责任和遵守廉洁从业规定是否存在问题；

7. 是否存在其他问题。

五、审计建议

对采购和付款循环进行审计，概括存在的不足和问题，分析存在问题的原因，提出切实可行的审计建议。

六、审计评价与责任界定

（一）审计评价

根据审计结果，对不同方面做出具体的审计评价：

1. 贯彻执行党和国家经济方针政策、决策部署情况；

2. 企业发展战略规划的制定、执行和效果情况；

3. 重大经济事项的决策、执行和效果情况；

4. 企业法人治理结构的建立、健全和运行情况，内部控制制度的制定和执行情况；

5. 企业财务的真实合法效益情况、风险管控情况、境外资产管理情况、生态环境保护情况；

6. 在经济活动中落实有关党风廉政建设责任和遵守廉洁从业规定情况；

7. 以往审计发现问题的整改情况。

（二）责任界定

对于采购和付款循环审计过程中发现的问题，应该通过访谈有关人员、检查有关文件签批记录、检查会议纪要签字记录等方式，落实被审计人在有关问题事项中的具体作为或者不作为，依据经济责任审计规定，界定被审计人的责任。

对领导人员履行经济责任过程中存在的问题，审计组应当按照权责一致原则，根据领导人员职责分工，综合考虑相关问题的历史背景、决策过程、性质、后果和领导人员实际所起的作用等情况，界定其应当承担的直接责任或者领导责任。

第 19 章

资金活动审计

一、基本概念

资金活动，是企业筹资、投资和资金营运等活动的总称。

与销售有关的收款、与采购有关的付款、与投资相关的资金活动相关审计内容包含在销售和收款、采购和付款、投资审计指南中，本部分不多做说明。

二、审计目标

1.确认全面风险管理、合规管理和内部控制是否健全，是否覆盖资金活动的各环节。

2.确认企业筹资、投资、运营资金管理是否统筹协调，有无资金不足风险，有无资金闲置导致损失浪费。

3.确认与货币资金相关的财务收支是否合法、资金是否安全、财务信息是否真实、会计核算是否合规。

4.检查企业对所在行业相关的特定法规的遵守情况，以及对所在企业集团内部管理制度的遵守情况。

三、审计依据

1.《关于印发〈关于加强中央企业内部控制体系建设与监督工作的实施意见〉的通知》(国资发监督规〔2019〕101 号)。

2.《关于印发〈中央企业全面风险管理指引〉的通知》(国资发改革〔2006〕108 号)。

3.《关于印发〈中央企业合规管理指引（试行）〉的通知》（国资发法规〔2018〕106号）。

4.《关于印发〈企业境外经营合规管理指引〉的通知》（发改外资〔2018〕1916号）。

5.《关于加强中央企业国际化经营中法律风险防范的指导意见》（国资发法规〔2013〕237号）。

6.《国资委党委关于印发〈关于加强中央企业廉洁风险防控工作的指导意见〉的通知》（国资党委纪检〔2012〕155号）。

7.《中央企业违规经营投资责任追究实施办法（试行）》（国务院国有资产监督管理委员会令第37号）。

8.《企业内部控制应用指引第6号——资金活动》。

9.所在行业相关的特定法规制度。

10.所属企业集团的内部管理制度。

11.企业会计准则。

四、审计内容

（一）资金活动内部控制、全面风险管理和合规管理情况

资金活动各环节是否纳入全面风险管理和合规管理，是否将风险管理和合规管理要求嵌入业务流程和内部控制制度，风险信息收集、风险评估、风险管理策略和管理方案、内部控制制度等是否切实执行到位，各环节之间工作内容是否相关、连贯，有无内容各不相关、工作流于形式的情况。

是否在风险评估的基础上，制定风险管理策略和风险管理解决方案，并融入内部控制制度，风险管理策略和风险管理解决方案是否能够应对相应的风险。

是否结合被审计单位实际情况，对投资、筹资、资金管理的所有流程和环节完善相关内部控制制度，防范资金风险。

是否根据被审计单位业务变化、环境变化，不断发现信息评估资金活动的薄弱环节，采取有效控制措施，确保资金管理活动满足被审计单位生产经营需要，保证资金安全。

1.筹资相关内部控制制度是否完善。

（1）被审计单位是否根据筹资目标和规划，结合年度全面预算，拟订筹资方案，明确筹资用途、规模、结构和方式等相关内容，对筹资成本和潜在风险作出充分估计。

（2）是否对不同筹资方式的筹资成本、偿债风险进行分析比较，选择最优方案。

（3）境外筹资是否考虑所在地的政治、经济、法律、市场等因素。

（4）筹资前是否进行论证。

（5）筹资方案是否经审批。

（6）筹资过程是否符合权限、程序。

（7）资金使用是否符合规定用途。

（8）是否依据合同按期偿债及支付股利。

（9）会计核算是否合规。

2. 营运环节资金内部控制是否完善。

（1）资金营运过程是否统筹协调。

（2）资金营运是否纳入全面预算管理。

（3）是否严禁资金体外循环。

（4）是否对资金运营过程监控。

（5）会计系统控制是否严格。

（二）货币资金收支合法情况，会计信息真实、合规情况

1. 被审计单位资产负债表的"货币资金"项目中的库存现金和银行存款在资产负债表日是否存在。

2. 被审计单位所有应当记录的现金收支业务和银行存款收支业务是否得到完整记录，是否存在遗漏。

3. 被审计单位的货币资金是否被相关人员通过舞弊手段侵占。

4. 记录的库存现金和银行存款是否为被审计单位所拥有或控制。

5. 库存现金和银行存款的金额是否恰当地包括在财务报表的"货币资金"项目中。

6. 库存现金和银行存款是否按照企业会计准则的规定在财务报表中得到恰当列报。

（三）对与被审计单位所在行业相关的特定法规的遵守情况

被审计单位所在行业可能存在与行业有关的法律、法规或制度，需要关注被审计单位对所在行业特定法律法规制度的遵守情况。

被审计单位所在企业集团可能存在特定的管理制度，需要关注被审计单位对所属企业集团相关管理制度的遵守情况。

（四）资金筹集、使用方面的其他事项

与资金的筹集、使用相关的项目的战略规划是否完成，是否实现预期目标。

涉及资金活动的重大经济事项决策是否规范、执行是否合规、是否实现预期效益。

（五）委托方要求关注的其他事项

委托合同或者审计过程中，委托方要求关注的其他事项。

五、审计程序

（一）了解基本情况、经营环境等信息，并取得有关资料

1. 了解基本情况的方法及渠道。

（1）询问参与货币资金业务活动的被审计单位人员，如销售部门、采购部门和财务部门的员工和管理人员。

（2）观察货币资金业务流程中特定控制的执行，如观察被审计单位的出纳人员如何进行现金盘点。

（3）检查相关文件和报告，如与货币资金筹集、收支相关的内部控制制度，与内部控制执行有关的文件，银行存款调节表等。

2. 了解影响资金活动的信息。

了解可能影响企业资金管理的信息，如是否存在资产不足风险或者融资风险，或者存在资金盈余导致的管理风险。

（1）行业状况。

（2）法律环境与监管环境。

（3）其他外部因素。

（4）所有权结构及关联方。

（5）治理结构。

（6）组织结构。

（7）经营活动。

（8）投资活动。

（9）筹资活动。

（10）影响到筹资、投资、资金活动会计核算的会计政策、法律法规，以及被审计单位具体的会计政策。

（11）目标、战略与经营风险。

（12）经营风险对财务风险的影响。

3. 了解被审计单位的风险评估过程。

了解被审计单位对资金管理活动的风险信息收集、风险评估活动，检查风险信息收集是否由业务部门相关人员进行，风险评估是否建立在所收集的风险信息基础之上。

（二）了解与筹资、投资、货币资金运营相关的内部控制制度

通常通过询问相关部门和人员、观察业务流程进行状况、检查相关文件、穿行测试等方式，了解与资金活动相关的业务活动和内部控制制度。

1. 了解资金活动有关业务流程。

了解企业与资金活动相关的不同业务循环的流程，包含销售和收款、采购和付款、投资、筹资、分配利息、股利等。

了解参与不同业务循环的部门、岗位、职责、权限。

了解不同业务循环货币资金收支过程在财务账面反映的过程。

2. 确定货币资金循环可能发生错报的环节及控制措施。

审计人员需要确认和分析被审计单位在货币资金运营的哪些环节容易发生错误或者舞弊，需要设置哪些内部控制措施和风险管控措施，以防止或发现并纠正重要业务流程可能发生的错误或者舞弊。

确定被审计单位需要遵守哪些法律法规、集团内部管理制度规定，企业业务流程和内部控制制度怎样设计才能保证企业遵守有关法律法规以及集团内部管理制度规定。

了解不同业务流程货币资金收支过程，经手的部门、岗位、环节，以及相关的内部控制制度，并以文字叙述、流程图的方式记录。

【经验分享】

一般与库存现金、银行存款相关的交易和余额可能发生的风险通常如下。

1. 被审计单位资产负债表的"货币资金"项目中的库存现金和银行存款不存在。

2. 被审计单位所有应当记录的现金收支业务和银行存款收支业务未得到完整记录，存在遗漏。

3. 被审计单位的现金收款被相关人员通过舞弊手段侵占。

4. 记录的库存现金和银行存款不为被审计单位所拥有或控制。

5. 库存现金和银行存款的金额未被恰当地包括在财务报表的"货币资金"项目中，与之相关的计价调整未得到恰当记录。

6. 库存现金和银行存款未按照企业会计准则的规定在财务报表中作出恰当列报。

7. 违反决策和审批程序或超越权限筹集和使用资金。

8. 违反规定以个人名义留存资金、收支结算、开立银行账户等。

9. 设立"小金库"。

10. 违反规定集资、发行股票或债券、捐赠、担保、委托理财、拆借资金或开立信用证、办理银行票据等。

11. 虚列支出套取资金。

12. 违反规定超发、滥发职工薪酬福利。

13. 因财务内部控制缺失或未按照财务内部控制制度执行，发生资金挪用、侵占、盗取、欺诈等。

3. 确定筹资活动可能存在的风险及控制措施。

根据对被审计单位筹资情况的了解，评估被审计单位可能存在哪些风险或者错误、舞弊，需要哪些内部控制制度来缓解相关风险，发现和纠正这些错误、舞弊。了解被审计单位实际制定了哪些内部控制制度和风险管控措施。

【经验分享】

筹资活动可能存在以下风险、错误或舞弊。

1. 借款不能及时还本付息。

被审计单位理财不当，使现金预算安排不妥或执行不力造成支付危机。

资本结构安排不合理、债务期限结构搭配不当时也会引发被审计单位在某一时点的偿债高风险。

被审计单位在收不抵支的情况下出现的到期无力偿还债务本息的风险。

2. 所有者投资风险，即资金使用效果低下，无法满足投资者的投资报酬期望，引起被审计单位股票价格下跌，使筹资难度加大，资金成本上升。

3. 被审计单位筹资的两大渠道的结构比例不合理，影响到资金成本的高低和资金使用效果的好坏，影响到借入资金的偿还和投资报酬期望的实现。

4. 借款不入账，从事违规或者违法行为。

针对以上风险的一般控制措施如下：

1. 筹资纳入全面预算管理；

2. 筹资前进行科学论证，全面分析各种筹资方式及组合的成本和风险；

3. 筹资计划或者方案按规定权限经过审批，重大筹资项目按"三重一大"决策规定集体决策；

4. 筹资过程符合规定权限、程序，严格按方案执行，遵守国家相关法律法规；

5. 按规定用途使用资金；

6. 按规定还本付息、支付股利；

7. 会计核算合规。

---

4. 执行穿行测试。

为了解货币资金收支的发生、处理和记录的过程，审计人员通常会执行穿行测试，以获得下列方面的证据：

（1）确认对业务流程的了解；

（2）确认对重要流程和内部控制的了解是完整的，即在交易流程中所有与财务报表认定相关的可能发生错报的环节都已识别；

（3）确认所获取的有关流程中的预防性控制和检查性控制信息的准确性；

（4）评估控制设计的有效性；

（5）确认控制是否得到执行；

（6）确认之前所做的书面记录的准确性。

如果之前了解的内部控制是无效的，审计人员仍需要执行适当的审计程序，以确认以前对业务流程及可能发生错报环节的了解的准确性和完整性。

（三）风险评估

在了解被审计单位基本情况、货币资金业务流程、内部控制制度的基础上，进行风险评估。实际上，风险评估是个持续的过程，随着对被审计单位经营环境、基本情况、业务流程、内部控制的不断了解，审计人员对风险的评估在不断更新。

【案例分享 19-1】　　　货币资金管理可能存在的问题

审计实践中发现，常见的货币资金业务交易、账户余额和列报的认定层次的重大错报风险示例如下。

1. 被审计单位存在虚假的货币资金余额或交易，因而导致银行存款余额的存在性或交易的发生存在重大错报风险。

2. 被审计单位存在大额的外币交易和余额，可能存在外币交易或余额未被准确记录的风险。

3. 银行存款的期末收支存在大额的截止性错误。例如，被审计单位期末存在金额重大且异常的银付企未付、企收银未收事项。

4. 被审计单位可能存在未能按照企业会计准则的规定对货币资金作出恰当披露的风险。例如，被审计单位期末持有使用受限制的大额银行存款，但在编制财务报表时未在财务报表附注中对其进行披露。

在实施货币资金审计的过程中，如果被审计单位存在以下事项或情形，审计人员需要保持警觉：

1. 被审计单位的现金交易比例较大，并与其所在的行业常用的结算模式不同；

2. 库存现金明显超过业务周转所需资金；

3. 银行账户开立数量与企业实际的业务规模不匹配；

4. 在没有经营业务的地区开立银行账户；

5. 企业资金存放于管理层或员工个人账户；

6. 收支金额与现金流量表不匹配；

7. 不能提供银行对账单或银行存款余额调节表；

8. 存在长期或大量银行未达账项；

9. 银行存款明细账存在非正常转账的"一借一贷";

10. 违反货币资金存放和使用规定(如上市公司未经批准开立账户转移募集资金、未经许可将募集资金用于其他用途等);

11. 存在大额外币收付记录,而被审计单位并不涉足外贸业务;

12. 被审计单位以各种理由不配合审计人员实施银行函证。

除上述与"货币资金"项目直接相关的事项或情形外,审计人员在审计其他财务账表项目时,还可能关注到其他也需保持警觉的事项或情形:

1. 存在没有具体业务支持或与交易不相匹配的大额资金往来;

2. 长期挂账的大额预付款项;

3. 存在大额自有资金的同时,向银行高额举债;

4. 付款方账户名称与销售客户名称不一致、收款方账户名称与供应商名称不一致;

5. 开具的银行承兑汇票没有银行承兑协议支持;

6. 银行承兑票据保证金余额与应付票据余额比例不合理。

当被审计单位存在以上事项或情形时,可能表明存在舞弊风险。

(四)控制测试

1. 实施控制测试。

在已识别的重大错报风险的基础上,审计人员选取拟测试的控制并实施控制测试。

2. 评价内部控制有效性。

根据控制测试结果评价内部控制有效性。

对于内部控制缺陷,包括设计缺陷以及执行方面的缺陷进行记录。

如果内部控制存在缺陷,分析评价缺陷原因,并分析风险管理、合规管理方面是否存在问题。

(五)对库存现金实施实质性分析

1. 核对账表是否相符。

核对库存现金日记账与总账的金额是否相符,检查非记账本位币库存现金的折算汇率及折算金额是否正确。

2. 监盘库存现金。

监盘被审计单位库存现金,通常包括对已收到但未存入银行的现金、零用金、找换金等的监盘。

【经验分享】

对现金的监盘，要采取突击性检查的方式，不能让被审计单位相关人员有准备时间，否则，现金盘点程序起不到应有的作用。

对现金监盘，注意不要机械地只关注现金，应该关注出纳人员保险柜甚至办公场所的所有资料。例如，ZTH 会计师事务所对某公司实施经济责任审计，通过现金盘点，发现被审计单位存在现金几十万元未入账，流水达到几千万元的账外账，未入账商业楼产权证、有价证券等情况。

3.抽查大额库存现金收支。

查看大额库存现金收支，并检查原始凭证是否齐全、原始凭证内容是否完整、有无授权批准、记账凭证与原始凭证是否相符、账务处理是否正确、是否记录于恰当的会计期间等内容。

【经验分享】

现金凭证检查的判断标准，不应局限于以上几条，应根据被审计单位的实际情况，制定更具体的判断标准，否则，凭证检查变得机械化。

ZTH 会计师事务所对 A 公司实施经济责任审计，经检查发现所有的现金支出都符合"原始凭证齐全、原始凭证内容完整、有授权批准、记账凭证与原始凭证相符、账务处理正确、记录于恰当的会计期间"的标准。资深审计人员王先生发现了以下问题：几笔租车的大额支出，单笔看，合同、发票、审批等一应俱全，会计处理也正确，但是，一年租一辆宝马汽车的支出，可以买两辆新的宝马汽车，这样的决定怎么也不是一个有正常经验的人能做出来的，何况大额支出还要经过经济集体决策等内部控制流程。ZTH 会计师事务所通过检查出租方的工商资料，发现出租方的股东为被审计单位高管人员亲属，证明这是一笔不公允的关联交易，涉嫌舞弊。

（六）对银行存款实施实质性分析

根据重大错报风险评估和从控制测试（如实施）中所获取的审计证据和保证程度，审计人员就银行存款实施的实质性程序可能包括以下几种。

1.核对账表是否相符。

2.实施实质性分析程序。

计算银行存款累计余额应收利息收入，分析比较被审计单位银行存款应收利息收入与实际利息收入的差异是否恰当，评估利息收入的合理性，检查是否存在高息资金拆借，确认银行存款余额是否存在，利息收入是否已经完整记录。

3. 检查银行存款账户发生额。

审计人员还可以考虑对银行存款账户的发生额实施以下程序。

（1）分析不同账户发生银行日记账漏记银行交易的可能性，获取相关账户相关期间的全部银行对账单。

（2）如果对被审计单位银行对账单的真实性存有疑虑，审计人员可以在被审计单位的协助下到银行获取银行对账单。在获取银行对账单时，审计人员要全程关注银行对账单的打印过程。

（3）从银行对账单中选取交易的样本与被审计单位银行存款日记账进行核对；从被审计单位银行存款日记账上选取样本，核对至银行对账单。

（4）浏览银行对账单，选取大额异常交易，如银行对账单上有一收一付相同金额，或分次转出相同金额等，检查被审计单位银行存款日记账上有无该项收付金额记录。

4. 取得并检查银行对账单和银行存款余额调节表。

进行银行对账单、银行日记账、银行存款余额调节表和银行询证函等的核对，在核对过程中要注意：

（1）对银行对账单的真实性保持警觉，必要时，亲自到银行获取对账单，并对获取过程保持控制；

（2）关注长期未达账项，查看是否存在挪用资金等事项；

（3）特别关注银付企未付、企付银未付中支付异常的事项，包括没有载明收款人、签字不全等支付事项，确认是否存在舞弊。

5. 函证银行存款余额。

银行存款函证，是重要的审计程序，函证的内容包括以下方面。

- 银行存款。
- 银行借款。
- 一定期间内注销的账户。
- 被审计单位作为贷款方的委托贷款。
- 被审计单位作为借款方的委托贷款。
- 被审计单位担保事项（包括保函）：① 被审计单位为其他单位提供的、以银行为担保受益人的担保；② 银行向被审计单位提供的担保。
- 被审计单位为出票人且由银行承兑而尚未支付的银行承兑汇票。
- 被审计单位向银行已贴现而尚未到期的商业汇票。
- 被审计单位为持票人且由银行托收的商业汇票。
- 被审计单位为申请人、由银行开具的、未履行完毕的不可撤销信用证。

- 被审计单位与银行之间未履行完毕的外汇买卖合约。
- 被审计单位存放于银行托管的有价证券或其他产权文件。
- 被审计单位购买的由银行发行的未到期银行理财产品。
- 被审计单位与银行之间的其他事项，如欠银行的其他负债或者或有负债、除外汇买卖外的其他衍生交易、贵金属交易等。

6. 检查银行存款所有权。

检查银行存款账户存款人是否为被审计单位，若存款人非被审计单位，应获取该账户户主和被审计单位的书面声明，确认资产负债表日是否需要提请被审计单位进行调整。

如果存款人非被审计单位，调查原因，评价是否存在违法违规行为。

7. 检查是否存在变现限制。

关注是否存在质押、冻结等对变现有限制或存在境外的款项，如果存在，被审计单位是否在年度报告中做必要的调整和披露。查明造成变现限制的原因，关注有无违法违规行为。

8. 检查银行存款收支凭证。

抽查大额银行存款收支的原始凭证，检查原始凭证是否齐全、记账凭证与原始凭证是否相符、账务处理是否正确、是否记录于恰当的会计期间等项内容。

检查是否存在非营业目的的大额货币资金转移，并核对相关账户的进账情况；如有与被审计单位生产经营无关的收支事项，应查明原因并做相应的记录；关注是否存在违法违规行为。

9. 截止测试。

检查银行存款收支的截止是否正确。选取资产负债表日前后若干张、一定金额以上的凭证实施截止测试，关注业务内容及对应项目，如有跨期收支事项，分析是否影响会计信息的真实性。

【案例分享 19-2】　　　未达账项存在的风险

ZTH 会计师事务所对央企下属子公司实施经济责任审计，发现该公司上年末发放工资 3 000 万元，会计分录为"借：主营业务成本，贷：银行存款"。但是到下一年 3 月，该笔工资还没有发出，在银行存款余额调节表中，该笔资金被作为企业已付银行未付的未达账项处理。审计人员研究了所在企业集团的资金管理制度，按制度规定，下属子公司的资金纳入央企资金管理公司统一集中管理，而被审计单位通过将账面货币资金清零，就可以不向上级资金管理公司划转货币资金。经向被审计单位财务总监了解情况，发现被审计单位的目的和审计人员的估计基本相符，被审计单位认为上级单位在预算批复后才会下拨预算的货币资金，会耽误被审计单位资金周转。但是，被审计单位这种做法不仅违反了集团货币资金管理制度，也使会计信息严重失实，形成账外资金。

10. 检查是否正确披露。

检查银行存款是否在财务报表中作出恰当列报。

11. 根据评估的舞弊风险实施其他审计程序。

审计人员不应该拘泥于书本上介绍的审计程序，除了采用介绍的审计程序外，还应该保持高度的职业敏感，随时关注有无异常，并采取相应的审计程序。

【案例分享 19-3】　　用基本常识识别出违规行为

审计实践中发现，一些财务账面的异常，并不需要复杂的过程或者深奥的知识，只需要基本的常识即可识别，需要的只是审计人员清醒的头脑和足够的职业敏感，如康得新案例。

2019年1月，康得新发布公告称无法偿还15亿元短期债券，已构成实质违约。

2019年4月30日，康得新披露2018年年报，称公司账面货币资金153.16亿元，其中122.1亿元存放于北京银行西单支行。

2019年5月7日，在康得新关注函回复中，年审会计师表示，在对货币资金项目执行审计程序过程中，账账核对，获取银行账户清单、企业信用报告、银行函证、银行对账单、银行存单、银行流水单等外部审计证据，还有细节测试一项不落地都做了，不过无法保证货币资金的真实性。

此外，瑞华核对了相关的网银记录，网银记录显示余额与公司财务账面余额记录一致，但是北京银行西单支行回函显示："银行存款该账户余额为0元，该账户在我行有联动账户业务，银行归集金额为12 209 443 476.52元。"

从以上叙述可以看出，年审会计师事务所将应该履行的审计程序都履行了，但是，审计还是失败了，假设年审会计师事务所没有与被审计单位合谋造假，那么，审计人员至少应该发现以下异常。

异常1：有货币资金153亿多元，为什么还不上15亿元的债？

异常2：询证函回函中到底说明了什么？是否没有银行存款？联动账户是什么？被审计单位对122.1亿元银行存款是否拥有所有权和控制权？

如果审计人员发现了，调查清了这些异常，也许会有不同的结局。

再如辅仁药业案例。

2019 年 7 月 16 日，辅仁药业发布《2018 年年度权益分派实施公告》，宣布派发现金红利 6 271.58 万元。

然而仅仅在三天之后，也就是 7 月 19 日，辅仁药业发布公告，称因资金不足，公司无法按原定计划发放现金股利。而根据一季报，截至 2019 年 3 月末公司账上货币资金达 18.16 亿元。

同康得新一样，拥有货币资金 18 亿多元，难道还发不起 6 271.58 万元的股利？

反思以上案例，审计人员可能采取了所有常规的审计程序，也没有发现异常，但是，一些明显的异常，很可能说明会计信息存在虚假的风险，审计人员要做的就是有足够的职业怀疑态度和警觉，发现异常，重视异常，调查清楚异常，从而控制审计风险。

（七）对其他货币资金实施实质性分析

1. 定期存款审计。

如果被审计单位有定期存款，审计人员可以考虑实施以下审计程序。

（1）向管理层询问定期存款存在的商业理由并评估其合理性。

（2）获取定期存款明细表，检查是否与账面记录金额一致，存款人是否为被审计单位，定期存款是否被质押或限制使用。

（3）在监盘库存现金的同时，监盘定期存款凭据。如果被审计单位在资产负债表日有大额定期存款，基于对风险的判断考虑选择在资产负债表日实施监盘。

（4）对未质押的定期存款，检查开户证实书原件，以防止被审计单位提供的复印件是未质押（或未提现）前原件的复印件。在检查时，还要认真核对相关信息，包括存款人、金额、期限等；如有异常，需实施进一步审计程序。

（5）对已质押的定期存款，检查定期存单复印件，并与相应的质押合同核对。对于质押借款的定期存单，关注定期存单对应的质押借款有无入账；对于超过借款期限但仍处于质押状态的定期存款，还应关注相关借款的偿还情况，了解相关质权是否已被行使；对于为他人担保的定期存单，关注担保是否逾期及相关质权是否已被行使。

（6）函证定期存款相关信息。

（7）结合财务费用审计测算利息收入的合理性，判断是否存在体外资金循环的情形。

（8）在资产负债表日后已提取的定期存款，核对相应的兑付凭证等。

2. 保证金存款审计。

保证金存款检查，检查开立银行承兑汇票的协议或银行授信审批文件。可以将保证金账户对账单与相应的交易进行核对，根据被审计单位应付票据的规模合理推断保证金数额，检查保证金与相关债务的比例和合同约定是否一致，特别关注是否存在有保证金发生而被审计单位无对应保证事项的情形。

3. 存出投资款审计。

对于存出投资款，跟踪资金流向，并获取董事会决议等批准文件、开户资料、授权操作资料等。如果投资于证券交易业务，通常结合相应金融资产审计项目，核对证券账户名称是否与被审计单位相符，获取证券公司证券交易结算资金账户的交易流水，抽查大额的资金收支，关注资金收支的财务账面记录与资金流水是否相符。

（八）实施融资事项审计

融资事项审计包括对长、短期借款，应付债券，长期应付款，实收资本（股本），资本公积的审计。

1. 函证长、短期借款，检查贷款卡，向证券承销商或包销商或证券登记公司函证应付债券，关注被审计单位长、短期借款账面余额是否正确；如存在差异，调查原因。

2. 结合被审计单位长、短期借款，应付债券的到位情况，与货币资金、销售回款、其他债务等对比分析，关注有无借款资金与资金需求不匹配，导致资金冗余，造成资金成本浪费，或者资金不足不能支付到期债务的情况。

3. 取得并分析审计期间被审计单位预算、筹资相关可行性研究报告或者其他事前论证资料，分析筹资是否严格执行有关内部控制制度规定。

4. 检查借款合同和授权批准，了解借款数额、借款条件、借款用途、借款日期、还款期限、借款利率，并与相关会计记录核对。

审阅债券或优先股发行申请和审批文件，检查发行债券所收入现金的收据、汇款通知单、送款登记簿及相关的银行对账单，核实其会计处理是否正确。

5. 检查会计处理是否符合规定，测算长、短期借款，应付债券利息计提情况，检查利息资本化、费用化金额是否正确。

6. 检查筹集资金的使用是否符合规定用途。

7. 检查长、短期借款，应付债券的减少情况，检查相关记录和原始凭证，核实还款数额，并与相关会计记录核对。

8. 检查被审计单位是否按借款合同约定还本付息，如果存在不能按合同约定还本付息的情况，关注：

有无低价拍卖抵押财产、影响生产经营甚至影响持续经营能力的风险；

有无资金链断裂影响持续经营能力的风险。

9. 检查被审计单位抵押资产的所有权是否属于被审计单位，其价值和实际状况是否与担保契约中的规定相一致。

10. 检查被审计单位与贷款人进行的债务重组。检查债务重组协议，确定其真实性、合法性，并检查债务重组的会计处理是否正确。

11.检查实收资本、股本相关合同、协议、章程、验资报告等，检查相关资金是否按约定及时到位，会计处理是否正确，结合其他科目审计，关注有无抽逃出资的情况，资金使用是否符合规定用途。

12.根据评估的舞弊风险等因素增加其他审计程序。

（九）根据被审计单位所在行业特定法规实施审计程序

被审计单位所在行业可能存在特定的法规制度，以规范被审计单位的特定业务，为评价被审计单位对特定法规的遵守情况，审计人员应根据被审计单位的实际情况采取特定的审计程序。这些特定的审计程序也可能整合在与货币资金循环有关的其他审计程序之中。

（十）评估其他业务审计发现的问题对货币资金真实性的影响

会计核算系统是一个普遍联系的整体，其他业务审计发现的问题，可能影响到资金活动审计，应该分析其他业务审计发现的问题对资金活动真实性、合法性、效益性的影响，进而评估与资金活动相关的内部控制以及风险管理情况。

【案例分享 19-4】　　　其他问题对资金管理的影响

ZTH 会计师事务所对 A 企业实施经济责任审计，发现 A 企业通过几个主要客户虚增新开发产品 X 产品销售量 1 235 台，虚增销售额 12 亿元。

审计人员对与虚增销售相对应的营业成本进行了检查核对，发现与之相关的材料采购成本、生产成本、制造费用等，均为配比虚增。

审计人员进而对与这些虚假采购、销售相关的货币资金收支进行检查，发现有关的货币资金收支，都是被审计单位通过利用员工身份信息注册的公司虚构的采购销售、资金收支，虽然资金流是真实的，但是供应商和客户只是些拥有银行账户的空壳公司，相关业务是虚假的。

（十一）根据审计发现的问题分析问题发生的根本原因

一个问题的发生，除了表明财务信息真实、合法效益存在问题外，还可能说明被审计单位很多方面存在问题。对于在资金活动中发现的问题，应该分析问题的根本原因，以及对其他审计内容的影响，具体如下。

1.是否在贯彻执行党和国家经济方针政策、决策部署方面存在问题。

2.对企业发展战略规划完成情况的影响。

3.被审计单位治理结构是否存在问题。

4. 重大经济事项的决策、执行和效果是否存在问题。

5. 内部控制、风险管理、合规管理是否存在问题。

6. 经济活动中落实有关党风廉政建设责任和遵守廉洁从业规定是否存在问题。

7. 是否存在其他问题。

六、审计建议

对资金活动进行审计，概括存在的不足和问题，分析存在问题的原因，提出切实可行的审计建议。

七、审计评价与责任界定

（一）审计评价

根据审计结果，对不同方面做出具体的审计评价：

1. 贯彻执行党和国家经济方针政策、决策部署情况；

2. 企业发展战略规划的制定、执行和效果情况；

3. 重大经济事项的决策、执行和效果情况；

4. 企业法人治理结构的建立、健全和运行情况，内部控制制度的制定和执行情况；

5. 企业财务的真实合法效益情况、风险管控情况、境外资产管理情况、生态环境保护情况；

6. 在经济活动中落实有关党风廉政建设责任和遵守廉洁从业规定情况；

7. 以往审计发现问题的整改情况。

（二）责任界定

对于资金活动审计过程中发现的问题，应该通过访谈有关人员、检查有关文件签批记录、检查会议纪要签字记录等方式，落实被审计人在有关问题事项中的具体作为或者不作为，依据经济责任审计规定，界定被审计人的责任。

对领导人员履行经济责任过程中存在的问题，审计组应当按照权责一致原则，根据领导人员职责分工，综合考虑相关问题的历史背景、决策过程、性质、后果和领导人员实际所起的作用等情况，界定其应当承担的直接责任或者领导责任。

第 20 章

生态环境保护情况审计

一、审计目标

企业是否建立和完善环境保护相关工作机制，严格遵守国家、所在地区各项环境保护法律法规、排放标准等；是否在生产经营过程中保护环境，防止污染，履行了生态环境保护的社会责任；有无违反相关法规制度，造成生态环境破坏，给企业带来损失的情况。

二、审计依据

1.《中华人民共和国环境保护法》。

2.《中华人民共和国土地管理法》。

3.《中华人民共和国森林法》。

4.《中华人民共和国海洋环境保护法》。

5.《中共中央 国务院印发〈生态文明体制改革总体方案〉》。

6.企业所在地方环保法规、规定、标准等。

三、审计内容

（一）是否纳入全面风险管理、合规管理体系

企业是否将生态环境保护作为全面风险管理体系的重要内容；企业经营过程中，是否收集生态环境破坏风险的信息，进行风险监控、预警，及时收集并落实国家、当地政府及环保部门的政策措施，保证投资项目、排放标准等符合国家产业政策、环保政

策等。

（二）工作机制是否健全完善

1. 是否制定和完善环境保护方面的管理制度，保证各项工作符合环境保护法律法规。

2. 是否有明确的部门或者人员来负责环境保护相关工作，是否明确单位负责人和相关人员的责任，有关部门和人员工作内容是否明确、目标是否具体。

3. 是否按照国家有关规定制定突发环境事件应急预案，报环境保护主管部门和有关部门备案。在发生或者可能发生突发环境事件时，企业事业单位是否立即采取措施处理，及时通报可能受到危害的单位和居民，并向环境保护主管部门和有关部门报告。

4. 是否有专门的部门或者人员收集、关注国家环保部门、当地政府环保部门推出的有关环保方面的法规制度及有关标准，包括污染物排放标准等。

5. 对于国家、当地政府发布的环保方面的相关政策，是否尽快落实；是否保证企业严格遵守环境保护法律法规；是否保证企业严格执行有关标准。

（三）环保要件是否具备

1. 企业生产经营需要排污的，是否取得排污许可证，是否按照排污许可证的要求排放污染物；未取得排污许可证的，是否未排放污染物。

2. 项目环境影响评价报告书是否经审批，是否存在未依法进行环境影响评价或者环境影响评价报告未经审批的建设项目开工建设的情况。

3. 建设项目是否经过环保竣工验收。

（四）是否存在环保违法行为

是否存在违反环境保护法律法规造成环境污染和生态破坏，给社会、公共环境、自然资源带来损害，给企业造成损失的情况：

1. 建设单位未依法提交建设项目环境影响评价文件或者环境影响评价文件未经批准，擅自开工建设的；

2. 建设项目未依法进行环境影响评价，被责令停止建设，给企业造成损失，甚至拒不执行；

3. 生产、销售或者转移、使用严重污染环境的工艺、设备和产品；

4. 违法排放污染物，受到罚款处罚，甚至导致企业被责令停业、关闭的；

5. 通过暗管、渗井、渗坑、灌注或者篡改、伪造监测数据，或者不正常运行防治污染设施等逃避监管的方式违法排放污染物的；

6. 生产、使用国家明令禁止生产、使用的农药，被责令改正，拒不改正的；

7. 重点排污单位不公开或者不如实公开环境信息；

8.其他环保违法行为。

四、审计程序

（一）了解基本情况，并取得有关资料

访谈环保相关部门、人员，了解被审计单位环境保护相关工作机制情况，并取得以下资料：

环保工作相关内部控制制度、管理制度；

环保部门的职责权限相关资料，包括工作手册等；

建设项目环境影响评价报告、排污许可证；

与政府环保部门对被审计单位检查、监督管理有关的结论性文件，如检查报告等。

（二）检索政府部门相关网站有无被审计单位违规信息

检查所在地县级以上地方人民政府环境保护主管部门和其他负有环境保护监督管理职责的部门网站，搜索有无被审计单位环境违法信息；被审计单位社会诚信档案有无环境违法信息；环保主管部门向社会公布的违法者名单中有无被审计单位。

（三）了解环保工作情况

访谈有关部门和人员，了解被审计单位主要业务与产品、可能涉及的环境保护事项，了解环保工作情况。

1.是否按规定进行环保设施建设。

未依法进行环境影响评价的开发利用规划，不得组织实施。

未依法进行环境影响评价的建设项目，不得开工建设。

建设项目中防治污染的设施，与主体工程同时设计、同时施工、同时投产使用。

防治污染的设施符合经批准的环境影响评价文件的要求，不得擅自拆除或者闲置。

2.是否使用合规的工艺、设备及相关技术。

被审计单位是否优先使用清洁能源，采用资源利用率高、污染物排放量少的工艺、设备及废弃物综合利用技术和污染物无害化处理技术，减少污染物的产生。

重点排污单位是否按照国家有关规定和监测规范安装使用监测设备，保证监测设备正常运行，保存原始监测记录。

是否引进和使用符合我国环境保护规定的技术、设备、材料和产品。

3.是否采取有力措施减排，防治污染。

是否采取措施，防治在生产建设或者其他活动中产生的废气、废水、废渣、医疗废物、粉尘、恶臭气体、放射性物质以及噪声、振动、光辐射、电磁辐射等对环境的污染和危害。

涉及生产、储存、运输、销售、使用、处置化学物品和含有放射性物质的物品，是否遵守国家有关规定，采取规定措施，防止污染环境。

如果是农业生产企业，是否科学种植和养殖，科学合理施用农药、化肥等农业投入品，科学处置农用薄膜、农作物秸秆等农业废弃物，防止农业面源污染；是否没有将不符合农用标准和环境保护标准的固体废物、废水施入农田；施用农药、化肥等农业投入品及进行灌溉时，是否采取措施，防止重金属和其他有毒有害物质污染环境。

如果是畜禽养殖企业、定点屠宰企业，选址、建设和管理是否符合有关法律法规；从事畜禽养殖和定点屠宰的企业是否采取措施对畜禽粪便、尸体和污水等废弃物进行科学处置，防止污染环境。

是否采取其他防止环境破坏的措施。

4. 配合外部监管工作是否合规。

政府环境保护主管部门及其委托的环境监察机构和其他负有环境保护监督管理职责的部门，对排放污染物的企业进行现场检查的，被审计单位是否如实反映情况，提供必要的资料。

是否通过暗管、渗井、渗坑、灌注或者篡改、伪造监测数据，或者不正常运行防治污染设施等逃避监管的方式违法排放污染物。

5. 是否随时收集政府环保法规及相关信息。

是否指定负责的部门或者负责人员随时关注当地政府环境保护相关部门相关网站，收集政府环境保护主管部门和其他负有环境保护监督管理职责的部门依法公开的环境质量、环境监测、突发环境事件及环境行政许可、行政处罚、排污费的征收和使用情况等信息。

6. 信息公开是否合规。

通过取得有关网站链接，阅读被审计单位年度报告等方式，了解信息公开是否合规，重点排污单位是否如实向社会公开其主要污染物的名称、排放方式、排放浓度和总量、超标排放情况，以及防治污染设施的建设和运行情况，接受社会监督。

对依法应当编制环境影响报告书的建设项目，建设单位是否在编制时向可能受影响的公众说明情况，充分征求意见。

7. 根据实际情况，了解其他必要信息。

（四）财务审计

通过财务审计，关注以下方面：

1. 环保专项资金使用情况，有关支出是否真实，是否专款专用，有无被挤占和挪用的情况；

2. 有无环保罚款支出，查明罚款原因，分析被审计单位环保工作方面的疏漏；

3.是否按照国家有关规定足额缴纳排污费或环境保护税。

（五）实地考察相关项目

协同环保方面的专家，实地察看有关环保设施是否正常运转，相关设备、工艺、性能等，是否符合国家相关标准，有关排放指标是否达标。

（六）通过访谈或者座谈会的方式，了解有无环保违法情形

通过访谈纪检、生产部门干部、职工等有关人员或者开座谈会的形式，了解被审计单位是否重视环保方面的工作，有无因违反环保相关法律法规被处罚的情形，有无造成环境破坏给企业带来损失的情形。

【案例分享 20-1】　　　　生态环境保护情况审计

某审计组就环保工作机制问题，请教了 A 企业环保部门有关负责人，以下是交流的主要内容。

问：贵企业是否设立专门的部门和人员负责环境保护工作？

答：是的，企业设环保部，由企业副总级别的领导人直接负责，各地子公司、分公司都有专门的部门负责环境保护工作。

问：国家有关环境保护、资源保护、排放标准的规定很多，企业环保部门通过什么方式了解企业应该遵守哪些环保法规，执行哪些排放标准？

答：企业环保部门有专职人员关注当地政府环保部门网站，随时掌握新出台的相关政策，由环保部门协同生产、落实技术问题。

另外，企业及下属子公司项目投资之初，要编制环境影响评价报告，环保评价报告明确了环保设施、措施，只有相关环保设施、措施符合标准，政府环保部门才会审批通过，项目才能建设。环境评价报告中明确的环保设施、操作标准，就是项目投产后的执行标准。

对于生产过程中的排放物，企业要取得排放许可证，排放许可证明确了排放物的排放标准，这样企业对排放物的控制就有了操作标准。

问：政府或者当地环保部门是否定期检查，检查完毕后，有无检查结论之类的文件？

答：随着国家环保政策的推行，外部检查越来越频繁，一般没有问题，就没有什么结论性文件了，存在问题的话，就会下达限期整改通知书，再严重了，就会罚款，更严重了，就会面临刑罚了，政府环保部门的网站会公开。

通过以上咨询，审计组掌握了以下要点。

1.操作标准是可以掌握的。

　　虽然国家有关环保方面的法规制度很多，让人眼花缭乱，但是，A企业通过三个渠道，就能掌握适用于企业的具体的标准：① 环境评价报告；② 排放许可证；③ 由专门部门或者人员关注当地政府环保部门网站信息。

　　2. 违法痕迹是可以掌握的。

　　当地环保部门及执法大队进行频繁的检查，一旦企业有环保违法行为，将会在政府环保部门网站、被审计单位社会诚信档案、环保主管部门向社会公布的违法者名单中找到线索。如果企业因环保违法被罚款，财务账面会找到有关支出凭证。

　　3. 企业对环保工作是重视的。

　　在国家环保政策强力推行的背景下，罚款、被责令停业、关闭、负法律责任等，这些强力措施倒逼企业重视环境保护工作，企业环保违法的风险一定程度上会降低。

五、审计建议

　　对生态环境保护情况进行审计，概括存在的不足和问题，分析存在问题的原因，提出切实可行的审计建议。

六、审计评价与责任界定

（一）审计评价

　　根据审计结果，对不同方面做出具体的审计评价：

　　1. 贯彻执行党和国家经济方针政策、决策部署情况；

　　2. 企业发展战略规划的制定、执行和效果情况；

　　3. 重大经济事项的决策、执行和效果情况；

　　4. 企业法人治理结构的建立、健全和运行情况，内部控制制度的制定和执行情况；

　　5. 企业财务的真实合法效益情况、风险管控情况、境外资产管理情况、生态环境保护情况；

　　6. 在经济活动中落实有关党风廉政建设责任和遵守廉洁从业规定情况；

　　7. 以往审计发现问题的整改情况。

（二）责任界定

　　对于生态环境保护情况审计过程中发现的问题，应该通过访谈有关人员、检查有关文件签批记录、检查会议纪要签字记录等方式，落实被审计人在有关问题事项中的具体作为或者不作为，依据经济责任审计规定，界定被审计人的责任。

对领导人员履行经济责任过程中存在的问题，审计组应当按照权责一致原则，根据领导人员职责分工，综合考虑相关问题的历史背景、决策过程、性质、后果和领导人员实际所起的作用等情况，界定其应当承担的直接责任或者领导责任。

第 21 章

中央企业劳动用工和收入分配审计

一、审计目标

1. 三项制度改革是否到位。

深化劳动用工和收入分配制度改革是否到位，是否实现建立与社会主义市场经济相适应、与企业功能定位相配套的市场化劳动用工和收入分配管理体系，是否构建形成企业内部管理人员能上能下、员工能进能出、收入能增能减的机制，用工结构是否更加优化，人员配置是否更加高效，激励约束机制是否更加健全，收入分配秩序是否更加规范，企业市场化程度是否显著提高，是否为做强做优做大中央企业提供保障。

2. 工资管理是否合规。

工资总额管理制度是否健全，是否符合有关制度规定；工资总额实际管理是否合规，是否经国资委备案或者核准；工资内部分配是否合规，是否以岗位价值为基础、以绩效贡献为依据，坚持按岗定薪、岗变薪变，强化全员业绩考核，合理确定各类人员薪酬水平。

二、审计依据

1. 《关于进一步深化中央企业劳动用工和收入分配制度改革的指导意见》（国资发分配〔2016〕102 号）。

2. 《中共中央 国务院关于深化国有企业改革的指导意见》（中发〔2015〕22 号）。

3. 《中央企业工资总额管理办法》（国务院国有资产监督管理委员会令第 39 号）。

4. 《国务院关于改革国有企业工资决定机制的意见》（国发〔2018〕16 号）。

5. 《企业内部控制应用指引第 3 号——人力资源》。

6.其他相关制度。

三、审计内容

（一）是否强化任职条件和考核评价，实现管理人员能上能下

1.是否建立完善以岗位职责和任职条件为核心的管理人员职级体系。

- 中央企业是否建立健全管理人员岗位体系，明确各层级管理岗位职责和任职条件，合理使用不同层次人才。
- 是否不断完善管理人员职业发展通道，为管理人员能上能下搭建平台。
- 是否按照集团化管控、专业化管理、集约化运营的要求，科学调整组织结构，合理设置内设机构和配置管理人员，提高管理效率。

2.是否健全以综合考核评价为基础的管理人员选拔任用机制。

- 中央企业是否建立管理人员综合考核评价体系，以综合考核评价为基础，通过竞争上岗、公开选聘等多种方式，公开、公平、公正地选拔优秀管理人员。
- 是否强化管理人员考核评价的日常监督管理，将考核评价结果与职务升降、薪酬调整紧密挂钩。
- 对于经考核评价不能胜任工作的，是否调整岗位、降职降薪，真正做到管理人员能上能下。

3.对市场化选聘的职业经理人是否实行契约管理。

对市场化选聘的职业经理人，是否签订聘任和绩效协议，明确聘任期限和业绩目标要求，建立与业绩考核紧密挂钩的激励约束和引进退出机制，实现选聘市场化、管理契约化、退出制度化。

（二）是否加强劳动用工契约化管理，实现员工能进能出

1.是否全面推行公开招聘制度。

- 中央企业是否根据人力资源能力框架要求，明确各岗位的职责权限、任职条件和工作要求，遵循德才兼备、以德为先和公开、公平、公正的原则，通过公开招聘、竞争上岗等多种方式选聘优秀人才，重点关注选聘对象的价值取向和责任意识。
- 中央企业选拔高级管理人员和聘用中层及以下员工，是否切实做到因事设岗、以岗选人，避免因人设事或设岗，确保选聘人员能够胜任岗位职责要求。
- 中央企业是否按照公开、公正、竞争、择优的原则，公开招录企业员工。
- 是否制定公开招聘办法，面向社会公开招聘，做到信息公开、过程公开和结果

公开。

- 招聘信息是否面向社会公开发布，是否未设置歧视性录用条件，是否不存在降低条件定向招录本企业员工亲属的情况。
- 拟录用人员有关信息是否通过适当形式在一定范围内公示，确保公开招聘工作的公平、公正，提高员工招聘质量。
- 国家法律法规政策另有规定的，是否从其规定。

2. 是否加强劳动合同管理。

- 中央企业是否打破身份界限，建立健全以合同管理为核心、以岗位管理为基础的市场化用工制度。
- 是否依法与所有员工签订劳动合同，做到劳动合同应签尽签。
- 是否强化劳动合同对实现员工能进能出的重要作用，细化劳动合同期限、工作内容、劳动纪律、绩效要求及续签、解除合同条件等条款，明确双方的权利义务。
- 是否依法规范使用劳动合同制、劳务派遣等各类用工，完善管理制度，履行法定程序，确保用工管理依法合规。
- 对于在产品技术、市场、管理等方面掌握或涉及关键技术、知识产权、商业秘密或国家机密的工作岗位，是否与该岗位员工签订有关岗位保密协议，明确保密义务。

3. 是否构建员工正常流动机制。

- 中央企业是否根据企业战略规划和生产经营需要，合理控制用工总量，优化人员结构，构建员工正常流动机制。
- 是否建立企业内部人力资源市场，盘活人力资源存量，提高人力资源使用效率。
- 是否建立员工退出渠道，细化员工行为规范、劳动纪律和奖惩标准，明确劳动合同期满续签标准和员工不胜任岗位要求的认定标准。
- 对违法违规、违反企业规章制度或不胜任岗位要求等符合解聘条件的员工，是否严格履行法律法规要求的相关程序，依法解除劳动合同。

（三）是否建立和执行岗前培训制度

中央企业是否建立和执行选聘员工试用期和岗前培训制度，对试用员工进行严格考察，促进选聘员工全面了解岗位职责，掌握岗位基本技能，适应工作要求；是否在试用期满考核合格后，方可正式上岗；试用期满考核不合格者，是否及时解除劳动关系。

（四）是否推进收入分配市场化改革，实现收入能增能减

1. 是否建立工资总额能增能减机制。

- 中央企业是否建立与财务预算和业绩考核目标挂钩的工资总额预算管理办法，健全工资效益同向联动机制，切实做到工资总额与企业效益紧密挂钩。
- 是否建立全口径人工成本预算管理制度体系，将工资总额以外的其他人工成本项目纳入预算管理范围，严格控制人工成本不合理增长，不断提高人工成本投入产出效率。

2. 是否推进与效益紧密挂钩的内部薪酬制度改革。

- 中央企业是否根据企业实际，实行与社会主义市场经济相适应的薪酬分配制度，建立健全与劳动力市场基本适应、与企业经济效益和劳动生产力挂钩的工资决定和正常增长机制，优化薪酬结构，合理拉开收入分配差距。
- 是否推进全员绩效考核，根据劳动力市场价位、人工成本承受能力、岗位价值评估和员工个人能力等因素合理确定员工薪酬，是否同时与企业效益、个人绩效紧密挂钩。
- 企业效益下降或个人绩效考核不达标时，员工薪酬是否相应下降，确保收入能增能减。
- 是否建立员工薪酬市场对标机制，结合企业薪酬战略和人工成本承受能力，逐步提高核心骨干员工薪酬的市场竞争力，同时是否调整不合理的偏高、过高收入，做到薪酬水平该高的高，该低的低。

3. 员工福利保障制度是否规范。

- 中央企业是否结合自身实际，统筹规范所属企业福利保障制度，加强福利项目和费用管理，严格清理规范工资外收入。
- 社会保险、住房公积金、企业年金、福利费等国家和地方有明确政策规定的，是否严格执行相关规定。
- 已经建立企业年金制度的企业，是否不存在提高建立年金制度前已退休人员统筹外补贴水平和临近退休人员的企业年金补偿标准的情形。企业效益下降的，福利费是否没有增长，企业年金缴费标准是否适当降低；企业出现亏损的，企业年金是否暂停缴费。

（五）工资总额是否经核准或者备案

1. 实行工资总额预算备案制管理的中央企业。

实行工资总额预算备案制管理的中央企业，是否根据国资委管理制度和调控要求，

结合实际制定本企业工资总额管理办法。

工资总额管理办法是否报经国资委同意。

是否依照本企业工资总额管理办法科学编制职工年度工资总额预算方案并组织实施。

是否在国资委对其年度工资总额预算进行备案管理。

2. 实行工资总额预算核准制管理的中央企业。

实行工资总额预算核准制管理的中央企业，是否根据国资委有关制度要求，科学编制职工年度工资总额预算方案，报国资委核准后实施。

3. 中央企业下属子公司。

如果被审计单位为中央企业下属子公司，则取得母公司下发的工资总额标准文件，分析其工资总额是否在母公司核准的总额之内。

（六）信息公开是否合规

中央企业是否依照法定程序决定工资分配事项，加强对工资分配决议执行情况的监督。职工工资收入分配情况是否作为厂务公开的重要内容，定期向职工公开，接受职工监督。

国资委、中央企业是否每年定期将企业工资总额和职工平均工资水平等相关信息向社会披露，接受社会公众监督。

（七）相关事项内部决策是否合规

在管理人员选聘、劳动用工、收入分配的制度制定、执行过程中，是否充分发挥董事会的决策作用、监事会的监督作用、经理层的经营管理作用、党组织的政治核心作用，董事会是否依法行使重大决策、选人用人、薪酬分配等权利，有关各方的权责是否与公司章程规定一致。

（八）风险管理情况

是否将人力资源管理纳入全面风险管理体系。企业人力资源管理至少应当关注下列风险。

1. 人力资源缺乏或过剩、结构不合理、开发机制不健全，可能导致企业发展战略难以实现。

2. 人力资源激励约束制度不合理、关键岗位人员管理不完善，可能导致人才流失、经营效率低下或关键技术、商业秘密和国家机密泄露。

3. 人力资源退出机制不当，可能导致法律诉讼或企业声誉受损。

企业是否定期对年度人力资源计划执行情况进行评估，总结人力资源管理经验，分析存在的主要缺陷和不足，完善人力资源政策。

四、审计程序

（一）了解基本情况，并取得有关资料

访谈相关部门、人员，了解企业三项制度改革情况，并取得以下资料。

1. 管理人员选聘方面的资料。

企业组织机构图，规定各部门、岗位职责、权限的相关文件。

规定各岗位任职条件的相关文件。

管理人员综合考核评价制度、竞争上岗制度、公开选聘制度等。

审计期间（三项制度改革之后）管理层岗位变动情况资料，包括岗位职责、公开选拔、竞争上岗等过程资料。

部分或者全部与管理人员签订的聘任和绩效协议。

2. 劳动用工方面的资料。

员工招聘制度。

部分或者全部批次的招聘资料，包括招聘公告、笔试和面试记录、其他竞争上岗考核记录等。

部分或者全部与审计期间新招员工签订的劳动合同。

部分与一定年限老员工签订的劳动合同。

劳动纪律、行为规范相关资料。

3. 内部分配方面有关资料。

工资总额与企业效益挂钩的有关文件，工资总额与效益之间联动计算的资料。

人工成本预算管理制度、人工成本预算编制过程文件。

企业不同层级、不同岗位工资决定相关资料。

全员绩效考核制度、办法的相关资料。

员工薪酬与市场对标制度的相关资料。

4. 工资管理的相关资料。

企业工资总额管理办法。

工资总额预算。

工资总额备案文件／工资总额核准文件。

工资总额预算编制过程文件。

国资委清算评价意见。

与工资计提、发放相关的会计账簿、凭证、报表等。

（二）具体的审计程序

1. 管理人员选聘方面。

（1）分析制度建设方面是否合规。

取得有关考核选聘制度，分析评价制度设置是否强化任职条件和考核评价，实现管理人员能上能下。

① 岗位职责、任职条件是否明确。

分析企业组织机构图及各部门、岗位职责文件，评价有关部门、岗位与企业的主营业务、功能等是否相关；分析组织机构图、岗位手册规定的岗位及岗位职责是否与实际情况相符，有无相关手册制度完美无缺，实际完全不同的情况。

分析组织结构的设置是否符合内部控制相互制约、相互稽核的基本原理。

分析管理人员岗位体系相关文件，分析是否明确各岗位的任职条件，任职条件是否与岗位职责相匹配，对经验、学历、专业等有无明确规定。

② 选拔任用是否以考核评价为基础。

分析管理人员综合考核评价制度、竞争上岗制度、公开选聘制度等制度文件，评估考核内容是否与岗位职责相关，是否具体可执行。

分析管理人员竞争上岗、公开选聘等有关的选拔措施，是否以综合考核评价结果为基础；企业是否将考核结果与职务升降、薪酬调整紧密挂钩。

（2）检查实际执行情况。

选择部分或者全部与管理人员签订的聘任和绩效协议，分析与管理人员签订的聘任和绩效协议对聘任期限、业绩目标的规定是否明确具体，是否明确与业绩考核挂钩的奖惩、升降、进退等条款，是否实现了选聘市场化、管理契约化、退出制度化。

分析改革之后管理人员变动相关文件，分析改革之后管理人员选择是否执行了全面综合考核、公开选拔、竞争上岗制度。

分析每年度结束时对各管理人员综合考核的结果，对于考核不达标的，是否按合同相关规定降级、降职、降薪等。

关注经考核评价不能胜任工作的，是否调整岗位、降职降薪，真正做到管理人员能上能下。

2. 劳动用工方面。

（1）分析制度建设方面是否合规。

分析劳动用工制度，是否规定按照公开、公正、竞争、择优的原则，公开招录企业员工，是否规定面向社会、信息公开、过程公开和结果公开，是否规定拟录用人员有关信息通过适当形式在一定范围内公示。

（2）检查招聘用工实际执行情况。

① 检查招聘环节是否履行市场化机制。

检查审计期间部分或者全部批次的招聘资料，分析招聘公告、招聘条件是否与相关岗位所需要的技能相关，有无歧视性录用条件，或者与同等性质岗位相比，条件降低的情况，如果有，落实原因，关注是否存在降低条件定向招录本企业员工亲属的情况。

检查实际招录人员是否与招聘公告中要求的条件相符。

检查有关信息公开资料，包括网页、线下公告设施等，评价是否按要求信息公开、过程公开和结果公开。

② 检查部分或者全部劳动合同。

检查与审计期间新招员工签订的劳动合同、与一定年限以上老员工签订的劳动合同，评价合同内容是否具体可执行，内容是否全面，是否细化劳动合同期限、工作内容、劳动纪律、绩效要求以及续签、解除合同条件等条款，明确双方的权利义务。

检查部分或者全部员工升降、调整岗位、离职等有关资料，评价是否按劳动合同执行，除员工自动离职外，是否依据考核情况执行。

抽查部分员工，检查有无劳动合同，关注有无没有签订劳动合同的情况。

3.收入分配方面。

分析企业不同层级、不同岗位工资相关资料，全员绩效考核制度、员工薪酬与市场对标制度及相关资料，了解企业是否将岗位薪酬与劳动力市场价位、人工成本承受能力、岗位价值评估和员工个人能力等因素挂钩，是否考虑与企业经济效益、个人绩效考核结果挂钩。

抽查部分员工的绩效考核资料、年度薪酬结算资料，分析是否执行了绩效考核、劳动用工合同有关协议。

4.内部决策方面。

检查与相关制度制定审批过程、预算审核、管理人员聘任等事项相关的内部决策文件，包括董事会会议纪要、总经理办公会会议纪要等，是否符合公司章程规定的权责，检查监事会对相关事项监督检查的资料，评价监事会是否起到相应的监督作用。

（三）分析工资管理制度、工资预算

1.如果企业为工资总额备案管理的中央企业，检查其工资总额管理办法是否经国资委审核同意。

2.检查工资总额是否履行备案程序。

3.检查预算编制过程文件是否符合本企业工资总额管理办法有关规定，职工工资总额是否主要与企业利润总额、净利润、经济增加值、净资产增长率、净资产收益率等反映经济效益、国有资本保值增值和市场竞争能力的指标挂钩。

4.分析工资总额管理制度和工资总额预算，是否体现以下原则。

工资总额预算与利润总额等经济效益指标的业绩考核目标值挂钩，并且根据目标值的先进程度（一般设置为三档）确定不同的预算水平。

（1）企业经济效益增长，目标值为第一档的，工资总额增长可以与经济效益增幅保持同步；目标值为第二档的，工资总额增长应当低于经济效益增幅。

（2）企业经济效益下降，目标值为第二档的，工资总额可以适度少降；目标值为第三档的，工资总额应当下降。

（3）企业受政策调整、不可抗力等非经营性因素影响的，可以合理调整工资总额预算。

（4）企业未实现国有资产保值增值的，工资总额不得增长或者适度下降。

（5）企业当年经济效益增长但劳动生产率未提高的，工资总额应当适当少增。

（6）企业劳动生产率以及其他人工成本投入产出指标与同行业水平对标差距较大的，应当合理控制工资总额预算。

（7）工资总额在预算范围不发生变化的情况下，原则上增人不增工资总额、减人不减工资总额，但发生兼并重组、新设企业或者机构等情况的，可以合理增加或者减少工资总额。

中央企业应当制定完善集团总部职工工资总额管理制度，根据人员结构及工资水平的对标情况，总部职工平均工资增幅原则上在低于当年集团职工平均工资增幅的范围内合理确定。

5. 如果企业为工资总额核准管理的中央企业，取得核准文件，检查是否经国资委核准。

6. 分析企业工资总额管理制度、预算编制过程文件，评价企业内部分配管理是否按以下原则进行。

（1）中央企业是否建立健全职工薪酬市场对标体系，构建以岗位价值为基础、以绩效贡献为依据的薪酬管理制度，坚持按岗定薪、岗变薪变，强化全员业绩考核，合理确定各类人员薪酬水平，逐步提高关键岗位的薪酬市场竞争力，调整不合理收入分配差距。

（2）坚持短期与中长期激励相结合，按照国家有关政策，对符合条件的核心骨干人才实行股权激励和分红激励等中长期激励措施。

7. 检查工资信息公开工作情况。

了解中央企业信息公开方式，检查是否按规定公开，公开内容是否与实际一致。

检查国资委、中央企业有关网上公开信息，评价国资委、中央企业是否每年定期将企业工资总额和职工平均工资水平等相关信息向社会披露，接受社会公众监督。公开内容是否与实际情况一致。

（四）财务审计

1. 检查财务报表、附注、内部报表、财务账簿等文件，分析确定中央企业是否严格执行经国资委备案或者核准的工资总额预算方案；在执行过程中出现以下情形之一，导致预算编制基础发生重大变化的，是否申请对工资总额预算进行调整。

（1）国家宏观经济政策发生重大调整。

（2）市场环境发生重大变化。

（3）企业发生分立、合并等重大资产重组行为。

（4）其他特殊情况。

2. 检查工资的实际兑现是否按预算执行、按工资总额管理制度执行，是否按岗定薪，在考核的基础上兑现。

抽查部分员工，检查业绩考核情况、劳动用工合同等，检查实际兑现工资是否与预算文件一致、与劳动用工合同一致、与考核结果一致。

3. 检查职工福利保障支出情况，评价是否严格执行国家关于社会保险、住房公积金、企业年金、福利费等政策规定，是否不存在超标准、超范围列支的情况。

企业效益下降的，是否严格控制职工福利费支出。

4. 检查中央企业是否存在违反规定超提、超发工资总额的情况。

5. 检查企业是否存在工资外收入情况，企业所有工资性支出应当按照有关财务会计制度规定，全部纳入工资总额核算，不得在工资总额之外列支任何工资性支出。

检查其他成本费用支出项目、资产购置项目、关联交易项目，核实有无虚构支出项目，实际套取资金发放工资的情况。

6. 检查工资性支出是否真实。

检查工资支出是否实际发入员工账户，有无虚列工资支出，实为调节利润，或者其他营私舞弊、贪污盗窃行为。

7. 检查有关工资性支出的会计核算是否符合企业会计准则规定，是否全部纳入工资总额核算，有无为规避工资总额指标限制，将常规工资外的其他工资性支出不纳入工资总额核算的情况，如劳务费不纳入工资总额核算。

8. 检查企业领导班子及企业负责人的工资发放情况，是否符合国资委或者董事会根据考核情况核定的金额，预发数字是否在规定限额以内。

【案例分享 21-1】   薪酬管理与核算存在的问题

案例1：关联交易套现发放指标外工资。

某央企下属企业 A，将本单位工程承包给关联单位，再由关联单位转包给实际施工方。例如，某工程项目以 3 600 万元的价格承包给 B 关联单位，B 关联单位实际以 2 400 万元转包给 C 施工单位，B 关联单位净赚差价 1 200 万元。实际上，B 关联单位与 A 单位是"两块牌子，一套人马"，B 关联单位净赚的差价，都用来给 A 单位的员工发放工资，这部分工资，都以工程款的名义列入资产购置支出，没有列入工资总额，从账面上看，工资总额是控制在上级单位下达的工资总额以内的。

案例 2：虚假发票套现发放指标外工资。

ZTH 会计师事务所在对某企业实施审计过程中，发现很多互相矛盾的差旅费、交通费发票，最终审计确认，这些支出都不是真正的差旅费、交通费，而是员工找来各种发票报销套现的，实际是工资性支出。

案例 3：工资发放不真实。

某企业工资总部与下属非独立核算业务单位签署目标责任书，年终按目标责任书兑现，账面上全部工资已计提、发放，但实际并没有发放到员工手里，而是由非独立核算业务部门管理，这部分资金脱离了企业财务管理体系，无法确认是否按规定发放给员工，无法保证有关资金安全、支出合法合规。

（五）结合其他审计项目评价劳动用工管理

结合其他审计项目发现的问题，追踪原因，分析劳动用工管理是否存在问题。

【案例分享 21-2】　　　一起事故反映的人力资源管理问题

ZTH 会计师事务所对 XY 科技集团公司（以下简称"XY 公司"）实施经济责任审计，发现该公司 2019 年因为服务质量问题被诉讼，原因是为甲方安装的信息系统存在安全隐患，导致事故，给甲方造成巨额损失和人员伤亡，给甲方的市场形象也造成重大不良影响。

审计人员调查安装信息系统的施工人员，了解到，该施工人员王某承接这个项目时，还是新入职人员，没有实操经验且未经必要的入职培训或者知识技能考试，XY 公司相关生产技术部门在不了解王某的专业胜任能力的情况下，就将这个业务交给王某。

审计人员进一步要求 XY 公司提供有关王某的招聘资料，发现王某并非来源于公开招聘，而是该公司领导人员亲属。

综上，审计人员认为该公司劳动用工制度存在以下问题：

1. 没有明确各岗位的任职条件，没有按因事设岗、以岗选人的原则聘用合格的员工；

2. 没有试用期、培训、考试等制度保证员工具备必要的专业胜任能力，不能保证聘用的员工能够胜任岗位职责要求，以致造成重大损失。

（六）通过访谈、座谈会等了解有关情况

通过访谈纪检、监察以及其他不同部门、不同职级的员工，了解管理人员选聘、员工招聘、合同管理、工薪、晋级等人力资源管理有无不合理甚至营私舞弊情况，有无不公开、不透明甚至不公平情况，企业用工分配管理方面是否存在体制机制僵化、内部改革不到位、市场化选人用人机制还未真正形成、激励约束机制还不健全、内部管理人员能上不能下、员工能进不能出、收入能增不能减等问题。

关注有无以下情形：

- 采取不正当手段为本人或者他人谋取职位；
- 不按照规定程序推荐、考察、酝酿、讨论决定任免干部；
- 私自泄露民主推荐、民主测评、考察、酝酿、讨论决定干部等有关情况；
- 在干部考察工作中隐瞒或者歪曲事实真相；
- 在民主推荐、民主测评、组织考察和选举中搞拉票等非组织活动；
- 利用职务便利私自干预下级或者原任职地区、单位干部选拔任用工作；
- 在工作调动、机构变动时，突击提拔、调整干部；
- 在干部选拔任用工作中封官许愿，任人唯亲，营私舞弊。

访谈过程中，接收到类似管理不规范或者营私舞弊指控的，应收集有关资料，落实有关指控的真实性。

五、审计建议

对中央企业劳动用工和收入分配情况进行审计，概括存在的不足和问题，分析存在问题的原因，提出切实可行的审计建议。

六、审计评价与责任界定

（一）审计评价

根据审计结果，对不同方面做出具体的审计评价：

1. 贯彻执行党和国家经济方针政策、决策部署情况；
2. 企业发展战略规划的制定、执行和效果情况；
3. 重大经济事项的决策、执行和效果情况；
4. 企业法人治理结构的建立、健全和运行情况，内部控制制度的制定和执行情况；
5. 企业财务的真实合法效益情况、风险管控情况、境外资产管理情况、生态环境保护情况；
6. 在经济活动中落实有关党风廉政建设责任和遵守廉洁从业规定情况；

7. 以往审计发现问题的整改情况。

（二）责任界定

对于中央企业劳动用工和收入分配审计过程中发现的问题，应该通过访谈有关人员、检查有关文件签批记录、检查会议纪要签字记录等方式，落实被审计人在有关问题事项中的具体作为或者不作为，依据经济责任审计规定，界定被审计人的责任。

对领导人员履行经济责任过程中存在的问题，审计组应当按照权责一致原则，根据领导人员职责分工，综合考虑相关问题的历史背景、决策过程、性质、后果和领导人员实际所起的作用等情况，界定其应当承担的直接责任或者领导责任。

第 22 章

重大经济事项决策机制审计

一、基本概念

为全面贯彻党的十七大和十七届四中全会精神，切实加强国有企业反腐倡廉建设，进一步促进国有企业领导人员廉洁从业，规范决策行为，提高决策水平，防范决策风险，保证国有企业科学发展，中央要求凡属重大决策、重要人事任免、重大项目安排和大额度资金运作（以下简称"三重一大"）事项必须由领导班子集体作出决定。

二、审计目标

1. 重大经济事项决策机制是否健全完善。

2. 重大经济事项内容是否合法、决策程序是否规范、经济目标是否实现，有无舞弊、违法造成国有资产权益损失的情形。

三、审计依据

1.《关于进一步推进国有企业贯彻落实"三重一大"决策制度的意见》。

2.《中华人民共和国公司法》。

3.《中共中央办公厅　国务院办公厅印发〈国有企业领导人员廉洁从业若干规定〉》。

4.《国资委党委关于印发〈中央企业贯彻落实《国有企业领导人员廉洁从业若干规定》实施办法〉的通知》（国资党委纪检〔2011〕197 号）。

5. 其他相关法规。

四、审计内容

以下审计内容根据截至 2019 年年末的相关法规制度经综合分析提炼而成，考虑到国家相关部门不断推出新的法规制度，建议在审计时，关注有关部门是否有新制度出台，并根据新制度的要求适当调整相关审计内容，且注意新旧制度的生效时间和废止时间，对于企业不同期间的经济事项，适用不同的制度规定。

（一）全面风险管理、合规管理情况

重大经济事项决策是否作为全面风险管理和合规管理体系的重要领域，是否密切关注国际国内形势，评估风险，不断完善决策管理制度，控制决策机制不健全带来的风险。

（二）重大经济事项决策制度是否完善

1. 是否制定重大经济事项决策制度，健全议事规则，明确"三重一大"事项的主要范围。

"三重一大"事项的主要范围是否包括且不限于以下事项。

（1）重大决策事项，是指依照《中华人民共和国公司法》《中华人民共和国全民所有制工业企业法》《中华人民共和国企业国有资产法》《中华人民共和国商业银行法》《中华人民共和国证券法》《中华人民共和国保险法》及其他有关法律法规和党内法规规定的应当由股东大会（股东会）、董事会、未设董事会的经理班子、职工代表大会和党委（党组）决定的事项，主要包括企业贯彻执行党和国家的路线方针政策、法律法规和上级重要决定的重大措施，企业发展战略、破产、改制、兼并重组、资产调整、产权转让、对外投资、利益调配、机构调整等方面的重大决策，企业党的建设和安全稳定的重大决策，以及其他重大决策事项。

（2）重要人事任免事项，是指企业直接管理的领导人员以及其他经营管理人员的职务调整事项，主要包括企业中层以上经营管理人员和下属企业、单位领导班子成员的任免、聘用、解除聘用和后备人选的确定，向控股和参股企业委派股东代表，推荐董事会、监事会成员和经理、财务负责人，以及其他重要人事任免事项。

（3）重大项目安排事项，是指对企业资产规模、资本结构、盈利能力以及生产装备、技术状况等产生重要影响的项目的设立和安排，主要包括年度投资计划，融资、担保项目，期权、期货等金融衍生业务，重要设备和技术引进，采购大宗物资和购买服务，重大工程建设项目，以及其他重大项目安排事项。

（4）大额度资金运作事项，是指超过由企业或者履行国有资产出资人职责的机构所规定的企业领导人员有权调动、使用的资金限额的资金调动和使用，主要包括年度预算内大额度资金调动和使用，超预算的资金调动和使用，对外大额捐赠、赞助，以及其他大额度资金运作事项。

2. 是否明确 "三重一大" 事项的决策规则和程序。

是否完善群众参与、专家咨询和集体决策相结合的决策机制；国有企业党委（党组）、董事会、未设董事会的经理班子等决策机构是否依据各自的职责、权限和议事规则，集体讨论决定 "三重一大" 事项，防止个人或少数人专断；是否坚持务实高效，保证决策的科学性；是否充分发扬民主，广泛听取意见，保证决策的民主性；是否遵守国家法律法规、党内法规和有关政策，保证决策合法合规。

三重一大" 事项决策是否遵守以下基本程序。

（1）"三重一大" 事项提交会议集体决策前应当认真调查研究，经过必要的研究论证程序，充分吸收各方面意见。

重大投资和工程建设项目，应当事先充分听取有关专家的意见。

重要人事任免，应当事先征求国有企业和履行国有资产出资人职责机构的纪检监察机构的意见。

研究决定企业改制以及经营管理方面的重大问题、涉及职工切身利益的重大事项、制定重要的规章制度，应当听取企业工会的意见，并通过职工代表大会或者其他形式听取职工群众的意见和建议。

（2）决策事项应当提前告知所有参与决策人员，并为所有参与决策人员提供相关材料。必要时，可事先听取反馈意见。

（3）党委（党组）、董事会、未设董事会的经理班子应当以会议的形式，对职责权限内的 "三重一大" 事项作出集体决策。

不得以个别征求意见等方式作出决策。

紧急情况下由个人或少数人临时决定的，应在事后及时向党委（党组）、董事会或未设董事会的经理班子报告；临时决定人应当对决策情况负责，党委（党组）、董事会或未设董事会的经理班子应当在事后按程序予以追认。

经董事会授权，经理班子决策 "三重一大" 事项的，按照《关于进一步推进国有企业贯彻落实 "三重一大" 决策制度的意见》执行。

（4）决策会议符合规定人数方可召开。

与会人员要充分讨论并分别发表意见，主要负责人应当最后发表结论性意见。

会议决定多个事项时，应逐项研究决定。

若存在严重分歧，一般应当推迟作出决定。

（5）会议决定的事项、过程、参与人及其意见、结论等内容，应当完整、详细记录并存档备查。

（6）决策作出后，企业应当及时向履行国有资产出资人职责的机构报告有关决策情况；企业负责人应当按照分工组织实施，并明确落实部门和责任人。

参与决策的个人对集体决策有不同意见，可以保留或者向上级反映，但在没有作出新的决策前，不得擅自变更或者拒绝执行。

如遇特殊情况需对决策内容作重大调整，应当重新按规定履行决策程序。

（7）董事会、未设董事会的经理班子研究"三重一大"事项时，应事先与党委（党组）沟通，听取党委（党组）的意见。

进入董事会、未设董事会的经理班子的党委（党组）成员，应当贯彻党组织的意见或决定。

企业党组织要团结带领全体党员和广大职工群众，推动决策的实施，并对实施中发现的与党和国家方针政策、法律法规不符或脱离实际的情况及时提出意见，如得不到纠正，应当向上级反映。

（8）建立"三重一大"事项决策的回避制度；建立对决策的考核评价和后评估制度，逐步健全决策失误纠错改正机制和责任追究制度。

3.是否明确"三重一大"决策制度的主要责任人。

是否明确国有企业党委（党组）书记、董事长、未设董事会的总经理（总裁）为本企业实施《关于进一步推进国有企业贯彻落实"三重一大"决策制度的意见》的主要责任人。

4.相关决策制度是否经审批执行。

国有企业是否依据《关于进一步推进国有企业贯彻落实"三重一大"决策制度的意见》制定具体的实施办法，报履行国有资产出资人职责的机构审查批准。

（三）决策过程是否合规

结合重大经济事项的审计，分析"三重一大"事项的决策过程是否符合《关于进一步推进国有企业贯彻落实"三重一大"决策制度的意见》《中华人民共和国公司法》《中共中央办公厅 国务院办公厅印发〈国有企业领导人员廉洁从业若干规定〉》《国资委党委关于印发〈中央企业贯彻落实《国有企业领导人员廉洁从业若干规定》实施办法〉的通知》、企业重大经济事项决策制度以及其他相关法规的规定。

各类重大经济事项具体审计内容，参见其他章节。

对于其他章节未涉及的事项，审计主要关注以下内容。

1.决策内容是否符合政策法规。

检查应该审批的有关项目，是否取得政府有关部门审批，是否符合国家相关经济政策、法律法规的规定，是否符合科学发展观及生态环境的保护制度。

2.决策程序是否规范。

分析决策过程相关资料，评价是否符合相关决策制度的规定，决策管理制度是否得到落实。

3.经济事项管理过程是否合法、规范。

各项重大决策事项的执行过程是否符合相关法律法规规定，是否符合相关内部控制制度规定。例如，固定资产投资项目是否按照相关制度规定的程序向社会公开或按规定进行招投标；对闲置资产的处置是否按规定程序进行清产核资、资产评估、公开拍卖等。

4.重大决策预期目标是否实现。

取得与运营相关的统计资料，与可行性研究报告、初步设计等资料对比，检查是否达到预期目标，实现预期的经济效益、社会效益；取得相关项目的验收资料、后评价资料或者绩效评价报告等，了解有关重大决策确定的各项目标是否实现，是否达到了设计要求，重大经济事项是否实现了预期的经济效益、社会效益。

5.决策资料是否完整。

主要审查重大事项决策的相关资料管理是否规范，内容是否完整；决策事项的立项文件、可行性报告、合同、协议、决策的会议纪要等资料是否齐全完整，是否按项目及时立卷归档等。

五、审计程序

（一）了解基本情况，并取得有关资料

访谈相关部门、人员，了解有关风险管控分工、信息收集、风险评估、完善制度等工作进行情况，取得并分析相关工作制度及工作过程中形成的资料，如收集的信息、评估的风险、完善制度的过程资料等。

了解企业重大经济事项决策有关制度制定情况，并取得相关内部控制制度。

了解并取得所属的企业集团、国家授权投资的机构或部门相关制度。

了解相关经济事项的管理方式、部门、人员，梳理任期内主要的重大经济事项。如果通过信息系统等方式管理相关项目，应了解管理程序。

阅读年度工作计划、年度工作总结、专项工作总结、相关部门工作总结，分析梳理重大经济事项。

选取部分或者全部项目，取得相关决策过程、审批过程相关资料以及重大经济事项相关的发文记录；外部相关职能部门针对有关项目的检查、验收资料。

根据相关重大经济事项的性质和特点，应取得的其他相关资料。

重大经济事项涉及财务收支的，取得相关财务报表、账簿、凭证等资料。

（二）分析评价重大经济事项决策机制是否健全完善

1.分析重大经济事项决策领域风险管控和合规管理相关制度、工作形成的文件，评

价全面风险管理、合规管理是否在重大经济事项决策领域落实，是否不断提高决策机制的科学性、合法合规性。

2.结合《关于进一步推进国有企业贯彻落实"三重一大"决策制度的意见》《中华人民共和国公司法》《中共中央办公厅 国务院办公厅印发〈国有企业领导人员廉洁从业若干规定〉》《国资委党委关于印发〈中央企业贯彻落实《国有企业领导人员廉洁从业若干规定》实施办法〉的通知》及所属企业集团、出资人代表机构等相关制度的要求，评价企业重大经济事项决策机制是否健全完善，是否适合企业具体情况，是否务实可操作。

（三）对具体重大经济事项进行审计

对于投资、产权转让、资产转让、企业发展战略规划等重大经济事项的审计程序，可参见其他章节；这以外的事项，履行以下审计程序。

1.阅读、分析评价相关资料。

根据风险评估结果，选择部分或者全部重大经济事项，检查相关资料，并与企业发展战略规划、国家相关经济政策对比，分析评价决策内容是否符合政策法规，决策程序是否规范，经济事项管理过程是否合法、规范，重大决策预期目标是否实现，决策资料是否完整等。

2.财务审计。

针对重大经济事项进行财务审计，确认财务是否合规。

（1）相关资金、资产管理是否规范，相关资金、资产是否安全。

（2）专项资金支出是否符合相关的管理制度，有无贪污挤占挪用的情形。

（3）建设项目的工程管理、财务管理、质量管理、工期管理等是否符合国家相关法规规定；是否严格执行招投标管理制度、合同管理制度；签订的各类经济合同是否公平，是否存在弄虚作假等问题。

3.实地考察相关项目。

对形成有形资产的项目，现场察看相关资产的运营情况，关注有无烂尾、项目不能正常运营、运营没有达到预期设计，导致损失浪费的情况或者其他异常情况。

4.通过访谈或者座谈会的方式，了解项目的实际情况。

通过访谈不同部门、不同职级的员工，了解项目进行及完成情况，评价相关项目是否合法合规、资金支出是否真实合规、有无违法违规行为。

【案例分享 22-1】　　**企业重大经济事项决策可能存在的问题**

审计实践中发现的企业重大经济事项决策可能存在的问题示例如下。

1.违反决策原则和程序决定企业生产经营的重大决策、重要人事任免、重大

项目安排及大额度资金运作事项。

2. 违反规定办理企业改制、兼并、重组、破产、资产评估、产权交易等事项。

3. 违反规定投资、融资、担保、拆借资金、委托理财、为他人代开信用证、购销商品和服务、招标投标等。

4. 未经批准或者经批准后未办理保全国有资产的法律手续，以个人或者其他名义用企业资产在国（境）外注册公司、投资入股、购买金融产品、购置不动产或者进行其他经营活动。

5. 未经企业领导班子集体研究，决定捐赠、赞助事项，或者虽经企业领导班子集体研究但未经履行国有资产出资人职责的机构批准，决定大额捐赠、赞助事项。

6. 决策规则和决策程序不健全。决策规则和决策程序缺失或者不符合要求；机构议事规则之间界限不清晰、衔接不畅；议事决策制度内容不实不细；"三重一大"决策程序不具体，操作性不强；未严格执行"三重一大"决策制度，擅自违规决策或者以少数人决策代替集体决策，甚至越权决策；党委会、董事会、总经理办公会"三会合一"决策重大事项；按公司章程应由董事会决策的事项，违规交由总经理办公会决策，甚至由下属子公司越权代位决策。

7. 违反政策法规决策。未按规定报经相关部门批准，擅自投资建设工程项目；违反有关规定，在未报经有关部门核准，或者未取得国土、环保等部门相应批复的情况下，擅自开工建设工程项目；重大投资项目违反审批程序，应报未报国资部门核准或者备案；未经批准，违法违规进入自然保护区等限制开发区域建设工程项目。

8. 重大投资未按规定进行充分、深入的可行性研究或者风险分析。投资并购未按规定开展尽职调查或者尽职调查未进行风险分析；财务审计、资产评估违反相关规定；对存在的重大疏漏未及时采取有效弥补措施；盲目决策致使投资或者并购未达到预期效果，甚至造成损失。

9. 违规执行或者实施重大事项。收购、兼并、重组和重大资产处置未按要求进行资产评估；违规对外担保，特别是为民营企业贷款提供担保；引进不成熟技术或者技术引进不合理，致使不能正常投入生产；以邀请招标、比选或者直接指定代替公开招标，违规确定工程施工单位或者物资供应商；违法转包、分包项目；未经企业董事会研究，未形成董事会决议，未按规定上报国资部门核准，甚至未经企业集体研究决策，违规擅自对外捐赠，或者超范围捐赠。

10. 决策规则执行不严格。未严格遵守议事决策规则，"三重一大"事项决策制度执行不严；对实际情况掌握不够、对关键问题把握不准，调查不够深入，决策前期论证不充分，盲目主观决策；以个人或者少数人决策代替集体决策，甚至越权决策。

11. 领导干部个人擅自决定大额资金运作、对外投资、工程招投标、大宗商品采购、国有资产处置等重大经济决策事项的情形，采取"通报"方式代替民主决策。

12. 决策全程留痕不规范。未实行决策全程记录；记录不细，未反映或者完整准确反映参会人员发言内容和表决情况；事后整理、随意更改会议记录，未反映会议真实情况；记录本使用不规范，使用活页式、可拆卸记录本；未妥善保管会议决策记录本或者造成遗失。

13. 没有达到预期的经济效益或社会效益，存在"形象工程""拍脑袋工程"等重大决策事项，以及因决策失误而造成损失浪费和国有资产流失等问题。

14. 对下属企业的重大经济决策管控不力。下属企业脱离监管，应报的重大经济决策事项未报集团公司审批，违规决策。

15. 假造、虚报决策效果。

六、审计建议

对重大经济事项的决策机制进行审计，概括存在的不足和问题，分析存在问题的原因，提出切实可行的审计建议。

七、审计评价与责任界定

（一）审计评价

根据审计结果，对不同方面做出具体的审计评价：

1. 贯彻执行党和国家经济方针政策、决策部署情况；

2. 企业发展战略规划的制定、执行和效果情况；

3. 重大经济事项的决策、执行和效果情况；

4. 企业法人治理结构的建立、健全和运行情况，内部控制制度的制定和执行情况；

5. 企业财务的真实合法效益情况、风险管控情况、境外资产管理情况、生态环境保护情况；

6. 在经济活动中落实有关党风廉政建设责任和遵守廉洁从业规定情况；

7. 以往审计发现问题的整改情况。

（二）责任界定

对于重大经济事项的决策机制审计过程中发现的问题，应该通过访谈有关人员、检查有关文件签批记录、检查会议纪要签字记录等方式，落实被审计人在有关问题事项中的具体作为或者不作为，依据经济责任审计规定，界定被审计人的责任。

对领导人员履行经济责任过程中存在的问题，审计组应当按照权责一致原则，根据领导人员职责分工，综合考虑相关问题的历史背景、决策过程、性质、后果和领导人员实际所起的作用等情况，界定其应当承担的直接责任或者领导责任。

第 23 章

企业法人治理结构审计

一、基本概念

1. 履行出资人职责的机构。

国务院国有资产监督管理机构和地方人民政府按照国务院的规定设立的国有资产监督管理机构，根据本级人民政府的授权，代表本级人民政府对国家出资企业履行出资人职责。

国务院和地方人民政府根据需要，可以授权其他部门、机构代表本级人民政府对国家出资企业履行出资人职责。

代表本级人民政府履行出资人职责的机构、部门，以下统称履行出资人职责的机构。

2. 适用范围。

本章所介绍的审计内容及审计方法适用于国有独资公司、国有全资公司、国有控股公司以及这些公司对子公司法人治理方面的审计。

二、审计目标

1. 国有企业、混合所有制企业法人治理结构是否健全。

企业是否建立健全现代企业制度，坚持以资本为纽带、以产权为基础完善治理结构，根据股权结构合理设置股东（大）会、董事会、监事会，规范股东（大）会、董事会、监事会、经理层和党组织的权责关系，按章程行权、依规则运行，形成定位清晰、权责对等、运转协调、制衡有效的法人治理结构。

混合所有制是否充分发挥公司章程在公司治理中的基础性作用，国有股东根据法律法规和企业实际情况，与其他股东充分协商，合理制定章程条款，切实维护各方股东权利；是否充分发挥非公有资本股东的积极作用，依法确定非公有资本股东提名和委派董事、监事的规则，建立各方参与、有效制衡的董事会，促进非公有资本股东代表能够有效参与公司治理。

2. 混合所有制企业管控方式是否合规。

中央企业是否科学合理界定与混合所有制企业的权责边界，国有股东是否在现代企业制度框架下按照市场化规则，以股东角色和身份参与企业决策和经营管理，不干预企业日常经营。

是否通过股东（大）会表决、推荐董事和监事等方式行使股东权利，实施以股权关系为基础、以派出股权董事为依托的治理型管控，加强股权董事履职支撑服务和监督管理，确保国有股权董事行权履职体现出资人意志。

是否依法保障混合所有制企业自主经营权，落实董事会对经理层成员选聘、业绩考核和薪酬管理等职权。

3. 是否重视党的建设，是否把建立党的组织、开展党的工作作为必要前提。

三、审计依据

1.《中华人民共和国企业国有资产法》（中华人民共和国主席令第五号）。

2.《中华人民共和国公司法》。

3.《国务院办公厅关于进一步完善国有企业法人治理结构的指导意见》（国办发〔2017〕36号）。

4.《上市公司治理准则》。

5. 其他有关法规制度。

四、审计内容

以下审计内容根据截至2019年年末的相关法规制度经综合分析提炼而成，考虑到国家相关部门不断推出新的法规制度，建议在审计时，关注有关部门是否有新制度出台，并根据新制度的要求适当调整相关审计内容，且注意新旧制度的生效时间和废止时间，对于企业不同期间的经济事项，适用不同的制度规定。

（一）公司章程是否保障出资人权利

公司章程对企业、股东、董事、监事、高级管理人员具有约束力。

1. 履行出资人职责的机构是否依照法律、行政法规的规定，制定或者参与制定国家出资企业的章程。

2.出资人机构是否依据法律法规和公司章程规定行使股东权利、履行股东义务，有关监管内容是否依法纳入公司章程。

按照以管资本为主的要求，是否研究提出出资人机构审批事项清单，是否建立对董事会重大决策的合规性审查机制，是否制定监事会建设、责任追究等具体措施，以及其他与行使股东权利、履行股东义务有关的事项。

3.是否健全以公司章程为核心的企业制度体系，充分发挥公司章程在企业治理中的基础作用，公司章程是否严格规范履行出资人职责的机构（以下简称"出资人机构"）、股东（大）会、董事会、经理层、监事会、党组织和职工代表大会的权责，强化权利责任对等，保障有效履职，完善符合市场经济规律和我国国情的国有企业法人治理结构。

（二）组织机构是否健全及其权责是否明确

1.股东（大）会组织及其权责是否合规。

股东（大）会权利是否符合《中华人民共和国公司法》及其他法规规定，出资人机构能否根据本级人民政府授权对国家出资企业依法享有股东权利。企业股东是否依法享有资产收益、参与重大决策和选择管理者等权利。

（1）对国有全资公司、国有控股企业，出资人机构是否主要依据股权份额通过参加股东会议、审核需由股东决定的事项、与其他股东协商作出决议等方式履行职责，除法律法规或公司章程另有规定外，不干预企业自主经营活动。

（2）公司章程是否明确股东（大）会行使的职权，有关职权是否符合《中华人民共和国公司法》及其他相关法规规定。

（3）公司章程是否明确了股东（大）会的议事方式和表决程序，包括且不限于以下方面：召集人和主持人、定期会议和临时会议、提前通知、会议记录、股东签名等。

（4）国有独资企业不设股东会，是否由出资人机构依法行使股东会职权。

国有资产监督管理机构可以授权企业董事会行使股东会的部分职权，决定企业的重大事项，但企业的合并、分立、解散、增加或者减少注册资本和发行公司债券，是否由国有资产监督管理机构决定，其中重要的国有独资公司合并、分立、解散、申请破产的，应当由国有资产监督管理机构审核后，报本级人民政府批准。

（5）股东（大）会不得将法定由股东大会行使的职权授予董事会行使。

2.董事会组织及其权责是否合规。

（1）董事会组织是否符合《中华人民共和国公司法》规定。

（2）上市公司董事的选任是否符合《中华人民共和国公司法》规定。

（3）董事会是否对股东（大）会负责，所行使职权是否符合《中华人民共和国公司法》规定。

（4）公司章程是否明确了董事会的议事规则。

（5）是否有回避规定。

（6）上市公司是否建立独立董事制度，独立公司制度是否符合《中华人民共和国公司法》及其他法规规定。

（7）是否设立专门委员会。

专门委员会的成员、召集人、职责是否符合《中华人民共和国公司法》规定，是否具备必要的知识和能力。

3.经理任命及其权责是否合规。

（1）经理是否由董事会决定聘任或者解聘。

（2）经理是否对董事会负责，职权是否符合《中华人民共和国公司法》相关规定。

4.监事会组织及其权责是否合规。

（1）监事会组织是否合规。

监事会的人数、构成、独立性、履职能力、产生、回避、任期等，是否符合《中华人民共和国公司法》相关规定。

（2）监事会、不设监事会的公司的监事职权是否符合《中华人民共和国公司法》相关规定。

（3）公司章程是否规定监事会会议有关规则。

5.职工代表大会是否规范。

（1）以职工代表大会为基本形式的企业民主管理制度是否健全。

（2）是否有制度支持和保证职工代表大会依法行使职权，加强职工民主管理与监督，维护职工合法权益。

（3）国有独资、全资企业的董事会、监事会中是否有职工董事和职工监事。

（4）企业研究决定改制以及经营方面的重大问题、制定重要的规章制度时，是否通过职工代表大会或者其他形式听取职工的意见和建议。

（三）是否加强董、监、高队伍建设

1.是否加强董事队伍建设。

（1）开展董事任前和任期培训，做好董事派出和任期管理工作。

（2）建立完善外部董事选聘和管理制度，严格资格认定和考试考察程序，拓宽外部董事来源渠道，扩大专职外部董事队伍，选聘一批现职国有企业负责人转任专职外部董事，定期报告外部董事履职情况。

（3）国有独资企业要健全外部董事召集人制度，召集人由外部董事定期推选产生。外部董事要与出资人机构加强沟通。

2.企业的董事、监事、高级管理人员是否具备《中华人民共和国公司法》规定的资格。

3.是否在公司章程中或者以制度规范董、监、高的行为。

（四）是否坚持党的领导，发挥政治优势

1. 公司章程是否明确党组织在国有企业法人治理结构中的法定地位，将党建工作总体要求纳入国有企业章程，明确党组织在企业决策、执行、监督各环节的权责和工作方式，使党组织成为企业法人治理结构的有机组成部分。

2. 是否充分发挥党组织的领导核心和政治核心作用，领导企业思想政治工作，支持董事会、监事会、经理层依法履行职责，保证党和国家方针政策的贯彻执行。

3. 是否充分发挥纪检监察、巡视、审计等监督作用，国有企业董事、监事、经理层中的党员每年是否定期向党组（党委）报告个人履职和廉洁自律情况。

4. 国有企业纪检组组长（纪委书记）是否由上级党组织委派、定期轮岗，纪检组组长（纪委书记）是否坚持原则、强化监督。纪检组组长（纪委书记）可列席董事会和董事会专门委员会的会议。

5. 是否坚持党管干部原则与董事会选聘经营管理人员有机结合的途径和方法。

（1）坚持和完善双向进入、交叉任职的领导体制，符合条件的国有企业党组（党委）领导班子成员可以通过法定程序进入董事会、监事会、经理层，董事会、监事会、经理层成员中符合条件的党员可以依照有关规定和程序进入党组（党委）。

（2）党组（党委）书记、董事长一般由一人担任，推进中央企业党组（党委）专职副书记进入董事会。

（3）在董事会选聘经理层成员工作中，上级党组织及其组织部门、国有资产监管机构党委应当发挥确定标准、规范程序、参与考察、推荐人选等作用。

（五）是否建立责任追究制度，明确责任边界

是否明确权责边界，建立与治理主体履职相适应的责任追究制度，主要如下。

1. 董事、监事、经理层成员应当遵守法律法规和公司章程，对公司负有忠实义务和勤勉义务。

2. 要将其信用记录纳入全国信用信息共享平台，违约失信的按规定在"信用中国"网站公开。

3. 董事应当出席董事会会议，对董事会决议承担责任；董事会决议违反法律法规或公司章程、股东会决议，致使公司遭受严重损失的，应依法追究有关董事责任。

4. 经理层成员违反法律法规或公司章程，致使公司遭受损失的，应依法追究有关经理层成员责任。

5. 执行董事和经理层成员未及时向董事会或国有股东报告重大经营问题和经营风险的，应依法追究相关人员责任。

6. 企业党组织成员履职过程中有重大失误和失职、渎职行为的，应按照党组织有关规定严格追究责任。

7. 按照"三个区分开来"的要求，建立必要的改革容错纠错机制，激励企业领导人员干事创业。

（六）是否制定绩效与履职评价政策

1. 上市公司是否建立公正透明的董事、监事和高级管理人员绩效与履职评价标准和程序。

2. 董事和高级管理人员的绩效评价是否由董事会或者其下设的薪酬与考核委员会负责组织，上市公司可以委托第三方开展绩效评价。

3. 独立董事、监事的履职评价是否采取自我评价、相互评价等方式进行。

4. 董事会、监事会是否向股东大会报告董事、监事履行职责的情况、绩效评价结果及其薪酬情况，并由上市公司予以披露。

（七）是否制定薪酬与激励政策

1. 上市公司是否建立薪酬与公司绩效、个人业绩相联系的机制，以吸引人才，保持高级管理人员和核心员工的稳定。

2. 上市公司对高级管理人员的绩效评价是否作为确定高级管理人员薪酬以及其他激励的重要依据。

3. 董事、监事报酬事项是否由股东大会决定。在董事会或者薪酬与考核委员会对董事个人进行评价或者讨论其报酬时，该董事是否回避。

4. 高级管理人员的薪酬分配方案是否经董事会批准，向股东大会说明，并予以充分披露。

5. 上市公司章程或者相关合同中涉及提前解除董事、监事和高级管理人员任职的补偿内容是否符合公平原则，是否没有损害上市公司合法权益，是否没有进行利益输送。

6. 上市公司是否依照相关法律法规和公司章程，实施股权激励和员工持股等激励机制。上市公司的激励机制，是否有利于增强公司创新发展能力，促进上市公司可持续发展，是否没有损害上市公司及股东的合法权益。

（八）控股股东行为是否规范

被审计单位作为控股股东的，是否遵守以下规范。

1. 控股股东、实际控制人对上市公司及其他股东负有诚信义务。控股股东对其所控股的上市公司应当依法行使股东权利，履行股东义务。控股股东、实际控制人不得利用其控制权损害上市公司及其他股东的合法权益，不得利用对上市公司的控制地位谋取非法利益。

2. 控股股东提名上市公司董事、监事候选人的，应当遵循法律法规和公司章程规定的条件和程序。控股股东不得对股东大会人事选举结果和董事会人事聘任决议设置批准程序。

3.上市公司的重大决策应当由股东大会和董事会依法作出。控股股东、实际控制人及其关联方不得违反法律法规和公司章程干预上市公司的正常决策程序，损害上市公司及其他股东的合法权益。

4.控股股东、实际控制人及上市公司有关各方作出的承诺应当明确、具体、可执行，不得承诺根据当时情况判断明显不可能实现的事项。承诺方应当在承诺中作出履行承诺声明、明确违反承诺的责任，并切实履行承诺。

5.上市公司控制权发生变更的，有关各方应当采取有效措施保持上市公司在过渡期间内稳定经营。出现重大问题的，上市公司应当向中国证监会及其派出机构、证券交易所报告。

（九）上市公司是否保证独立性

1.控股股东、实际控制人与上市公司应当实行人员、资产、财务分开，机构、业务独立，各自独立核算、独立承担责任和风险。

2.上市公司人员应当独立于控股股东。上市公司的高级管理人员在控股股东不得担任除董事、监事以外的其他行政职务。控股股东高级管理人员兼任上市公司董事、监事的，应当保证有足够的时间和精力承担上市公司的工作。

3.控股股东投入上市公司的资产应当独立完整、权属清晰。控股股东、实际控制人及其关联方不得占用、支配上市公司资产。

4.上市公司应当依照法律法规和公司章程建立健全财务、会计管理制度，坚持独立核算。控股股东、实际控制人及其关联方应当尊重上市公司财务的独立性，不得干预上市公司的财务、会计活动。

5.上市公司的董事会、监事会及其他内部机构应当独立运作。控股股东、实际控制人及其内部机构与上市公司及其内部机构之间没有上下级关系。

6.控股股东、实际控制人及其关联方不得违反法律法规、公司章程和规定程序干涉上市公司的具体运作，不得影响其经营管理的独立性。

7.上市公司业务应当独立于控股股东、实际控制人。控股股东、实际控制人及其控制的其他单位不应从事与上市公司相同或者相近的业务。控股股东、实际控制人应当采取有效措施避免同业竞争。

（十）上市公司关联交易管理

上市公司是否对关联交易制定以下政策。

1.上市公司关联交易应当依照有关规定严格履行决策程序和信息披露义务。

2.上市公司应当与关联方就关联交易签订书面协议。协议的签订应当遵循平等、自愿、等价、有偿的原则，协议内容应当明确、具体、可执行。

3.上市公司应当采取有效措施防止关联方以垄断采购或者销售渠道等方式干预公司

的经营，损害公司利益。关联交易应当具有商业实质，价格应当公允，原则上不偏离市场独立第三方的价格或者收费标准等交易条件。

4. 上市公司及其关联方不得利用关联交易输送利益或者调节利润，不得以任何方式隐瞒关联关系。

（十一）对利益相关者、环境保护与社会责任的管理

上市公司是否制定与利益相关者、环境保护、社会责任相关的政策。

（十二）信息披露与透明度管理

上市公司是否建立并执行信息披露事务管理制度。信息披露制度是否符合《中华人民共和国公司法》及其他法规规定，并得到有效执行。

五、审计程序

（一）了解基本情况并取得有关资料

访谈相关部门、人员，了解被审计单位机构设置、治理机制总体情况，取得以下相关资料。

公司章程。

董事会、监事会有关工作报告。

股东会、股东大会会议纪要，董事会、监事会、经理办公会议等会议纪要。

与董事、监事履行职责有关的资料，如监事对董事会、经理层工作检查、审计的有关资料。

董事、监事、经理选聘、委派等相关资料。

组织结构图，说明各部门、机构职责、权限、工作流程等的岗位手册。

其他相关制度，包括重大经济事项决策制度，资产管理制度，投资、融资、建设项目管理制度等。

（二）分析相关资料、评估治理结构是否健全

1. 分析公司章程，评估内容是否符合被审计单位实际情况，是否全面，是否符合《中华人民共和国公司法》《国务院办公厅关于进一步完善国有企业法人治理结构的指导意见》《上市公司治理准则》及其他法规规定。

2. 对比公司章程与被审计单位其他制度规定，有无矛盾、不一致，矛盾和不一致很可能说明有些制度并没有实际执行，不符合实际情况，或者公司章程没有实际得到执行，不符合实际情况，公司章程或者制度对被审计单位的运营起不到约束的作用，起不到约束股东、董事、监事等作用。

3. 对比公司章程与被审计单位组织机构，分析公司章程有关规定是否与组织机构相

适合。如果不相适合，说明公司章程不符合被审计单位实际情况，没有实际得到执行，起不到约束股东、董事、监事等作用。

（三）结合其他事项审计评价公司治理

结合其他事项审计，包括财务审计，重大经济事项决策、执行及效果，股权激励，薪酬与激励政策等经济事项，评价有关经济事项的决策、管理、执行是否符合公司章程的规定，评价其他经济事项的管理制度和公司章程规定是否一致，评价公司章程是否符合被审计单位实际情况，并得到有效执行。

（四）访谈纪检监察机构、不同部门和层级的干部员工

访谈纪检监察机构、内部审计部门、不同层级的干部、基层员工等，了解公司治理有无不规范之处。

1. 股东能否通过股东（大）会切实行使资产受益、参与重大决策、选择管理者的权利。

2. 董事会成员、高级管理层成员是否具备履行职责所必需的知识、技能和素质，任命、聘任是否合规，董事会能否维护股东的利益，对管理层有效监督、监控管理层履行职责。

3. 有无董事会成员、高级管理人员违反法律法规和公司章程规定，致使被审计单位遭受损失的情形；董事、监事、高级管理人员有无利用职权收受贿赂或者其他非法收入，侵占被审计单位的财产的情形。

4. 是否制定责任追究制度，董事、高级管理人员违反法律法规和公司章程规定，致使被审计单位遭受损失的，董事会是否采取措施追究其法律责任。

5. 监事会能否有效地履行职责，监事是否具有相应的专业知识或者工作经验，具备有效履职能力；监事会中的职工代表是否由被审计单位职工通过职工代表大会、职工大会或者其他形式民主选举产生；内部审计机构是否独立，能否切实发挥监督作用。

6. 职工代表大会、工会等能否有效表达员工诉求，保护员工合法权益；被审计单位研究决定改制以及经营方面的重大问题、制定重要的规章制度时，是否通过职工代表大会或者其他形式听取员工的意见和建议。

7. 是否存在其他现代企业制度不完善，未形成有效的法人治理结构，权责不清、约束不够、缺乏制衡等问题；是否存在一些董事会、监事会形同虚设，未能发挥应有作用，甚至造成股东利益受损问题；是否管理不规范、内部控制严重缺失、被审计单位领导人员权力缺乏制约，甚至存在腐败情形；被审计单位国有资产监督工作中是否存在多头监督、重复监督和监督不到位的现象。

【案例分享 23-1】 公司治理可能存在的问题

审计实践中发现的公司治理方面可能存在的问题示例如下。

法人治理结构不完善。董事会、监事会、管理层结构和机制不健全、不完善，未形成健全有效的制衡机制。

决策规则和决策程序执行不严格。未严格执行"三重一大"决策制度，擅自违规决策或者以少数人决策代替集体决策，甚至越权决策；党委会、董事会、总经理办公会"三会合一"决策重大事项；按公司章程应由董事会决策的事项，违规交由总经理办公会决策，甚至由下属子公司越权代位决策。

对子公司的重大经济决策管控不力。未通过股东会、董事会等机构实现对子公司的使资产受益、参与重大决策、选择管理者的权利。

内部管理层级过多。内部管理层级过多导致信息交流不畅、执行力差、组织及管理成本高、工作效率低，存在管理失控和国有资产流失等风险。

【案例分享 23-2】 一起舞弊案例反映出的治理问题

某企业舞弊案发生后，有关专业人员分析了这个企业的治理结构，发现存在下列问题。

1.董事会相对于高级管理层，没有必要的独立性，大部分董事都兼任总经理、副总经理、重要业务板块负责人等，失去了对高管层的监控作用。

2.董事长与重要板块负责人存在亲属关系，导致董事对重要业务的监控失灵。

3.监事会未能保持必要的独立性，没有外部监事，所有监事都是兼职的，主要职务都归口于业务部门管理，定级、薪金、考核等都由业务板块负责人考核确定。

4.内部审计部门无法保持独立性，因为业务部门较忙，内部审计部门每年进行一次审计都做不到，并且内部审计部门人员少、知识单一，难以应对业务部门日益提高的科技水平下的业务审计。

在监事会、内部审计等内部自我"免疫"能力都丧失的情况下，该企业出现舞弊违法行为，自然不可避免。

六、审计建议

对企业法人治理结构进行审计，概括存在的不足和问题，分析存在问题的原因，提出切实可行的审计建议。

七、审计评价与责任界定

（一）审计评价

根据审计结果，对不同方面做出具体的审计评价：

1. 贯彻执行党和国家经济方针政策、决策部署情况；

2. 企业发展战略规划的制定、执行和效果情况；

3. 重大经济事项的决策、执行和效果情况；

4. 企业法人治理结构的建立、健全和运行情况，内部控制制度的制定和执行情况；

5. 企业财务的真实合法效益情况、风险管控情况、境外资产管理情况、生态环境保护情况；

6. 在经济活动中落实有关党风廉政建设责任和遵守廉洁从业规定情况；

7. 以往审计发现问题的整改情况。

（二）责任界定

对于企业法人治理结构审计过程中发现的问题，应该通过访谈有关人员、检查有关文件签批记录、检查会议纪要签字记录等方式，落实被审计人在有关问题事项中的具体作为或者不作为，依据经济责任审计规定，界定被审计人的责任。

对领导人员履行经济责任过程中存在的问题，审计组应当按照权责一致原则，根据领导人员职责分工，综合考虑相关问题的历史背景、决策过程、性质、后果和领导人员实际所起的作用等情况，界定其应当承担的直接责任或者领导责任。

第 24 章

全面风险管理及
合规管理审计

一、基本概念

1. 全面风险管理的概念。

《关于印发〈中央企业全面风险管理指引〉的通知》（国资发改革〔2006〕108 号）第四条规定："本指引所称全面风险管理，指企业围绕总体经营目标，通过在企业管理的各个环节和经营过程中执行风险管理的基本流程，培育良好的风险管理文化，建立健全全面风险管理体系，包括风险管理策略、风险理财措施、风险管理的组织职能体系、风险管理信息系统和内部控制系统，从而为实现风险管理的总体目标提供合理保证的过程和方法。"

2. 合规管理的概念。

《关于印发〈中央企业合规管理指引（试行）〉的通知》（国资发法规〔2018〕106 号）第二条规定："本指引所称合规管理，是指以有效防控合规风险为目的，以企业和员工经营管理行为为对象，开展包括制度制定、风险识别、合规审查、风险应对、责任追究、考核评价、合规培训等有组织、有计划的管理活动。"

二、审计目标

1. 全面风险管理制度是否建立健全。

2. 企业开展全面风险管理能否实现以下风险管理总体目标：

（1）确保将风险控制在与总体目标相适应并可承受的范围内；

（2）确保内外部，尤其是企业与股东之间实现真实、可靠的信息沟通，包括编制和提供真实、可靠的财务报告；

（3）确保遵守有关法律法规；

（4）确保企业有关规章制度和为实现经营目标而采取的重大措施的贯彻执行，保障经营管理的有效性，提高经营活动的效率和效果，降低实现经营目标的不确定性；

（5）确保企业制订针对各项重大风险发生后的危机处理计划，保护企业不因灾害性风险或人为失误而遭受重大损失。

3.合规管理是否纳入风险管理。

是否以有效防控合规风险为目的，以企业和员工经营管理行为为对象，开展包括制度制定、风险识别、合规审查、风险应对、责任追究、考核评价、合规培训等有组织、有计划的管理活动。

三、审计依据

1.《关于印发〈关于加强中央企业内部控制体系建设与监督工作的实施意见〉的通知》（国资发监督规〔2019〕101号）。

2.《关于印发〈中央企业合规管理指引（试行）〉的通知》（国资发法规〔2018〕106号）。

3.《关于印发〈企业境外经营合规管理指引〉的通知》（发改外资〔2018〕1916号）。

4.《国资委关于加强中央企业国际化经营中法律风险防范的指导意见》（国资发法规〔2013〕237号）。

5.《国资委党委关于印发〈关于加强中央企业廉洁风险防控工作的指导意见〉的通知》（国资党委纪检〔2012〕155号）。

6.《中央企业违规经营投资责任追究实施办法（试行）》（国务院国有资产监督管理委员会令第37号）。

7.《管理会计应用指引第700号——风险管理》。

8.《管理会计应用指引第701号——风险矩阵》。

9.《中央企业境外投资监督管理办法》（国务院国有资产监督管理委员会令第35号）。

10.《关于印发〈中央企业全面风险管理指引〉的通知》（国资发改革〔2006〕108号）。

11.其他相关法律法规。

四、审计内容

检查企业是否建立健全以风险管理为导向、以合规管理监督为重点，严格、规范、全面、有效的内控体系，进一步树立和强化管理制度化、制度流程化、流程信息化的内控理念，通过"强监管、严问责"和加强信息化管理，严格落实各项规章制度，将风险管理和合规管理要求嵌入业务流程，促使企业依法合规开展各项经营活动，实现"强内控、防风险、促合规"的管控目标，形成全面、全员、全过程、全体系的风险防控机制，切实全面提升内控体系有效性，加快实现高质量发展。

（一）是否建立风险管理组织体系

企业是否建立健全风险管理组织体系，主要包括规范的公司法人治理结构，风险管理职能部门、内部审计部门和法律事务部门及其他有关职能部门、业务单位的组织领导机构及其职责。

合规管理体系是否融入风险管理体系，且整合到企业内部控制体系之中。

1.法人治理机构是否健全。

企业是否建立健全规范的公司法人治理结构，股东（大）会（对于国有独资公司或国有独资企业，即国资委，下同）、董事会、监事会、经理层依法履行职责，形成高效运转、有效制衡的监督约束机制。

国有独资公司和国有控股公司是否建立外部董事、独立董事制度。外部董事、独立董事人数应超过董事会全部成员的半数，以保证董事会能够在重大决策、重大风险管理等方面作出独立于经理层的判断和选择。

2.各部门全面风险管理职责分工是否规范。

企业的风险管理工作是否明确负责的部门、相关部门职责，有关部门及职责是否基本符合以下规定。

（1）董事会。

董事会就全面风险管理工作的有效性对股东（大）会负责。

董事会在全面风险管理方面主要履行以下职责：

- 审议并向股东（大）会提交企业全面风险管理年度工作报告；
- 确定企业风险管理总体目标、风险偏好、风险承受度，批准风险管理策略和重大风险管理解决方案；
- 了解和掌握企业面临的各项重大风险及其风险管理现状，做出有效控制风险的决策；
- 批准重大决策、重大风险、重大事件和重要业务流程的判断标准或判断机制；
- 批准重大决策的风险评估报告；
- 批准内部审计部门提交的风险管理监督评价审计报告；
- 批准风险管理组织机构设置及其职责方案；
- 批准风险管理措施，纠正和处理任何组织或个人超越风险管理制度做出的风险性决定的行为；

- 督导企业风险管理文化的培育；
- 全面风险管理其他重大事项。

（2）风险管理委员会。

董事会下设风险管理委员会。该委员会的召集人应由不兼任总经理的董事长担任；董事长兼任总经理的，召集人应由外部董事或独立董事担任。该委员会成员中需有熟悉企业重要管理及业务流程的董事，以及具备风险管理监管知识或经验、具有一定法律知识的董事。

风险管理委员会对董事会负责，主要履行以下职责：

- 提交全面风险管理年度报告；
- 审议风险管理策略和重大风险管理解决方案；
- 审议重大决策、重大风险、重大事件和重要业务流程的判断标准或判断机制，以及重大决策的风险评估报告；
- 审议内部审计部门提交的风险管理监督评价审计综合报告；
- 审议风险管理组织机构设置及其职责方案；
- 办理董事会授权的有关全面风险管理的其他事项。

（3）总经理。

企业总经理对全面风险管理工作的有效性向董事会负责。总经理或总经理委托的高级管理人员，负责主持全面风险管理的日常工作，负责组织拟订企业风险管理组织机构设置及其职责方案。

（4）专职部门或者相关职能部门。

企业应设立专职部门或确定相关职能部门履行全面风险管理的职责。该部门对总经理或其委托的高级管理人员负责，主要履行以下职责：

- 研究提出全面风险管理工作报告；
- 研究提出跨职能部门的重大决策、重大风险、重大事件和重要业务流程的判断标准或判断机制；
- 研究提出跨职能部门的重大决策风险评估报告；
- 研究提出风险管理策略和跨职能部门的重大风险管理解决方案，并负责该方案的组织实施和对该风险的日常监控；
- 负责对全面风险管理有效性评估，研究提出全面风险管理的改进方案；
- 负责组织建立风险管理信息系统；
- 负责组织协调全面风险管理日常工作；
- 负责指导、监督有关职能部门、各业务单位以及全资、控股子企业开展全面风险管理工作；

- 办理风险管理其他有关工作。

（5）审计委员会和内部审计部门。

企业应在董事会下设立审计委员会，企业内部审计部门对审计委员会负责。审计委员会和内部审计部门的职责应符合《中央企业内部审计管理暂行办法》（国务院国有资产监督管理委员会令第 8 号）的有关规定。内部审计部门在风险管理方面，主要负责研究提出全面风险管理监督评价体系，制定监督评价相关制度，开展监督与评价，出具监督评价审计报告。

（6）其他职能部门。

企业其他职能部门及各业务单位在全面风险管理工作中，应接受风险管理职能部门和内部审计部门的组织、协调、指导和监督，主要履行以下职责：

- 执行风险管理基本流程；
- 研究提出本职能部门或业务单位重大决策、重大风险、重大事件和重要业务流程的判断标准或判断机制；
- 研究提出本职能部门或业务单位的重大决策风险评估报告；
- 做好本职能部门或业务单位建立风险管理信息系统的工作；
- 做好培育风险管理文化的有关工作；
- 建立健全本职能部门或业务单位的风险管理内部控制子系统；
- 办理风险管理其他有关工作。

3. 合规管理职责分工。

企业的合规管理工作是否明确负责的部门、相关部门职责，有关部门及职责是否基本符合以下规定。

（1）董事会。

董事会的合规管理职责主要包括：

- 批准企业合规管理战略规划、基本制度和年度报告；
- 推动完善合规管理体系；
- 决定合规管理负责人的任免；
- 决定合规管理牵头部门的设置和职能；
- 研究决定合规管理有关重大事项；
- 按照权限决定有关违规人员的处理事项。

（2）监事会。

监事会的合规管理职责主要包括：

- 监督董事会的决策与流程是否合规；
- 监督董事和高级管理人员合规管理职责履行情况；
- 对引发重大合规风险负有主要责任的董事、高级管理人员提出罢免建议；
- 向董事会提出撤换公司合规管理负责人的建议。

（3）经理层。

经理层的合规管理职责主要包括：

- 根据董事会决定，建立健全合规管理组织架构；
- 批准合规管理具体制度规定；
- 批准合规管理计划，采取措施确保合规制度得到有效执行；
- 明确合规管理流程，确保合规要求融入业务领域；
- 及时制止并纠正不合规的经营行为，按照权限对违规人员进行责任追究或提出处理建议；
- 经董事会授权的其他事项。

（4）合规委员会。

中央企业设立合规委员会，与企业法治建设领导小组或风险控制委员会等合署，承担合规管理的组织领导和统筹协调工作，定期召开会议，研究决定合规管理重大事项或提出意见建议，指导、监督和评价合规管理工作。

（5）合规管理负责人。

中央企业相关负责人或总法律顾问担任合规管理负责人，主要职责包括：

- 组织制订合规管理战略规划；
- 参与企业重大决策并提出合规意见；
- 领导合规管理牵头部门开展工作；
- 向董事会和总经理汇报合规管理重大事项；
- 组织起草合规管理年度报告。

（6）合规管理牵头部门。

法律事务机构或其他相关机构为合规管理牵头部门，组织、协调和监督合规管理工作，为其他部门提供合规支持，主要职责包括：

- 研究起草合规管理计划、基本制度和具体制度规定；
- 持续关注法律法规等规则变化，组织开展合规风险识别和预警，参与企业重大事项合规审查和风险应对；
- 组织开展合规检查与考核，对制度和流程进行合规性评价，督促违规整改和持续改进；

- 指导所属单位合规管理工作；
- 受理职责范围内的违规举报，组织或参与对违规事件的调查，并提出处理建议；
- 组织或协助业务部门、人事部门开展合规培训。

（7）业务部门。

业务部门负责本领域的日常合规管理工作，按照合规要求完善业务管理制度和流程，主动开展合规风险识别和隐患排查，发布合规预警，组织合规审查，及时向合规管理牵头部门通报风险事项，妥善应对合规风险事件，做好本领域合规培训和商业伙伴合规调查等工作，组织或配合进行违规问题调查并及时整改。

（二）风险管理初始信息收集是否合规

企业是否实施全面风险管理，广泛、持续不断地收集与本企业风险和风险管理相关的内部、外部初始信息，包括历史数据和未来预测；是否把收集初始信息的职责分工落实到各有关职能部门和业务单位。

1.战略风险相关信息。

在战略风险方面，企业是否广泛收集国内外企业战略风险失控导致企业蒙受损失的案例，并至少收集与本企业相关的以下重要信息：

- 国内外宏观经济政策以及经济运行情况、本行业状况、国家产业政策；
- 科技进步、技术创新的有关内容；
- 市场对本企业产品或服务的需求；
- 与企业战略合作伙伴的关系，未来寻求战略合作伙伴的可能性；
- 本企业主要客户、供应商及竞争对手的有关情况；
- 与主要竞争对手相比，本企业实力与差距；
- 本企业发展战略规划、投融资计划、年度经营目标、经营战略，以及编制这些战略、规划、计划、目标的有关依据；
- 本企业对外投融资流程中曾发生或易发生错误的业务流程或环节。

2.财务风险相关信息。

在财务风险方面，企业是否广泛收集国内外企业财务风险失控导致危机的案例，并至少收集本企业的以下重要信息（其中有行业平均指标或先进指标的，是否尽可能收集）：

- 负债、或有负债、负债率、偿债能力；
- 现金流、应收账款及其占销售收入的比重、资金周转率；
- 产品存货及其占销售成本的比重、应付账款及其占购货额的比重；
- 制造成本和管理费用、财务费用、营业费用；

- 盈利能力；
- 成本核算、资金结算和现金管理业务中曾发生或易发生错误的业务流程或环节；
- 与本企业相关的行业会计政策、会计估算、与国际会计制度的差异与调节（如退休金、递延税项等）等信息。

3. 市场风险相关信息。

在市场风险方面，企业是否广泛收集国内外企业忽视市场风险、缺乏应对措施导致企业蒙受损失的案例，并至少收集与本企业相关的以下重要信息：

- 产品或服务的价格及供需变化；
- 能源、原材料、配件等物资供应的充足性、稳定性和价格变化；
- 主要客户、主要供应商的信用情况；
- 税收政策和利率、汇率、股票价格指数的变化；
- 潜在竞争者、竞争者及其主要产品、替代品情况。

4. 运营风险相关信息。

在运营风险方面，企业是否至少收集与本企业、本行业相关的以下信息：

- 产品结构、新产品研发；
- 新市场开发，市场营销策略，包括产品或服务定价与销售渠道，市场营销环境状况等；
- 企业组织效能、管理现状、企业文化，高、中层管理人员和重要业务流程中专业人员的知识结构、专业经验；
- 期货等衍生产品业务中曾发生或易发生失误的流程和环节；
- 质量、安全、环保、信息安全等管理中曾发生或易发生失误的业务流程或环节；
- 因企业内、外部人员的道德风险致使企业遭受损失或业务控制系统失灵；
- 给企业造成损失的自然灾害及除上述有关情形之外的其他纯粹风险；
- 对现有业务流程和信息系统操作运行情况的监管、运行评价及持续改进能力；
- 企业风险管理的现状和能力。

5. 法律风险相关信息。

在法律风险方面，企业是否广泛收集国内外企业忽视法律法规风险、缺乏应对措施导致企业蒙受损失的案例，并至少收集与本企业相关的以下信息：

- 国内外与本企业相关的政治、法律环境；
- 影响企业的新法律法规和政策；
- 员工道德操守的遵从性；
- 本企业签订的重大协议和有关贸易合同；

- 本企业发生重大法律纠纷案件的情况；
- 企业和竞争对手的知识产权情况。

企业是否对收集的初始信息进行必要的筛选、提炼、对比、分类、组合，以便进行风险评估。

6. 合规管理相关信息。

企业是否根据外部环境变化，结合自身实际，收集合规管理方面的信息，特别注意收集重点领域、重点环节、重点人员、海外投资经营行为的合规风险信息。

（1）重点领域违规风险相关信息。

- 市场交易风险信息：诚信风险信息，突出商业贿赂、垄断、不正当竞争、资产交易不规范、招投标不规范等可能的风险信息。
- 安全环保风险信息：国家安全生产、环境保护法律法规信息，企业生产规范和安全环保有关违规风险信息。
- 产品质量风险信息。
- 劳动用工风险信息：关于劳动法律法规方面的信息，以及劳动用工方面的风险信息。
- 财务税收风险信息：税收法律政策、税收方面可能的风险信息。
- 知识产权风险信息：注册知识产权成果保护、许可和转让，商业秘密方面的风险信息，侵权风险信息。
- 商业伙伴风险信息：对重要商业伙伴开展合规调查，了解商业伙伴行为合规信息。
- 其他需要重点关注的领域及相关信息。

（2）重点环节违规风险相关信息。

- 制度制定环节：可能的审查不够、相关人员不够专业等风险信息。
- 经营决策环节："三重一大"事项，各层级决策程序不够规范或不具备权限导致的风险信息。
- 生产运营环节：重点流程违规风险信息，可能在生产经营过程中没有照章办事、按章操作的风险信息。
- 其他需要重点关注的环节的风险信息。

（3）重点人员违规风险相关信息。

- 管理人员合规意识不强可能导致的违规风险信息。
- 重要风险岗位人员可能存在的违规风险信息。
- 海外人员可能存在的违规风险信息。

- 其他需要重点关注的人员可能存在的违规风险信息。

（4）海外投资经营行为的合规管理风险信息。

全面收集、深入研究投资所在国法律法规及相关国际规则，全面掌握禁止性规定，明确海外投资经营行为的红线、底线。

定期排查梳理海外投资经营业务的风险状况，重点关注重大决策、重大合同、大额资金管控和境外子企业公司治理等方面存在的合规风险，妥善处理、及时报告，防止扩大蔓延。

（三）是否进行风险评估

1. 企业是否对收集的风险管理初始信息和企业各项业务管理及其重要业务流程进行风险评估。风险评估包括风险辨识、风险分析、风险评价三个步骤。风险辨识是指查找企业各业务单元、各项重要经营活动及其重要业务流程中有无风险，有哪些风险。风险分析是对辨识出的风险及其特征进行明确的定义描述，分析和描述风险发生可能性的高低、风险发生的条件。风险评价是评估风险对企业实现目标的影响程度、风险的价值等。

2. 风险评估是否由企业组织有关职能部门和业务单位实施，或者聘请有资质、信誉好、风险管理专业能力强的中介机构协助实施。

3. 企业是否对风险管理信息实行动态管理，定期或不定期实施风险辨识、分析、评价，以便对新的风险和原有风险的变化重新评估。

4. 是否建立合规风险识别预警机制，全面系统梳理经营管理活动中存在的合规风险，对风险发生的可能性、影响程度、潜在后果等进行系统分析，对于典型性、普遍性和可能产生较严重后果的风险及时发布预警。

5. 是否开展合规管理评估，定期对合规管理体系的有效性进行分析，对重大或反复出现的合规风险和违规问题，深入查找根源，完善相关制度，堵塞管理漏洞，强化过程管控，持续改进提升。

（四）是否制定风险管理策略

企业是否根据自身条件和外部环境，围绕企业发展战略，确定风险偏好、风险承受度、风险管理有效性标准，选择风险承担、风险规避、风险转移、风险转换、风险对冲、风险补偿、风险控制等适合的风险管理工具的总体策略，并确定风险管理所需人力和财力资源的配置原则。

企业是否根据不同业务特点统一确定风险偏好和风险承受度，即企业愿意承担哪些风险，明确风险的最低限度和不能超过的最高限度，并据此确定风险的预警线及相应采取的对策。确定风险偏好和风险承受度，要正确认识和把握风险与收益的平衡，防止和纠正忽视风险，片面追求收益而不讲条件、范围，认为风险越大、收益越高的观念和做法，同时也要防止单纯为规避风险而放弃发展机遇。

企业是否定期总结和分析已制定的风险管理策略的有效性和合理性，结合实际不断修订和完善。其中，应重点检查依据风险偏好、风险承受度和风险控制预警线实施的结果是否有效，并提出定性或定量的有效性标准。

（五）是否制定风险管理解决方案

企业是否根据风险管理策略，针对各类风险或每一项重大风险制定风险管理解决方案。方案一般应包括风险解决的具体目标，所需的组织领导，所涉及的管理及业务流程，所需的条件、手段等资源，风险事件发生前、中、后所采取的具体应对措施以及风险管理工具（如关键风险指标管理、损失事件管理等）。

企业制定风险解决的内控方案时，是否满足合规的要求，坚持经营战略与风险策略一致、风险控制与运营效率及效果相平衡的原则，针对重大风险所涉及的各管理及业务流程，制定涵盖各个环节的全流程控制措施；对其他风险所涉及的业务流程，是否把关键环节作为控制点，采取相应的控制措施。

企业制定内控措施，是否至少包括以下内容。

1.建立内控岗位授权制度。对内控所涉及的各岗位明确规定授权的对象、条件、范围和额度等，任何组织和个人不得超越授权做出风险性决定。

2.建立内控报告制度。明确规定报告人与接受报告人，报告的时间、内容、频率、传递路线，负责处理报告的部门和人员等。

3.建立内控批准制度。对内控所涉及的重要事项，明确规定批准的程序、条件、范围和额度、必备文件，以及有权批准的部门和人员及其相应责任。

4.建立内控责任制度。按照权利、义务和责任相统一的原则，明确规定各有关部门和业务单位、岗位、人员应负的责任和奖惩制度。

5.建立内控审计检查制度。结合内控的有关要求、方法、标准与流程，明确规定审计检查的对象、内容、方式和负责审计检查的部门等。

6.建立内控考核评价制度。具备条件的企业应把各业务单位风险管理执行情况与绩效薪酬挂钩。

7.建立重大风险预警制度。对重大风险进行持续不断的监测，及时发布预警信息，制定应急预案，并根据情况变化调整控制措施。

8.建立健全以总法律顾问制度为核心的企业法律顾问制度。大力加强企业法律风险防范机制建设，形成由企业决策层主导、企业总法律顾问牵头、企业法律顾问提供业务保障、全体员工共同参与的法律风险责任体系。完善企业重大法律纠纷案件的备案管理制度。

9.建立重要岗位权力制衡制度，明确规定不相容职责的分离，主要包括授权批准、业务经办、会计记录、财产保管和稽核检查等职责。对内控所涉及的重要岗位可设置一岗双人、双职、双责，相互制约；明确该岗位的上级部门或人员对其应采取的监督措施和应负的监督责任；将该岗位作为内部审计的重点等。

10. 建立健全合规审查机制，将合规审查作为规章制度制定、重大事项决策、重要合同签订、重大项目运营等经营管理行为的必经程序，及时对不合规的内容提出修改建议，未经合规审查不得实施。

11. 建立健全合规管理制度，制定全员普遍遵守的合规行为规范，针对重点领域制定专项合规管理制度，并根据法律法规变化和监管动态，及时将外部有关合规要求转化为内部规章制度。

12. 强化违规问责，完善违规行为处罚机制，明晰违规责任范围，细化惩处标准；畅通举报渠道，针对反映的问题和线索，及时开展调查，严肃追究违规人员责任。

13. 强化合规管理保障措施。

加强合规考核评价，把合规经营管理情况纳入对各部门和所属企业负责人的年度综合考核，细化评价指标。对所属单位和员工合规职责履行情况进行评价，并将结果作为员工考核、干部任用、评先选优等工作的重要依据。

强化合规管理信息化建设，通过信息化手段优化管理流程，记录和保存相关信息。运用大数据等工具，加强对经营管理行为依法合规情况的实时在线监控和风险分析，实现信息集成与共享。

建立专业化、高素质的合规管理队伍，根据业务规模、合规风险水平等因素配备合规管理人员，持续加强业务培训，提升队伍能力水平。

海外经营重要地区、重点项目应当明确合规管理机构或配备专职人员，切实防范合规风险。

重视合规培训，结合法治宣传教育，建立制度化、常态化培训机制，确保员工理解、遵循企业合规目标和要求。

积极培育合规文化，通过制定发放合规手册、签订合规承诺书等方式，强化全员安全、质量、诚信和廉洁等意识，树立依法合规、守法诚信的价值观，筑牢合规经营的思想基础。

建立合规报告制度，发生较大合规风险事件，合规管理牵头部门和相关部门应当及时向合规管理负责人、分管领导报告。重大合规风险事件应当向国资委和有关部门报告。

合规管理牵头部门于每年年底全面总结合规管理工作情况，起草年度报告，经董事会审议通过后及时报送国资委。

14. 企业是否按照各有关部门和业务单位的职责分工，认真组织实施风险管理解决方案，确保各项措施落实到位。

（六）是否对风险管理持续监督和改进

企业是否以重大风险、重大事件和重大决策、重要管理及业务流程为重点，对风险管理初始信息、风险评估、风险管理策略、关键控制活动及风险管理解决方案的实施情况进行监督，采用压力测试、返回测试、穿行测试及风险控制自我评估等方法对风险管理的有效性进行检验，根据变化情况和存在的缺陷及时加以改进。

企业是否建立贯穿于整个风险管理基本流程，连接各上下级、各部门和业务单位的风险管理信息沟通渠道，确保信息沟通的及时、准确、完整，为风险管理监督与改进奠定基础。

企业各有关部门和业务单位是否定期对风险管理工作进行自查和检验，及时发现缺陷并改进，其检查、检验报告是否及时报送企业风险管理职能部门。

企业风险管理职能部门是否定期对各部门和业务单位风险管理工作实施情况和有效性进行检查和检验，是否对风险管理策略进行评估，对跨部门和业务单位的风险管理解决方案进行评价，提出调整或改进建议，出具评价和建议报告，及时报送企业总经理或其委托分管风险管理工作的高级管理人员。

企业内部审计部门（或者聘请的有资质、信誉好、风险管理专业能力强的中介机构）是否至少每年一次对包括风险管理职能部门在内的各有关部门和业务单位能否按照有关规定开展风险管理工作及其工作效果进行监督评价，监督评价报告是否直接报送董事会或董事会下设的风险管理委员会和审计委员会。此项工作也可结合年度审计、任期审计或专项审计工作一并开展。

报告一般应包括以下几方面的实施情况、存在的缺陷和改进建议：

1. 风险管理基本流程与风险管理策略；

2. 企业重大风险、重大事件和重要管理及业务流程的风险管理及内部控制系统的建设；

3. 风险管理组织体系与信息系统；

4. 全面风险管理总体目标。

（七）风险管理信息系统建设情况

企业是否将信息技术应用于风险管理的各项工作，建立涵盖风险管理基本流程和内部控制系统各环节的风险管理信息系统，包括信息的采集、存储、加工、分析、测试、传递、报告、披露等。

企业是否采取措施确保向风险管理信息系统输入的业务数据和风险量化值的一致性、准确性、及时性、可用性和完整性。对输入信息系统的数据，未经批准，是否不得更改。

风险管理信息系统是否能够进行对各种风险的计量和定量分析、定量测试；是否能够实时反映风险矩阵和排序频谱、重大风险和重要业务流程的监控状态；是否能够对超过风险预警上限的重大风险实施信息报警；是否能够满足风险管理内部信息报告制度和企业对外信息披露管理制度的要求。

风险管理信息系统是否能实现信息在各职能部门、业务单位之间的集成与共享，即既能满足单项业务风险管理的要求，也能满足企业整体和跨职能部门、业务单位的风险管理综合要求。

企业是否确保风险管理信息系统的稳定运行和安全，并根据实际需要不断进行改进、完善或更新。

（八）子公司有关情况

通过对子公司的审计，关注企业是否通过法定程序，指导和监督其全资、控股子公司建立与企业相适应或符合全资、控股子公司自身特点、能有效发挥作用的风险管理组织体系。

五、审计程序

（一）了解基本情况，并取得有关资料

访谈企业有关部门，了解企业全面风险管理体系、合规管理体系建设情况，取得以下有关资料：

- 企业全面风险管理相关制度；
- 主要负责部门、相关部门在全面风险管理工作中的职责、分工资料；
- 与主要业务流程、重大经济事项风险初始信息收集、风险评估相关的资料；
- 针对风险评估结果制定的管理策略；
- 依据管理策略制定的内部控制制度；
- 企业内部审计部门出具的内部评价报告、外部审计或者咨询机构出具的评价报告；
- 企业全面风险管理年度工作报告；
- 风险管理策略和重大风险管理解决方案；
- 重大决策、重大风险、重大事件和重要业务流程的判断标准或判断机制；
- 其他相关资料。

（二）分析企业全面风险管理体系是否健全完善

分析企业是否本着从实际出发、务求实效的原则，以对重大风险、重大事件（指重大风险发生后的事实）的管理和重要流程的内部控制为重点，积极开展全面风险管理

工作。

分析有关管理制度、部门职责等，评价企业全面风险管理体系、合规管理体系建立健全情况；分析企业是否围绕总体经营目标，通过在企业管理的各个环节和经营过程中执行风险管理的基本流程，培育良好的风险管理文化，建立健全全面风险管理体系，包括风险管理策略、风险理财措施、风险管理的组织职能体系、风险管理信息系统和内部控制系统，从而为实现风险管理的总体目标提供合理保证的过程和方法。

分析具体包括以下方面。

1. 是否建立健全风险管理组织体系。

分析企业是否建立健全风险管理组织体系，主要包括规范的公司法人治理结构，风险管理职能部门、内部审计部门和法律事务部门及其他有关职能部门、业务单位的组织领导机构及其职责。

（1）分析法人治理机构是否健全。

（2）分析各部门全面风险管理职责分工是否明确规范。

2. 风险管理初始信息收集是否合规。

了解初始信息收集工作的情况，并检查各职能部门信息收集的相关资料，分析评价所收集的资料是否适合企业、部门、岗位的具体情况，是否符合有关规定，是否对后续的风险评估工作起到作用。

3. 是否进行风险评估。

检查企业风险评估相关资料，分析评价企业是否依据收集到的各方面信息，进行风险评估，风险评估工作是否由企业组织有关职能部门和业务单位实施，是否由具有专业经验和技能的人员进行；检查企业定期或不定期进行风险辨识、分析、评价的资料，评估企业是否对风险管理信息实行动态管理，对新的风险和原有风险的变化重新评估。

4. 是否制定风险管理策略。

检查企业风险管理策略相关文件，分析风险管理策略是否依据风险评估结果制定，检查有关风险管理策略是否经董事会审批。

5. 是否制定风险管理解决方案。

分析企业确定的重大决策、重大风险、重大事件和重要业务流程是否符合企业的具体经营情况。

检查企业针对重大决策、重大风险、重大事件和重要业务流程制定的风险管理解决方案，评估相关方案能否应对相关的风险。

取得企业整套内部控制制度，评估企业是否在风险评估的基础上，针对重大风险所涉及的各管理及业务流程，制定涵盖各个环节的全流程控制措施；对其他风险所涉及的业务流程，是否把关键环节作为控制点，采取相应的控制措施。

6. 是否对风险管理持续监督和改进。

分析审计期间，全面风险管理制度的升级完善情况，内部控制制度的修订情况，评价企业是否对风险管理进行持续改进。

检查企业对全面风险管理工作进行监督、对风险管理有效性进行检验的相关文件，评估企业是否不断检查风险管理的有效性并对存在的缺陷不断改进。

7. 风险管理信息系统建设情况。

观察风险管理信息系统运行情况，必要时，聘请相关专家协助，评价企业对信息技术在全面风险管理工作中的应用，是否涵盖风险管理基本流程和内部控制系统各环节，包括信息的采集、存储、加工、分析、测试、传递、报告、披露等。

了解企业是否采取措施确保向风险管理信息系统输入的业务数据和风险量化值的一致性、准确性、及时性、可用性和完整性；对输入风险管理信息系统的数据，未经批准，是否不得更改。

评估风险管理信息系统能否进行对各种风险的计量和定量分析、定量测试；是否能够实时反映风险矩阵和排序频谱、重大风险和重要业务流程的监控状态；是否能够对超过风险预警上限的重大风险实施信息报警；是否能够满足风险管理内部信息报告制度和企业对外信息披露管理制度的要求。

观察风险管理信息系统是否能实现信息在各职能部门、业务单位之间的集成与共享，是否既能满足单项业务风险管理的要求，也能满足企业整体和跨职能部门、业务单位的风险管理综合要求。

（三）结合重要业务流程审计，评估风险管理情况

结合企业发展战略规划审计，重大经济事项审计，采购、销售及其他重要业务流程审计等，关注企业是否将风险管理、合规管理整合进各个业务流程之中。

分析有关职能部门是否按规定收集风险相关信息，在风险相关信息的基础上，进行风险评估，在风险评估的基础上制定风险管理策略，制定风险管理解决方案，完善相关内部控制制度。评价内部控制制度是否与评估的相关风险相关，能否规避重大风险。

是否围绕风险管理策略目标，将企业战略、规划、产品研发、投融资、市场运营、财务、内部审计、法律事务、人力资源、采购、加工制造、销售、物流、质量、安全生产、环境保护等各项业务管理及其重要业务流程，全过程、全方位纳入风险管理体系，有关风险管理要求有机整合进相应的规章制度、程序和措施等内部控制体系中。

结合重要事项审计、财务审计等发现的问题，评估企业全面风险管理是否存在问题。

（四）风险理财审计

检查对企业保险、期货套期保值、远期合约、互换交易、期权等事项的审计，检查

有关风险理财事项是否在风险评估的基础上进行，检查已完成的风险理财事项相关资料、正在进行的风险理财合同等，评价能否实现风险转移、风险对冲、风险补偿。

（五）检查审计期间企业内、外部各类审计报告、检查报告等

结合相关资料，分析审计期间企业内、外部各类审计报告、检查报告等是否真实披露企业存在违法违规、内部控制不健全等问题（如有），检查企业是否针对这些问题完善内部控制制度，改良风险管理体系。

【案例分享 24-1】 一起财务舞弊案反映出的全面风险管理缺失问题

关于全面风险管理审计，主要思路是：①分析企业的风险管理体系建设是否完善；②通过对重要业务流程、重要经济事项的审计，评估企业风险管理体系是否有效；③通过其他审计发现的问题评估风险管理体系存在的缺陷。

很多企业会不惜重金聘请中介机构或者有关咨询机构建设看起来全面、严谨的风险管理体系，但是这些所谓的风险管理体系有时只是个摆设，并没有真正得到有效执行，甚至不能规避道德风险。

某审计组对某央企控股上市公司进行经济责任审计，发现这个公司存在将部分产品销售收入纳入账外公司核算，并通过这个账外公司转移给关联单位，再由关联单位转移进高管个人账户的情况。

审计组又追查一份几年前的法院判决书，发现这家公司在几年前就在进行这样的交易，而且三个高管人员因此被判刑，至审计组进行审计时，这几个人还没有被放出来，但是同样的交易仍旧在进行，交易流程、外部关联单位都没有变化。

这说明几年前的重大刑事案件没有对该公司的风险管理、内部控制等管理政策产生任何影响，风险管理、内部控制一直是失效的。虽然相关内部控制、风险管控体系是由某知名会计师事务所设计的，但是没有起到应有的作用。

【案例分享 24-2】 全面风险管理及合规管理可能存在的问题

审计实践中发现，全面风险管理及合规管理可能存在的问题示例如下。

1. 未按规定履行内控及风险管理制度建设职责，导致内控及风险管理制度缺失，内控流程存在重大缺陷。

2. 内控及风险管理制度未执行或执行不力，对经营投资重大风险未能及时分析、识别、评估、预警、应对和报告。

3. 对企业重大资本运作、投资收购、衍生品交易等经营高风险领域，未制定相应的重大风险管控措施。

4. 内部重要管控制度执行不力，导致重大违规违法问题发生。

5. 未按规定对企业规章制度、经济合同和重要决策等进行法律审核。

6. 未执行国有资产监管有关规定，过度负债导致债务危机，危及企业持续经营。

7. 恶意逃废金融债务。

8. 瞒报、漏报、谎报或迟报重大风险及风险损失事件，指使编制虚假财务报告，企业账实严重不符。

9. 对下属企业经营监管不到位，致使下属企业违规采购、违规招投标问题突出。

10. 集团管控不力，存在违规或者风险问题。

违反规定程序或超越权限决定、批准和组织实施重大经营投资事项，或决定、批准和组织实施的重大经营投资事项违反党和国家方针政策、决策部署以及国家有关规定。

对国家有关集团管控的规定未执行或执行不力，致使发生重大资产损失，对生产经营、财务状况产生重大影响。

对集团重大风险隐患、内控缺陷等问题失察，或虽发现但没有及时报告、处理，造成重大资产损失或其他严重不良后果。

所属子公司发生重大违规违纪违法问题，造成重大资产损失且对集团生产经营、财务状况产生重大影响，或造成其他严重不良后果。

对国家有关监管机构就经营投资有关重大问题提出的整改工作要求，拒绝整改、拖延整改等。

六、审计建议

对全面风险管理及合规管理情况进行审计，概括存在的不足和问题，分析存在问题的原因，提出切实可行的审计建议。

七、审计评价与责任界定

（一）审计评价

根据审计结果，对不同方面做出具体的审计评价：

1. 贯彻执行党和国家经济方针政策、决策部署情况；

2. 企业发展战略规划的制定、执行和效果情况；

3. 重大经济事项的决策、执行和效果情况；

4. 企业法人治理结构的建立、健全和运行情况，内部控制制度的制定和执行情况；

5. 企业财务的真实合法效益情况、风险管控情况、境外资产管理情况、生态环境保护情况；

6. 在经济活动中落实有关党风廉政建设责任和遵守廉洁从业规定情况；

7. 以往审计发现问题的整改情况。

（二）责任界定

对于全面风险管理及合规管理审计过程中发现的问题，应该通过访谈有关人员、检查有关文件签批记录、检查会议纪要签字记录等方式，落实被审计人在有关问题事项中的具体作为或者不作为，依据经济责任审计规定，界定被审计人的责任。

对领导人员履行经济责任过程中存在的问题，审计组应当按照权责一致原则，根据领导人员职责分工，综合考虑相关问题的历史背景、决策过程、性质、后果和领导人员实际所起的作用等情况，界定其应当承担的直接责任或者领导责任。

第 25 章

内部控制体系建设与监督审计

一、基本概念

内部控制体系建设与监督审计是指对企业内部控制建设与完善情况进行审计，分析企业是否将公司治理、风险管理、相关法规要求、企业业务管理整合到内部控制设计与执行中，并不断自我完善、更新。

二、审计目标

企业是否建立了完善的内部控制体系，将风险管控、内部控制、国家相关法规与企业业务有机融合在一起，并且通过信息系统实现了整合，贯穿企业的全部业务，覆盖了企业所有的分（子）公司、部门、岗位，并通过内部、外部的审计、评价、检查等不断健全、完善、提高。

三、审计依据

1.《关于加快构建中央企业内部控制体系有关事项的通知》（国资发评价〔2012〕68 号）。

2.《关于印发〈关于加强中央企业内部控制体系建设与监督工作的实施意见〉的通知》（国资发监督规〔2019〕101 号）。

3.《中华人民共和国公司法》。

4.《国务院办公厅关于进一步完善国有企业法人治理结构的指导意见》（国办发〔2017〕36 号）。

5.《关于印发〈中央企业全面风险管理指引〉的通知》（国资发改革〔2006

108 号)。

6.《关于印发〈中央企业合规管理指引（试行）〉的通知》（国资发法规〔2018〕106 号)。

7.《上市公司治理准则》。

8.《中央企业违规经营投资责任追究实施办法（试行）》（国务院国有资产监督管理委员会令第 37 号)。

9.《企业内部控制应用指引》。

10.《企业内部控制评价指引》。

11.《企业内部控制审计指引》。

12. 其他相关法规。

四、审计内容

（一）内部控制体系建设与监督是否健全完善

内部控制、风险管控、合规管理应该是一个有机整体，合规管理是目标，风险管控是导向，内部控制是手段，三者有机结合，形成内部控制体系。审计人员应分析企业内部控制体系是否实现目标，主要分析内容如下。

1. 内部控制是否与全面风险管理、合规管理有效融合。

企业是否根据风险管理策略，针对各类风险或每一项重大风险制定风险管理解决方案。风险管理解决方案是否包括风险解决的具体目标，所需的组织领导，所涉及的管理及业务流程，所需的条件、手段等资源，风险事件发生前、中、后所采取的具体应对措施以及风险管理工具（如关键风险指标管理、损失事件管理等）。

企业制定风险解决的内部控制方案，是否满足合规的要求，坚持经营战略与风险策略一致、风险控制与运营效率及效果相平衡的原则，针对重大风险所涉及的各管理及业务流程，制定涵盖各个环节的全流程控制措施；对其他风险所涉及的业务流程，是否把关键环节作为控制点，采取相应的控制措施。

企业制定内部控制措施，是否至少包括以下内容。

（1）建立内部控制岗位授权制度。对内部控制所涉及的各岗位明确规定授权的对象、条件、范围和额度等，任何组织和个人不得超越授权做出风险性决定。

（2）建立内部控制报告制度。明确规定报告人与接受报告人，报告的时间、内容、频率、传递路线，负责处理报告的部门和人员等。

（3）建立内部控制批准制度。对内部控制所涉及的重要事项，明确规定批准的程序、条件、范围和额度、必备文件，以及有权批准的部门和人员及其相应责任。

（4）建立内部控制责任制度。按照权利、义务和责任相统一的原则，明确规定各有关部门和业务单位、岗位、人员应负的责任和奖惩制度。

（5）建立内部控制审计检查制度。结合内部控制的有关要求、方法、标准与流程，明确规定审计检查的对象、内容、方式和负责审计检查的部门等。

（6）建立内部控制考核评价制度。具备条件的企业应把各业务单位风险管理执行情况与绩效薪酬挂钩。

（7）建立重大风险预警制度。对重大风险进行持续不断的监测，及时发布预警信息，制定应急预案，并根据情况变化调整控制措施。

（8）建立健全以总法律顾问制度为核心的企业法律顾问制度。大力加强企业法律风险防范机制建设，形成由企业决策层主导、企业总法律顾问牵头、企业法律顾问提供业务保障、全体员工共同参与的法律风险责任体系，完善企业重大法律纠纷案件的备案管理制度。

（9）建立重要岗位权力制衡制度，明确规定不相容职责的分离，如授权批准、业务经办、会计记录、财产保管和稽核检查等职责。对内部控制所涉及的重要岗位可设置一岗双人、双职、双责，相互制约；明确该岗位的上级部门或人员对其应采取的监督措施和应负的监督责任；将该岗位作为内部审计的重点等。

企业是否按照各有关部门和业务单位的职责分工，认真组织实施风险管理解决方案，确保各项措施落实到位。

2.内部控制体系是否健全。

是否建立健全以风险管理为导向、以合规管理监督为重点，严格、规范、全面、有效的内部控制体系。

是否做到管理制度化、制度流程化、流程信息化，通过"强监管、严问责"和加强信息化管理，严格落实各项规章制度，将风险管理和合规管理要求嵌入业务流程，促使企业依法合规开展各项经营活动，实现"强内控、防风险、促合规"的管控目标，建立健全全面、全员、全过程、全体系的风险防控机制，切实全面提升内部控制体系有效性。

3.集团管控是否完善。

企业内部管控体制机制是否完善，中央企业主要领导人员是否为内部控制体系监管工作第一责任人，负责组织领导建立健全覆盖各业务领域、部门、岗位，涵盖各级子企业全面有效的内部控制体系。

中央企业是否明确专门职能部门或机构统筹内部控制体系工作职责。

是否落实各业务部门内部控制体系有效运行责任。

企业审计部门是否落实内部控制体系监督检查工作，准确揭示风险隐患和内部控制缺陷，进一步发挥查错纠弊作用，促进企业不断优化内部控制体系。

4.管理制度是否完善。

是否持续进行全面内部控制、风险管理和合规管理相关制度梳理，及时将法律法规等外部监管要求转化为企业内部规章制度，持续完善企业内部管理制度体系。

在具体业务制度的制定、审核和修订中是否嵌入统一的内部控制体系管控要求，明确重要业务领域和关键环节的控制要求和风险应对措施。

是否将违规经营投资责任追究内容纳入企业内部管理制度中，强化制度执行刚性约束。

5. 监督评价体系是否健全。

是否统筹推进内部控制、风险和合规管理的监督评价工作，将风险、合规管理制度建设及实施情况纳入内部控制体系监督评价范畴，制定定性与定量相结合的内部控制缺陷认定标准、风险评估标准和合规评价标准，不断规范监督评价工作程序、标准和方式方法。

（二）是否强化内部控制体系执行，保证重大风险防控能力

1. 是否加强重点领域日常管控。

是否聚焦关键业务、改革重点领域、国有资本运营重要环节及境外国有资产监管，定期梳理分析相关内部控制体系执行情况，认真查找制度缺失或流程缺陷，及时研究制定改进措施，确保体系完整、全面控制、执行有效。

是否在投资并购、改革改制重组等重大经营事项决策前开展专项风险评估，并将风险评估报告（含风险应对措施和处置预案）作为重大经营事项决策的必备支撑材料；是否没有组织实施超出企业风险承受能力或风险应对措施不到位的决策事项。

2. 是否加强重要岗位授权管理和权力制衡。

内部控制体系管控与各项业务工作是否做到有机结合，以保障各项经营业务规范有序开展。

是否按照不相容职务分离控制、授权审批控制等内部控制体系管控要求，严格规范重要岗位和关键人员在授权、审批、执行、报告等方面的权责，实现可行性研究与决策审批、决策审批与执行、执行与监督检查等岗位职责的分离。

是否完善管理要求，重点强化采购、销售、投资管理、资金管理和工程项目、产权（资产）交易流转等业务领域各岗位的职责权限和审批程序，形成相互衔接、相互制衡、相互监督的内部控制体系工作机制。

3. 是否健全重大风险防控机制。

是否积极采取措施强化企业防范化解重大风险全过程管控，加强经济运行动态、大宗商品价格及资本市场指标变化监测，提升对经营环境变化、发展趋势的预判能力；是否结合内部控制体系监督评价工作中发现的经营管理缺陷和问题，综合评估企业内外部风险水平，有针对性地制定风险应对方案；是否根据原有风险的变化情况及应对方案的执行效果，有效做好企业间风险隔离，防止风险由"点"扩"面"，避免发生系统性、颠覆性重大经营风险。

（三）是否加强信息化管控，强化内部控制体系刚性约束

企业是否结合国资监管信息化建设要求，加大内部控制信息化建设力度，进一步提升集团管控能力。

内部控制体系建设部门是否与业务部门、审计部门、信息化建设部门协同配合，推动企业"三重一大"、投资和项目管理、财务和资产、物资采购、全面风险管理、人力资源等集团管控信息系统的集成应用，逐步实现内部控制体系与业务信息系统互联互通、有机融合。

是否梳理和规范业务系统的审批流程及各层级管理人员权限设置，将内部控制体系管控措施嵌入各类业务信息系统，确保自动识别并终止超越权限、逾越程序和审核材料不健全等行为，促使各项经营管理决策和执行活动可控、可追溯、可检查，有效减少人为违规操纵因素。

集团管控能力和信息化基础较好的企业是否逐步探索利用大数据、云计算、人工智能等技术，实现内部控制体系实时监测、自动预警、监督评价等在线监管功能，进一步提高信息化和智能化水平。

是否强化合规管理信息化建设，通过信息化手段优化管理流程，记录和保存相关信息；是否运用大数据等工具，加强对经营管理行为依法合规情况的实时在线监控和风险分析，实现信息集成与共享。

（四）是否通过企业监督评价促进内部控制体系持续优化

1. 是否加强合规考核评价。

是否加强合规考核评价，把合规经营管理情况纳入对各部门和所属企业负责人的年度综合考核，细化评价指标；是否对所属单位和员工合规职责履行情况进行评价，并将结果作为员工考核、干部任用、评先选优等工作的重要依据。

2. 是否全面实施企业自评。

企业是否每年以规范流程、消除盲区、有效运行为重点，对内部控制体系的有效性进行全面自评，客观、真实、准确揭示经营管理中存在的内部控制缺陷、风险和合规问题，形成自评报告，并经董事会或类似决策机构批准后按规定报送上级单位。

3. 是否加强集团监督评价。

集团公司是否在子企业全面自评的基础上，制定年度监督评价方案，围绕重点业务、关键环节和重要岗位，组织对所属企业内部控制体系有效性进行监督评价，确保每三年覆盖全部子企业。

是否将海外资产纳入监督评价范围，重点对海外项目的重大决策、重大项目安排、大额资金运作及境外子企业公司治理等进行监督评价。

4.是否强化外部审计监督。

是否根据监督评价工作结果，结合自身实际情况，充分发挥外部审计的专业性和独立性，委托外部审计机构对部分子企业内部控制体系有效性开展专项审计，并出具内部控制体系审计报告。

内部控制体系监管不到位、风险事件和合规问题频发的中央企业，是否聘请具有相应资质的社会中介机构进行审计评价，切实提高内部控制体系管控水平。

5.监督评价结果是否得到充分运用。

是否落实整改工作，明确整改责任部门、责任人和完成时限，对整改效果进行检查评价。

是否按照内部控制体系一体化工作要求编制内部控制体系年度工作报告并及时报国资委，同时抄送企业纪委（纪检监察组）、组织人事部门等。

是否在所属企业建立健全与内部控制体系监督评价结果挂钩的考核机制，对内部控制制度不健全、内部控制体系执行不力、瞒报漏报谎报自评结果、整改落实不到位的单位或个人，给予考核扣分、薪酬扣减或岗位调整等处理。

五、审计程序

（一）分析各项内部控制制度

取得并分析企业全套内部控制制度、风险管控制度、公司章程、组织机构图、各机构部门工作手册等资料，分析评价企业内部控制制度是否符合《关于印发〈关于加强中央企业内部控制体系建设与监督工作的实施意见〉的通知》《企业内部控制应用指引》《中华人民共和国公司法》《国务院办公厅关于进一步完善国有企业法人治理结构的指导意见》《上市公司治理准则》等规定。

审计人员可以将国资发监督规〔2019〕101号文的各项要求做成调查表，全面分析企业有关内部控制制度、风险管控制度、国家有关内部控制、风险管理、合规管理要求后，分析这些制度是否有机融合，是否符合国资发监督规〔2019〕101号文的要求。

（二）分析内、外检查评价报告

检查企业内部控制自评报告、内部审计报告、外部审计报告、内部控制评价报告等，取得针对这些报告的整改文件、内部控制修订文件等，检查企业是否分析了这些审计报告或者检查报告中披露的问题、涉及的内部控制缺陷，并及时整改，完善相关内部控制制度。

（三）检查信息系统

检查信息系统的功能模板，是否涵盖全部业务、全部部门、分子公司、岗位。

由软件方面专家协助分析相关程序的逻辑流程是否符合内部控制制度相关规定，如重要业务的审批流程是否符合设定的内部控制制度审批流程。

分析信息系统是否实现风险分析、风险预警功能。

（四）结合其他实质性审计结论评估内部控制有效性

实施其他实质性审计程序发现了问题，往往说明内部控制设计不完善，或者没有得到有效执行，或者管理层凌驾于控制之上。审计人员应该结合其他实质性审计程序发现的问题，分析内部控制设计或者执行是否存在问题。

（五）具体业务层面内部控制审计

具体业务层面内部控制，包括采购、销售、资金等，审计人员应结合相关业务的实质性审计程序进行，主要思路是在了解业务的基础上，了解内部控制制度、业务流程，并进行穿行测试，评价控制设计是否合理。

在了解内部控制和业务流程的基础上评估审计风险，指导实质性审计，以实质性审计的审计结果反过来分析内部控制是否设计合理、是否得到有效执行。

【案例分享 25-1】　　　　**制定内部控制制度成了面子工程**

某审计组对某央企实施经济责任审计，开始的一段时间，几乎没有发现任何问题，被审计单位内部控制严谨、完善、健全。被审计单位有关人员得意地对审计人员讲，他们的内部控制系统是由某知名会计师事务所设计的。但是，审计人员通过实质性审计程序，发现被审计单位存在很多问题，包括销售收入不入账、虚列支出套取大额资金等，说明被审计单位设计完善的内部控制制度在实际执行中出了问题，管理层凌驾于控制之上，内部控制失效。并且，在设计完好的内部控制制度指引下，被审计单位的舞弊、造假行为更隐蔽，难以被审计人员发现。

所以，将实质性审计结果与对内部控制的评价分开是错误的，内部控制设计是否合理，执行是否有效，最终取决于相关的内部控制能否防止、发现、纠正错误、舞弊，能否防范风险。错误、舞弊、风险的存在，是内部控制存在缺陷或者无效的最有力证据。

【案例分享 25-2】　　**内部控制体系建设与监督可能存在的问题**

以下内容节选自《2019 年度内部控制审计、商誉减值审计与评估专题检查情况的通报》。

从检查情况看，部分会计师事务所内部控制审计工作流于形式，控制测试执行不到位、关键审计证据缺失、审计意见不恰当等重要执业问题较为突出。其中，在实施审计工作、评价控制缺陷方面的问题最为集中，分别有 77 个和 22 个审计项目存在相关问题。主要问题如下。

一是在识别、了解和测试企业层面控制时，有的会计师事务所执行的审计程序不到位，针对与财务报告相关的信息系统、财务报告控制流程等企业层面控制，未执行相应审计程序了解及评价其有效性，或仅实施了询问程序便作出测试结论；有的会计师事务所未执行必要的审计程序应对管理层凌驾于控制之上的风险，对超出正常经营过程的重大交易或形式过于复杂的交易，未恰当评价其商业合理性，未充分关注相关交易是否存在隐瞒虚假报告或掩盖侵占资产的行为。

二是在识别重要账户、列报及其相关认定时，部分会计师事务所未结合被审计单位经营业绩需求、所从事具体业务的特点等情况，未识别恰当所有重要账户及其认定。例如，被审计单位当年巨额亏损，未将营业收入的完整性识别为重要认定；被审计单位某一业务风险敞口大，未将营业成本的完整性识别为重要认定；被审计单位存在资金越权审批情况，未将其他应收款的计价与分摊识别为重要认定。

三是在了解潜在错报的来源并识别相应的控制时，有的会计师事务所未充分关注不相容岗位职责未分离的情形，如采购订单的制单人与审批人相同、出纳制作收取现金冲抵应收账款会计凭证等；有的会计师事务所未对与重大错报风险直接相关的关键控制点执行测试程序，如金融衍生品交易等高风险业务，未结合被审计单位管理制度识别并测试相应控制；有的会计师事务所利用穿行测试了解潜在错报来源并识别相应控制的工作不到位，包括穿行测试未贯穿同一笔交易，选取的穿行测试样本无法涵盖所有重要控制节点等。

四是在执行控制测试时，有的会计师事务所未充分关注部分控制设计和运行的有效性，包括高风险客户信用风险的控制、重要投资的风险评估与决策审批、销售合同审批等；有的会计师事务所控制测试执行不到位，尤其是对资金管理、收入、资产减值、工程项目管理相关的内部控制，未结合业务流程对全部关键环节进行控制测试，未获取控制测试的关键审计证据，或执行的控制测试程序难以满足测试目的，导致未能发现相关内部控制缺陷；有的会计师事务所简单将穿行测试与控制测试混同，未严格区分穿行测试和控制测试的不同目的，未结合穿行测试识别出的关键控制点设计有针对性的控制测试；有的会计师事务所在控制测试样本出现偏差时，未实施进一步审计程序以获取充分、适当的审计证据；还有的会计师事务所未结合控制发生频率及控制运行总次数，合理确定样本规模和样本数量确定依据，难以保证样本的恰当性。

五是在集团审计时，有的会计师事务所未采用"自上而下"的方法，确定集团的重要组成部分，并结合相关业务循环确定组成部分的最小样本量；有的会计师事务所对应当"重点审计"的重要组成部分，未按计划对其全部循环及关键控制点进行测试；还有的会计师事务所与组成部分会计师沟通不到位，相关沟通记录缺失。

六是在评价控制缺陷时，有的会计师事务所未能识别出上市公司内部控制存在的重大缺陷，例如，在知悉被审计单位未建立资金拆借管理制度且已存在大量未签订合同的大额资金拆借的情况下，未将其识别为内部控制重大缺陷；有的会计师事务所未能合理评价识别出的内部控制缺陷，例如，在知悉被审计单位存在超过重大缺陷定量标准且未经恰当审批的大额工程预付款时，仅将其认定为一般缺陷，评价结论不合理；还有的会计师事务所对可能存在重大缺陷的迹象，未结合其整改及运行情况进行评价，未考虑其是否仍然构成重大缺陷。

本次专题检查还一并关注了部分上市公司在内部控制规范性方面存在的问题，主要问题如下。（1）资金占用较为普遍，且形式更加隐蔽。例如，有的上市公司通过购买信托产品、私募投资基金、资产管理计划等金融产品，实际投资于控股股东的相关主体，形成大股东资金占用；还有的上市公司通过虚假贸易业务预付账款、怠于催收销售业务应收账款等方式，形成大股东资金占用。（2）内部控制自我评价工作不规范、不严谨，自我评价报告的结论有效性不高，不少上市公司在内部控制审计报告被出具非标准审计意见的情况下，仍得出有效的自我评价结论，未反映真实的内部控制规范运作情况。（3）内部控制制度不完善或未得到有效执行，不少上市公司计提大额资产减值（应收账款、存货）均与其相关内部管理制度设计不恰当有关。

本次专题检查的结果反映出，一些会计师事务所质量控制复核工作未真正发挥出风险把控的作用，复核程序流于形式，复核意见过于简单，缺乏实质性的复核内容，甚至存在个别审计项目缺少质量控制复核的情况。根据检查情况，相关证监局已（拟）对20个审计项目的13家会计师事务所及40人次注册会计师采取了出具警示函的行政监管措施并记入诚信档案。

六、审计建议

对内部控制体系建设与监督情况进行审计，概括存在的不足和问题，分析存在问题的原因，提出切实可行的审计建议。

七、审计评价与责任界定

（一）审计评价

根据审计结果，对不同方面做出具体的审计评价：

1. 贯彻执行党和国家经济方针政策、决策部署情况；

2. 企业发展战略规划的制定、执行和效果情况；

3. 重大经济事项的决策、执行和效果情况；

4. 企业法人治理结构的建立、健全和运行情况，内部控制制度的制定和执行情况；

5. 企业财务的真实合法效益情况、风险管控情况、境外资产管理情况、生态环境保护情况；

6. 在经济活动中落实有关党风廉政建设责任和遵守廉洁从业规定情况；

7. 以往审计发现问题的整改情况。

（二）责任界定

对于内部控制体系建设与监督审计过程中发现的问题，应该通过访谈有关人员、检查有关文件签批记录、检查会议纪要签字记录等方式，落实被审计人在有关问题事项中的具体作为或者不作为，依据经济责任审计规定，界定被审计人的责任。

对领导人员履行经济责任过程中存在的问题，审计组应当按照权责一致原则，根据领导人员职责分工，综合考虑相关问题的历史背景、决策过程、性质、后果和领导人员实际所起的作用等情况，界定其应当承担的直接责任或者领导责任。

第 26 章

落实党风廉政建设责任和遵守廉洁从业规定情况审计

一、基本概念

特定关系人，是指与国有企业领导人员有近亲属以及其他共同利益关系的人。

二、审计目标

1.党风廉政建设责任和遵守廉洁从业相关机制是否健全完善，被审计单位、被审计人责任范围内的分公司、子公司和部门等，是否存在因为党风廉政建设责任落实不力，发生违法违规情形。

2.被审计人个人是否存在违反廉洁从业规定的情形。

三、审计依据

1.《中共中央办公厅 国务院办公厅印发〈国有企业领导人员廉洁从业若干规定〉》。

2.《中共中央 国务院印发〈关于实行党风廉政建设责任制的规定〉》（中发〔2010〕19号）。

3.《中国共产党党员领导干部廉洁从业若干准则》。

4.《中国共产党纪律处分条例》。

5.《国有企业负责人职务消费行为监督管理暂行办法》。

6.《国资委党委关于印发〈中央企业贯彻落实《国有企业领导人员廉洁从业若干规定》实施办法〉的通知》（国资党委纪检〔2011〕197号）。

四、审计内容

（一）制度建设是否完善

被审计单位、被审计人是否按《关于实行党风廉政建设责任制的规定》的要求，带领所属领导班子对职责范围内的党风廉政建设负起全面领导责任，是否建立健全党风廉政建设责任制和遵守廉洁从业规定有关制度，并将相关制度整合进企业治理、风险管控及内部控制制度之中，切实执行。

（二）被审计人本人是否遵守各项廉洁从业规定

被审计人在权利行使、职务消费、公务活动及其他方面是否遵守各项廉洁从业规定，是否遵守有关经济事项的法规制度等。

五、审计程序

（一）了解基本情况，并取得有关资料

访谈被审计人上级纪检监察机构、内审机构、监事会，了解被审计人任期内，被审计人及所属企业是否存在违反廉洁从业规定的行为，以及违反廉洁从业规定给企业造成重大损失的行为。了解企业廉洁从业制度建设情况、落实党风廉政建设责任制情况，并取得以下文件。

1. 与党风廉政建设责任和遵守廉洁从业规定相关的制度。

2. 被审计人及企业主要领导人身份证明及主要社会关系明细，包括父母、配偶、子女、其他特定关系人的姓名、身份证明等。

3. 国有企业领导人员按规定在审计期间向履行国有资产出资人职责的机构报告兼职、投资入股、国（境）外存款和购置不动产情况，配偶、子女从业和出国（境）定居及有关情况，以及本人认为应当报告的其他事项，并以适当方式在一定范围内公开的有关资料。

4. 内部审计报告、经济责任审计报告、年度报表审计报告，国资委、监事会及其他履行出资人职责的机构的检查监督相关资料。

（二）分析评价党风廉政建设工作机制是否健全完善

1. 企业是否建立健全了党风廉政建设责任制和廉洁从业相关制度，相关制度是否与国家相关制度规定一致，并结合本企业实际情况具体、细化，可操作、可执行。

2. 结合风险管控、内部控制制度体系、公司治理审计，分析党风廉政建设有关政策是否纳入风险管控范围。

3. 相关内部控制制度是否结合企业实际情况，将党和国家廉政建设相关制度规定纳

入企业内部控制制度体系，融进各项业务流程的管控之中，使国家相关政策得到贯彻落实。

4.有关监督、考核、奖惩等是否纳入公司治理体系和公司章程中，并与相关人员奖惩、考核、人事任免等挂钩；是否建立健全监督制约机制，保证相关规定的贯彻执行。

（三）结合其他事项审计关注廉洁从业情况

结合其他事项审计，包括对重大经济事项决策、重大人事任免、投资、改制、收入、成本、费用及其他企业相关事项的审计，关注有无被审计人、被审计人责任范围内的领导班子成员、管理层成员违反廉洁从业规定的情况。

1.重大经济事项决策方面的问题，即滥用职权、损害国有资产权益的行为。

- 违反决策原则和程序决定企业生产经营的重大决策、重要人事任免、重大项目安排及大额度资金运作事项。
- 违反规定办理企业改制、兼并、重组、破产、资产评估、产权交易等事项。
- 违反规定投资、融资、担保、拆借资金、委托理财、为他人代开信用证、购销商品和服务、招标投标等。
- 未经批准或者经批准后未办理保全国有资产的法律手续，以个人或者其他名义用企业资产在国（境）外注册公司、投资入股、购买金融产品、购置不动产或者进行其他经营活动。
- 授意、指使、强令财会人员进行违反国家财经纪律、企业财务制度的活动。
- 未经履行国有资产出资人职责的机构和人事主管部门批准，决定本级领导人员的薪酬和住房补贴等福利待遇。
- 未经企业领导班子集体研究，决定捐赠、赞助事项，或者虽经企业领导班子集体研究但未经履行国有资产出资人职责的机构批准，决定大额捐赠、赞助事项。

2.违反规定选拔任用干部的行为。

- 采取不正当手段为本人或者他人谋取职位。
- 不按照规定程序推荐、考察、酝酿、讨论决定任免干部。
- 私自泄露民主推荐、民主测评、考察、酝酿、讨论决定干部等有关情况。
- 在干部考察工作中隐瞒或者歪曲事实真相。
- 在民主推荐、民主测评、组织考察和选举中搞拉票等非组织活动。
- 利用职务便利私自干预下级或者原任职地区、单位干部选拔任用工作。
- 在工作调动、机构变动时，突击提拔、调整干部。
- 在干部选拔任用工作中封官许愿，任人唯亲，营私舞弊。

3. 利用职权谋取私利以及损害本企业利益的行为。

- 个人从事营利性经营活动和有偿中介活动，或者在本企业的同类经营企业、关联企业和与本企业有业务关系的企业投资入股。

- 在职或者离职后接受、索取本企业的关联企业、与本企业有业务关系的企业，以及管理和服务对象提供的物质性利益。

- 以明显低于市场的价格向请托人购买或者以明显高于市场的价格向请托人出售房屋、汽车等物品，以及以其他交易形式非法收受请托人财物。

- 委托他人投资证券、期货或者以其他委托理财名义，未实际出资而获取收益，或者虽然实际出资，但获取收益明显高于出资应得收益。

- 利用企业上市或者上市公司并购、重组、定向增发等过程中的内幕消息、商业秘密及企业的知识产权、业务渠道等无形资产或者资源，为本人或者配偶、子女及其他特定关系人谋取利益。

- 未经批准兼任本企业所出资企业或者其他企业、事业单位、社会团体、中介机构的领导职务，或者经批准兼职的，擅自领取薪酬及其他收入。

- 将企业经济往来中的折扣费、中介费、佣金、礼金，以及因企业行为受到有关部门和单位奖励的财物等据为己有或者私分。

- 索取、接受或者以借为名占用管理和服务对象及其他与行使职权有关系的单位或者个人的财物。

- 接受可能影响公正执行公务的礼品、宴请及旅游、健身、娱乐等活动安排。

- 在公务活动中接受礼金和各种有价证券、支付凭证。

- 以交易、委托理财等形式谋取不正当利益。

- 利用知悉或者掌握的内幕信息谋取利益。

- 违反规定多占住房，或者违反规定买卖经济适用房、廉租住房等保障性住房。

4. 利用职权和职务上的影响为亲属及身边工作人员谋取利益的行为。

- 要求或者指使提拔配偶、子女及其配偶、其他亲属以及身边工作人员。

- 用公款支付配偶、子女及其配偶以及其他亲属学习、培训、旅游等费用，为配偶、子女及其配偶以及其他亲属出国（境）定居、留学、探亲等向个人或者机构索取资助。

- 妨碍涉及配偶、子女及其配偶、其他亲属及身边工作人员案件的调查处理。

- 利用职务之便，为他人谋取利益，其父母、配偶、子女及其配偶和其他特定关系人收受对方财物。

- 默许、纵容、授意配偶、子女及其配偶、其他亲属及身边工作人员以本人名义谋取私利。

- 为配偶、子女及其配偶和其他亲属经商、办企业提供便利条件，或者党员领导干部之间利用职权相互为对方配偶、子女及其配偶和其他亲属经商、办企业提供便利条件。

- 允许、纵容配偶、子女及其配偶，在本人管辖的地区和业务范围内个人从事可能与公共利益发生冲突的经商、办企业、社会中介服务等活动，在本人管辖的地区和业务范围内的外商独资企业或者中外合资企业担任由外方委派、聘任的高级职务。

- 允许、纵容配偶、子女及其配偶在异地工商注册登记后，到本人管辖的地区和业务范围内从事可能与公共利益发生冲突的经商、办企业活动。

5. 违规行使经营管理权，可能侵害公共利益、企业利益的行为。

- 本人的配偶、子女及其他特定关系人，在本企业的关联企业、与本企业有业务关系的企业投资入股。

- 将国有资产委托、租赁、承包给配偶、子女及其他特定关系人经营。

- 利用职权为配偶、子女及其他特定关系人从事营利性经营活动提供便利条件。

- 利用职权相互为对方及其配偶、子女和其他特定关系人从事营利性经营活动提供便利条件。

- 本人的配偶、子女及其他特定关系人投资或者经营的企业与本企业或者有出资关系的企业发生可能侵害公共利益、企业利益的经济业务往来。

- 按照规定应当实行任职回避和公务回避而没有回避。

- 离职或者退休后三年内，在与原任职企业有业务关系的私营企业、外资企业和中介机构担任职务、投资入股，或者在上述企业或机构从事、代理与原任职企业经营业务相关的经营活动。

6. 私自从事营利性活动的行为。

- 个人或者借他人名义经商、办企业。

- 违反规定拥有非上市公司（企业）的股份或者证券。

- 违反规定买卖股票或者进行其他证券投资。

- 个人在国（境）外注册公司或者投资入股。

- 违反规定在经济实体、社会团体等单位中兼职或者兼职取酬，以及从事有偿中介活动。

- 离职或者退休后三年内，接受原任职务管辖的地区和业务范围内的民营企业、外商投资企业和中介机构的聘任，或者个人从事与原任职务管辖业务相关的营利性活动。

7. 违反规定的职务消费行为。

- 超出报履行国有资产出资人职责的机构备案的预算进行职务消费。
- 将履行工作职责以外的费用列入职务消费。
- 在特定关系人经营的场所进行职务消费。
- 不按照规定公开职务消费情况。
- 用公款旅游或者变相旅游。
- 在企业发生非政策性亏损或者拖欠职工工资期间，购买或者更换小汽车、公务包机、装修办公室、添置高档办公设备等。
- 使用信用卡、签单等形式进行职务消费，不提供原始凭证和相应的情况说明。
- 其他违反规定的职务消费及奢侈浪费行为。
- 超标准购买公务车辆、豪华装饰办公场所。
- 超标准报销差旅费、车辆交通费、通信费、出国考察费和业务招待费。
- 用公款支付应当由个人承担的购置住宅、住宅装修、物业管理等生活费用，或者挪用企业的材料物资，修建和装修个人住宅。
- 违反规定用公款进行高消费娱乐活动，或者用公款支付非因公的消费娱乐费及礼品费。
- 违反规定用公款支付应当由个人负担的各种名义的培训费、书刊费等。
- 违反规定用公款为个人变相支付各种理疗保健、运动健身和会所、俱乐部等费用。
- 违反规定用公款为亲属、子女支付各项费用，或者用公款支付应当由个人承担的其他费用。
- 利用职务上的便利，在企业内部或到下属企业及往来单位转移职务消费支出。
- 通过虚开会议费发票及虚购物资材料、固定资产、办公用品等名义套取现金，用于职务消费支出。
- 以各种名义对已配备公务用车的国有企业负责人发放用车相关的补贴。
- 其他违反法律、法规规定的职务消费。

8. 讲排场、比阔气、挥霍公款、铺张浪费行为。

- 在公务活动中提供或者接受超过规定标准的接待，或者超过规定标准报销招待费、差旅费等相关费用。
- 违反规定决定或者批准兴建、装修办公楼、培训中心等楼堂馆所，超标准配备、使用办公用房和办公用品。
- 擅自用公款包租、占用客房供个人使用。
- 违反规定配备、购买、更换、装饰或者使用小汽车。

- 违反规定决定或者批准用公款或者通过摊派方式举办各类庆典活动。

9. 违反公共财物管理和使用的规定，假公济私、化公为私的行为。

- 用公款报销或者支付应由个人负担的费用。
- 违反规定借用公款、公物或者将公款、公物借给他人。
- 私存私放公款。
- 用公款参与高消费娱乐、健身活动和获取各种形式的俱乐部会员资格。
- 违反规定用公款购买商业保险，缴纳住房公积金，滥发津贴、补贴、奖金等。
- 非法占有公共财物，或者以象征性地支付钱款等方式非法占有公共财物。
- 挪用或者拆借社会保障基金、住房公积金等公共资金或者其他财政资金。

10. 影响作风建设、自身修养和公众形象的行为。

- 弄虚作假，骗取荣誉、职务、职称、待遇或者其他利益。
- 大办婚丧喜庆事宜，造成不良影响，或者借机敛财。
- 默许、纵容配偶、子女和身边工作人员利用本人的职权和地位从事可能造成不良影响的活动。
- 用公款支付与公务无关的娱乐活动费用。
- 在有正常办公和居住场所的情况下用公款长期包租宾馆。
- 漠视职工正当要求，侵害职工合法权益。

11. 其他违法违规行为。

未包括在前述内容中的其他违法违规行为。

（四）检查按规定公开信息的情况

检查有关资料、企业信息公开的平台、网站等，检查企业领导人是否就以下规定公开相关信息。

国有企业领导人员应当按年度向履行国有资产出资人职责的机构报告兼职、投资入股、国（境）外存款和购置不动产情况，配偶、子女从业和出国（境）定居及有关情况，以及本人认为应当报告的其他事项，并以适当方式在一定范围内公开。

（五）检查内部、外部审计报告

检查内部审计报告、外部审计报告，以及其他类似审计、检察、监察的相关工作报告，关注这些报告是否披露党风廉政建设和廉洁从业有关问题。

如果存在问题，追查相关人员是否被依法依规采取惩罚措施，是否影响到相关人员的考核、晋级等事项。

如果存在问题，是否及时完善相关管理制度。

（六）座谈、调查、访谈被审计单位不同层级干部、员工

通过座谈、调查、访谈等，关注有无廉洁从业方面的抄报或者投诉事项。如果有，采取措施落实相关事项的真实情况，落实是否存在廉洁从业方面的问题。

（七）其他审计程序

根据被审计单位业务的具体情况，采取其他必要审计程序。

六、审计建议

对落实党风廉政建设责任和遵守廉洁从业规定情况进行审计，概括存在的不足和问题，分析存在问题的原因，提出切实可行的审计建议。

七、审计评价与责任界定

（一）审计评价

根据审计结果，对不同方面做出具体的审计评价：

1. 贯彻执行党和国家经济方针政策、决策部署情况；

2. 企业发展战略规划的制定、执行和效果情况；

3. 重大经济事项的决策、执行和效果情况；

4. 企业法人治理结构的建立、健全和运行情况，内部控制制度的制定和执行情况；

5. 企业财务的真实合法效益情况、风险管控情况、境外资产管理情况、生态环境保护情况；

6. 在经济活动中落实有关党风廉政建设责任和遵守廉洁从业规定情况；

7. 以往审计发现问题的整改情况。

（二）责任界定

对于落实党风廉政建设责任和遵守廉洁从业规定情况审计过程中发现的问题，应该通过访谈有关人员、检查有关文件签批记录、检查会议纪要签字记录等方式，落实被审计人在有关问题事项中的具体作为或者不作为，依据经济责任审计规定，界定被审计人的责任。

对领导人员履行经济责任过程中存在的问题，审计组应当按照权责一致原则，根据领导人员职责分工，综合考虑相关问题的历史背景、决策过程、性质、后果和领导人员实际所起的作用等情况，界定其应当承担的直接责任或者领导责任。

扫码观看"国有企业经济责任审计要点解析"视频

01. 关于两办新规重要内容的理解

02. 一般审计操作程序

03. 境内、外投资事项和
股权转让事项审计

04. 销售与收款、采购与付款和
资金活动审计

扫码学习"经济责任审计要点难点解析"课程

经济责任审计要点难点解析